JN274632

佐々木寛編

東アジア〈共生〉の条件

Agenda for Peace in East Asia : Towards a Comprehensive Approach

世織書房

目次

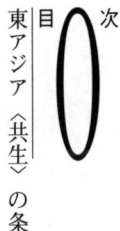

序——佐々木寛

東アジア〈共生〉の条件

危機から〈共生〉へ

序
「東アジア」論の地平

佐々木寛

1 〈周辺〉から見る「東アジア」

——「海。海は昔の人の眼で想像し、見据えるように試みなければならない。」（F・ブローデル）(1)

このささやかな編書は、いくつもの偶然によって、「東アジア」の海を臨む日本の小さな私立大学の呼びかけから生まれた。しかし、本書が世に問われる時代の空気は、かつて「裏日本」の地から「国境を越える実験」が語られた時代とは大きく異なっている(2)。日本では、国境を越えた夢や希望が徐々に後景に退き、いつの間にか隣国や他者への敵意や不信が社会的雰囲気の基調をなすようになってしまった。ここ新潟でも、海の向こうからやってくるものに関するイメージは、ずいぶんと変わってしまった。おそらく新潟に住む多くの住民にとって、海の向こうからやってくるのは、「自由貿易圏（FTA）」による経済的繁栄や、「東アジア共同体」による平和ではなくなりつつある。それはあるいは、「拉致」や「テポドン」といったフレーズからほぼ条件反射のように想起される漠然とした脅威、「有事」に際して自分たちを脅かすかもしれない茫漠とした不安である。

　これまで知りうる限りの議論をふりかえっても、「東アジア」というような地域主義の構想について語る場合、往々にして大上段に構えた議論になりやすかった。地域主義が、「想像の地域共同体」（B・アンダーソン）、つまり一定の地域に新たなアイデンティティを注ぎ込む構築《コンストラクティヴ》的な営みである以上、それはむしろ自然なことであるといえる。しかし、地域主義を国家や社会の〈中心〉から語るだけではなく、より腰の据わった〈周辺〉の視点から語ることはできないだろうか。掛け声だけに終わらない、根の生えた地域主義を下からもつくってはいけないだろうか。

　本書は、このように理念としての地域主義が、一時的にせよやや退潮しつつある状況の中で、あえて今一度、〈周辺〉から「東アジア」[3]の「共生」を問いかける試みである。このささやかな呼びかけに、新潟や国内のみならず、ロシア、中国、韓国、アメリカなどの「東アジア」の友人たちが駆けつけてくれた[4]。そこに共有されていたのは、精神の自由と知の普遍性を信じる「ウニベルシタス」としての大学の役割、つまり、たとえ国際環境が困難な時代を迎えようとも、むしろそのような時にこそ、国境を越えた知的連携を地道に築き上げてゆくべきだという信念であった。

本書が「東アジア」を〈周辺〉から捉えかえそうとする以上、これまで専門分野ごとに分けられていっしょに論じられることのなかった多様な争点や問題をできる限り包括的に議論することが不可欠であった。冒頭のブローデルのことばから想起されるように、表層の事件やできごとの背後にあるもうひとつの次元、すなわち、人間や環境（生命）が織り成す〈総体〉としての歴史の次元に眼を向ける必要があった。状況によって容易に揺らぐことのない骨太の、新たな地域主義へと至る鍵がここにあるように思う。来るべき「東アジアの共生」を考えるために必要なのは、単に国際行政《ガバナンス》や国際経済といった「高次の」領域のみならず、社会意識、思想、教育、情報、メディア、人口移動、自然環境など無数の社会領域をも横断する、多層的・包括的な視点である。もし本書が「東アジア」に関する無数の類書に加えて多少でも貢献をなしうるとすれば、この視点と接近方法における徹底した多元主義の立場にあるといえるだろう。

2　二つの「共生」概念——'symbiosis' と 'conviviality'

ところで、本書のタイトルにも用いられる「共生」とは、そもそもどのような状態をいうのだろうか。「共生」概念は、当初「共棲」という文字が当てられていたように、もともと生物学に誕生したものである。これは本来、生物界に見られるように、〈喰う—喰われる〉の関係をも包含した、厳しい生命のせめぎあいの中から生成する平衡関係を意味する。したがって、この 'symbiosis' という意味における「共生」とは、けっして、予定調和の生易しい関係を意味しない。お互いが生存するためにぎりぎりの選択を積み重ねることによって、生き残りのための仕組みをかろうじて共有することを意味している。それゆえ、‘symbiosis’という意味における「共生」は、むしろ共通の〈危機〉を認識することから始まる。価値の共有の前に、生存の必要性からアドホックな対話と協力関係が生まれ、それが積み重なることで何らかの制度や秩序が生まれる。

「東アジア」で、この意味における「共生」の思想はきわめて重要であると思われる。この地域では、「ヨーロッパ」と比較しても、歴史的にあらかじめ共通の世界観やアイデンティティを前提にした地域主義を構築できなかった(5)。戦後アメリカの対共産主義戦略におけるヨーロッパとアジアとの政策的相違に起因するものだけでなく、「東アジア」を構成した主要な国々が伝統的に育んできた思想の中にも、この種の地域主義の生成を阻む自己中心的な世界観が根強く残ってきたともいえる(6)。伝統的に一方で中国に見られるような「実体性のある地理的空間感覚を伴った大国意識」と、他方で日本や韓国に見られる新興の「地理的空間感覚を伴わない『経済大国』的な意識」とが錯綜する中で、簡単に個々のナショナリズムを克服できるかのような観念的な「東アジア・イデオロギー」は現実に裏切られるだけかもしれない(7)。したがって「東アジア」では、先験的な共通性ではなく、むしろその前提のすれ違いやディスコミュニケーションの構造を深く自覚することから始められなければならないだろう(8)。

しかし他方で「共生」とは通常、より積極的な意味で用いられることが多い。‘conviviality’という意味での「共生」は、たとえば、「人と人とのあいだの、そして、人々と環境との、自律的で創造的なかかわりあい」（I．イリイチ）を意味する(9)。‘convivial’ということばがそもそも「陽気」、「祝祭的」という意味を伴っているように、ここからは、単に紛争解決（conflict resolution）や利益の相互調整のみならず、新たな価値の創出によって、紛争そのものを「超越・転換（transcend）する」契機を見出すことができるだろう(10)。これを地域概念に敷衍するなら、「東アジア」という共通のアイデンティティがまさに能動的に構築され、地域協力がすすめられることによって、個々の行為者にとって従来よりもさらに新たな積極的価値が生み出されるという可能性にも眼を向けることができる。

ただ、ここで注意しておかなければならないのは、この意味における「共生」とは、一次元的で「有機的」な統合を意味してはならないということである。かつての日本における「大東亜共栄」の夢に見られたような、いわばひとりよがりの地域構想は、〈他者〉の不在という根源的な問題を抱えていた。それゆえ「共生」概念は、同時に他者の存在や生活領域を相互に認め合う「自者肯定・他者否定の論理の克服」を意味する、寛容・「協生」の論理を伴わなければならない(11)。そしてまたこのことは、さらにこの「共生」概念が、単なる強者の「平和」ではなく、当該社会の中の弱者との連帯、相互扶助を志向するものであることを意味する。それは「東アジア」の新たなアイデンティティにとってきわめて重要な意味をもつだろう。

3　「東アジア」危機の構造――symbiosis I

このように〈共生〉概念を腑分けし、それを下敷きにすることで、まず本論（序）では、「東アジアの共生」に向けた具体的な問題の位相を俯瞰しておきたい。「東アジア」では特に、'symbiosis' という意味での〈共生〉、つまり危機や矛盾が逆説的に何らかの対話・協力関係を生み出す複雑なダイナミズムに着目する必要があるが、その場合、「東アジアの共生」の前に立ちはだかる共通の危機や矛盾とは何であろうか。

1　植民地主義と歴史認識問題

本書の第一部で取り上げられているように、まず「東アジア」問題のもっとも基層には、いうまでもなく根雪のような歴史問題が横たわっている。つまり日本の植民地主義と帝国支配、そしてその歴史的処理と記憶のされ方に起因する問題が今でも残っている。これは、歴史の修正や操作、歴史の忘却によっては決して解決しえない問題である。若い世代の意識の中で歴史がいかに「風化」しようとも、また、グローバル化によって生活空間や消費文化がいかに共有されようとも、否むしろそうであるがゆえに、歴史は政治の世界に浮上しつづけるだろう。

しかもとくに「東アジア」においては、歴史問題の浮上はこれまでも容易に新たなナショナリズムの回路と結びつく傾向にあった。歴史の想起が常に大きなストーリーとしてのネーションに回収される時、個々の歴史の細部や両義性、その個別的経験の普遍性は覆い隠され、その時の権力形成に都合のよいのっぺりとした「歴史」が流通するようになる(12)。その意味で、たとえば本書では十分展開することができなかった日本軍「慰安婦」をめぐる問題は、今後もきわめて重要な意味をもちつづけるだろう。それは、この問題が単に日本がかつて為したことに関する歴史的事実をめぐる問題、および戦後補償の問題などにとどまらず、戦時性暴力や被害者（女性）に対する同国民も含めた重層的な差別構造といった、現在でも普遍的な問題を投げかけているからである(13)。

過去の忘却でもなく、権力志向の再編成でもない歴史再生の細い道をいかに見出すことができるのか。教科書問題や靖国問題に現れるような公的な権力に再統合される「歴史」からこぼれ落ちてゆく無数の歴史を掬い上げつつ、他方でいかに「東アジア」の歴史を少しずつ共有していくことができるのか。戦後六〇年以上経って未だにその課題を克服するための作業は始まったばかりである。

2　冷戦構造の残存と体制問題

「東アジアの共生」を阻むもうひとつの壁は、戦後形成された「アジア冷戦」の構造、および体制をめぐるイデオロギー的な諸問題である。ヨーロッパで確かに終焉を迎えた冷戦は、「東アジア」では同様な意味で終わったとはいえない。概して東アジアでは、国民国家体系が成立する前に、帝国主義、社会主義の嵐が吹き荒れ、またその結果、国際秩序が歴史的に中心と周辺のヒエラルヒーを色濃く残存させてきた(14)。分断国家が多く生まれ、中国と台湾をめぐる問題、南北朝鮮の軍事境界線も残ったままである。

分断国家の一つ、朝鮮民主主義人民共和国（以下、「北朝鮮」と略記）をめぐる問題は、その意味で重層的に捉えられなければならない。その歴史の最も下層には、いうまでもなく日本の植民地支配があったが、その後東西冷戦を背景にソ連の傀儡国家として誕生し、やがて社会主義陣営内部の対立の中で、独自の権威主義的政治体制をつくりあげてきた歴史をふまえる必要がある。長期的には、「東アジア」における政治体制の相違に起因する問題は、次第にその影を薄めてゆくだろうが、問題はこういった長い歴史的経緯をもつ権威主義体制の「民主化」や開放という場合に、いかにそれが〝戦争（紛争）がない〟という意味での「平和」の価値と両立できるのか、「平和的変更」は今後どのように可能なのかという点にある(15)。

3　アメリカの東アジア政策と軍事化

またこれに関連し、「東アジア」に対するこれまでのアメリカの関与のあり方、特に「9・11」後、金成日体制を「悪の枢軸」と呼んだブッシュ（子）政権にみられたようないわば地域的な「分断政策」は、この地域が多国間主義に基づく多様な制度を形成することを阻んできた。もともと「東アジア」は、自転車のスポークに喩えられるようなアメリカを中心とした二国間関係によって形成されてきたが、中でも特に近年の日米同盟のあり方は、「東アジア」における国家の横のつながり、自立的な地域形成の障害になっている。もちろん、「東アジアの共生」にとって、アメリカを排除した形の地域主義は望ましくない。しかし、例えば日米の安全保障一部関係者に見られる過度の「中国脅威論」や、着々と進むミサイル防衛（MD）構想、日本における「自衛軍」の提唱や改憲論議、沖縄米軍基地の強化と半恒久化などは、地域の安全保障を実現するどころか、逆に相互不信と地域の軍事化を促進してしまっている。したがって、「東アジア」におけるアメリカを中心とした同盟関係と、自立的な地域秩序が両立可能であるかどうかは、今後とも最大の問題の一つとなるだろう。

近年の安全保障研究における「コペンハーゲン学派」が示唆するように、各国、各地域の安全保障政策の形成を分析するためには、まず安全保障の対象となる「脅威」が徐々に社会的に構成されていく「安全保障化（securitization）」のプロセスに着目しなければならない(16)。日本においても、冷戦後まず「東アジア」においてソ連に代わるさまざまな「脅威」が喧伝され、それが新たな防衛政策として予算化されていったプロセスを見ることができる。また、ミサイル防衛（MD）構想の問題は、それが相互的安全保障ではなく、テクノロジーに依存したいわば「絶対的安全保障」を志向するがゆえに、新たな不信の構造と、その結果としての「安全保障のジレンマ」をもたらすという点にある。

「東アジア」地域における軍事化は、ローカルな政治空間や生活世界をも軍事化の波に巻き込んでゆく。新潟でも他の自治体同様、有事関連法の一つとしての「国民保護法」の整備が進められたが、それが本当に地域住民の安全や人権の「保護」ためにつくられたのか疑問が残る。また、新潟港には突如、米イージス艦が寄港し、佐渡には新型のレーダー基地が整備されるという問題も浮上した。これはいうまでもなく、「東アジア」に開かれた内海が新たなミサイル防衛（MD）の拠点のひとつになりつつあるということを示している。

4　「東アジア」の転換——symbiosis Ⅱ

「東アジア」論には、悲観論から楽観論にいたるまで無数のスペクトラムが存在するが、もっとも大切なことは、「東アジア」を論じる議論そのものが、すでに「東アジア」を形成する何らかのコミットメントをなしているということ、そして悲観論にせよ、楽観論にせよ、「東アジア」についての「パラダイム」を独占することは不可能であり、常に議論そのものが論者の特定の世界像（立場）を反映せざるをえないことを自覚することである。無数の独立変数が共存する、いわば多次元方程式としての「東アジア」においては、まず自らが依拠する世界像を常に他の世界像と比較できるような分析上の包括的なアプローチが不可欠になる(17)。

したがって、「東アジアの共生」を阻む危機や矛盾が、単に地域形成の桎梏として存在するだけでなく、逆に新たな対話や協力のダイナミズムを生み出すきっかけとなる可能性についてもさらに光を当てる必要がある。

1　リスク共同体としての「東アジア」

「東アジア」は、多くのリスクを共有した地域である。前述のような安全保障上の伝統的な諸問題の他に、経済・通貨問題、環境問題、国際犯罪やテロリズム、エネルギー問題や核問題など、国境を越えて相互にリンクする多次元の問題を共有している。そしてこれら共通のリスクの存在とその自覚が、逆に地域協力を進める大きな要因ともなりうる。そもそも、近年この地域の経済統合が推進されるようになった分水嶺は、一九九七年から九八年にかけてのアジア通貨危機であった。この危機をめぐって、リスクは基本的に国境を越えて広がること、そしてそれを管理するためにはアメリカ主導のグローバル化には限界があり、むしろ地域の政策協調が不可欠であることが明確に自覚されるようになった。そしてそれは、それまでの市場が先導する「地域化（regionalisation）」から政策先導型の「地域主義（regionalism）」へと移行する契機ともなった(18)。

またここで、「東アジア」の最大のリスク問題の一つとして〈核（原子力エネルギー）〉をめぐる包括的な問題に着目することが重要である。そしてその際、原子力の平和利用および軍事利用の両者を同時に議論し分析できる枠組み、すなわち「核政治（Atom-Politics）」の視点が不可欠である(19)。これまで「東アジア」では、ロシア、中国、北朝鮮、韓国、台湾などのそれぞれ権威主義体制下で、例外なく核開発が推進されてきた歴史をもっている。その際、核開発とは安全保障問題としての核兵器開発の問題であるのみならず、常にエネルギー問題としての原子力発電の問題をも内包していた。原子力技術の管理と支配は、体制の政治権力の根幹に関わる問題であったのであり、したがって逆に体制の民主化は、いずれも国内における何らかの原子力問題の浮上とリンクしていた。しかしいずれにせよ、このように核兵器のみならずエネルギー問題としての原子力問題に着目すれば、特に今後の中国の経済成長にともなう新たなエネルギー需要、および予想される新規の原発建設を待たずとも、すでに「東アジア」は、世界一の「核地域（nuclear region）」であるといえる(20)。そして、これら原子力技術や核物質の管理、核廃棄物の処理方法などについても今後本格的な地域的取り組みが必要になるだろう。北朝鮮の核開発問題もまた、こういった「核政治」の包括的な文脈で考える必要がある。しかし重要なことは、まさにこの「東アジア」における核拡散の危機が、現在各国に対話の必要性を自覚させ、「6者協議」に見られるような画期的な安全保障の共通枠組みの形成をも促しているということである。

2　エネルギー問題と「東アジア」

原子力問題にとどまらず、今後とも経済発展が見込まれる「東アジア」においては、エネルギー問題はきわめて重要な争点となる。南沙諸島の領有権問題は沈静化しつつあるものの、これまですでにイラク油田に匹敵するとも言われる尖閣諸島の海底油田をめぐる掘削問題や、東シナ海のガス田開発をめぐる日中の対立など、エネルギーをめぐる対立が新たなナショナリズムの火種になる危険性もある。さらに「東アジア」では、日本や韓国を除いて石油の国家備蓄制度が整備されておらず、依然として中東や世界情勢の変化に脆弱な構造をかかえている。このような石油備蓄の不備は、緊急時に石油確保のために各国政府が非協力的行動を選択する大きな要因となってしまう。

今後「東アジア」でこのような排他的な資源ナショナリズムへ向けた動きが台頭しないためにも、各種エネルギー資源の国際的な共同開発と管理、さらには石油備蓄のための共同構想が速やかに進められる必要がある。さらに、今後も引き続き「東アジア」の国々が中東諸国からの石油供給に頼らざるをえない以上、石油タンカーの航行路となっている南シナ海の安定や安全を共同で実現してゆく国際的枠組みも不可欠になってくるだろう。またさらには、例えば中央アジアやインドも巻き込んで今後さらに拡大する天然ガスの国際パイプライン建設においても、エネルギー供給における国際的管理とさらなる協力体制の構築が求められる。こういった広く「東アジア」の資源エネルギー問題をめぐる将来の地域協力を展望する上で、現在のヨーロッパ共同体（EU）の起源が一九五二年に設立されたヨーロッパ石炭鉄鋼共同体（ECSC）であったことを再び想起することは、それほど意味のないことではないだろう。

3　経済共同体としての「東アジア」

特に冷戦後に再評価され議論されるようになった「新しい地域主義」における「地域」概念は、地政学的、古典的なものから、経済的な相互依存関係を重視する機能主義的な色彩を強く帯びるようになった(21)。実際、現に「東アジア」の地域主義を突き動かしているエンジンも、経済に他ならない。その背景には、「アジアのアジア化」と言われるように、この地域がもはや単に「極東」であることをやめ、情報化や産業のソフト化にともなう各国の経済社会体制の変革とともに、世界における経済発展の中心の一つとなりつつあるという現実がある(22)。

また「東アジア」では、地域主義を一貫して支えてきたのは、大国ではなく中小国であった。それはヨーロッパにおいて、地域統合の中心的な役割を果たしたのがフランスやドイツであったこととは対照的である。一九六七年に設立された東南アジア諸国連合（ASEAN）は、むしろ大国政治に翻弄された歴史的経験の中から、長期に渡ってアドホックかつ柔軟で内発的な地域協力の独自のモデル（「ASEAN Way」）を見出してきた(23)。現在の「東アジア」における地域協力の進展もまた、このASEANの存在抜きにはありえない。しかし、このソフトな地域協力の伝統は、共通の地域的枠組みの不在という最大の限界をともなっており、それは九〇年代末のアジア通貨危機において明白となったのである。

ＡＳＥＡＮ＋３（日・中・韓）フォーラムによる地域統合は、このような通貨危機を契機として始まり、さらに驚くべき速さで自由貿易協定（ＦＴＡ）、経済連携協定（ＥＰＡ）へと展開した。しかも、そのイニシアティブをとったのが、それまでこの種の地域統合には消極的な中国であったことは、まさに時代の転換を象徴していたと言える。二〇〇四年七月ジャカルタのＡＳＥＡＮ＋３外相会議で定例化が提案された「東アジアサミット（ＥＡＳ）」は、翌年一二月には、クアラルンプールで第一回めが開催され、「東アジア」の経済共同体をめざす試みは、さらにより包括的で統合の進んだ「東アジア共同体」の形成に向けても大きく動き出した。

このように、一方で確実に進展する経済的地域協力の背後で、いうまでもなく関係各国の理念（ヘゲモニー）や利益をめぐる激しい競争関係やパワー・ポリティクスも透けて見えてくる。概して、現在のところ「東アジア」の自立的な地域秩序形成は、ＡＳＥＡＮと中国が先導している。一方、中国の影響力をあくまで牽制しようとするアメリカ、そしてアメリカに過剰に配慮する日本は、いわばその舞台の後景に退いてしまっている。二〇〇二年にシンガポールで日本が提唱した「東アジア・コミュニティ（an East Asian community）」の概念も、相矛盾する外交方針が漠然と混在しており、未だ具体性を欠いたままである(24)。しかしいずれにせよ、根源的な多様性を前提とした「東アジア」における今後の地域統合の行方は、いわば「多層的な地域枠組み」、あるいは「競争的地域協力」といった新たな形を模索してゆきつつも、経済協力を媒介に確実に進展してゆくにちがいない。

5 「東アジア」の創造――conviviality の方へ

1 ネオ・リベラリズムを越えて

このような「東アジア共同体」に向けた動きは、「自律的で創造的なかかわり合い」という意味では、すでに'convivial'な要素を含んでいる。しかし、もし地域主義が、単に国家安全保障や市場経済の論理だけで進展するとすれば、「東アジアの共生」という理念はごく一面的なものとなるだろう。'convivial'な意味での「共生」とは、単に国家や企業にとっての「共生」だけでなく、「東アジア」に生きるすべての人々、生命にとって「共に生きる」ことを意味しなければならない。すでに見たように、現在「東アジア」の地域統合において最も支配的に見られるのは、グローバル化する市場の自由な展開と国家の生き残りとの両者を両立可能にしようとする、いわばネオ・リベラルな諸原則である。

しかし、こういった原理としてのネオ・リベラリズムは、時に従来の相互扶助のコミュニティを揺るがし、個人を裸のまま厳しい競争社会に投げ出すのみならず、国家や市場の危機やリスクを社会システムのより周辺部に転嫁する論理をも内包している(25)。経済成長や開発の思想を根底で支える「最大多数の最大幸福」という原理は、社会の中で少数者や弱者切捨ての論理を生み出す。一国の中でも、一方で急成長を遂げる部分と、それとは対照的に多くの取り残される周辺部を生み出してしまう。「東アジアの共生」を考える際に、グローバル市場や国家安全保障からはこぼれ落ちてしまう多くの人々の存在、異常なまでに拡大しつつある貧富の格差、環境破壊や農業の破壊、ローカル・コミュニティや文化の崩壊といった問題について目をそらすことは、けっしてできない。

そしてそのことは、まさに今後の「東アジア」の新たなアイデンティティ形成に関わる問題でもある。それは、「東アジア」が今後、世界に先駆けて、〈近代〉を彩った帝国主義や植民地主義《コロニアリズム》の論理を越える真に自律的な地域理念を生み出すことができるのかどうか、言いかえるなら、力と覇権、市場至上主義ではない、新しい政治のあり方を生み出すことができるのかどうかという問題に関わっているからである(26)。

2　ナショナルな境界を越えるローカルな「市民社会」

競争や格差ではなく、相互扶助と平等の原理に基づく「東アジア」をいかに構築してゆけるのだろうか。あるいはそれは絵に描いた餅なのか。この問題を考えるためには、本論の冒頭でも述べたように、社会システムの中心部に発する地域主義ではなく、「下（周辺）からの地域主義」という視点が不可欠となるだろう。この「下（周辺）からの地域主義」を支えるのは、いわばナショナルな境界を越えて連携する自律的な〈社会〉の存在である。それを仮に「市民社会」と呼ぶなら、たとえそれが「東アジア」の現状とあまりに乖離した想定だとしても、その確固たる萌芽や原型を確認することは、もはやそれほど困難ではないだろう。そしてその際の「ナショナルな境界を越える」というのは、単に空間的に国境を越える連帯であるというだけでなく、各国、各地域内の内なる民族的境界線の横断をも含み入れた共生空間の創出を意味している。

この「内なる東アジア」の問題とは、日本で言えば、例えば在日コリアンとの共生問題に他ならない。新潟では、北朝鮮による拉致問題の発覚以降、悲しいことに、心ない脅迫や社会的圧力がそれとは無関係な朝鮮学校やその生徒たちにも及んだ。無知と弱い心が生み出した一種の集団的ヒステリーである。そのような社会的圧力、極度の財政難の中で、それでも学校を存続させようとする若い教員や多くの市民たちが協力し、今でも年に一度、「ミレ・フェスティバル（未来祭り）」というささやかな多文化共生の試みが続けられている。その祝祭空間に集った「市民」が共有しているものは、多様なもの、小さな文化に対する配慮と共感である。

そして、この身近な〈他者〉へ向けられた共感と同じ種類の想像力は、国境を越えた〈他者〉に対しても向けられる。例えば新潟では、新潟の米を、食糧不足にあえぐ北朝鮮の民衆に届けようという小さな試み（新潟NGO人道支援連絡会）が存在する(27)。また、ふつうの市民《アマチュア》が日常の中から中央を経由せずに「アジア」に直接つながる回路を見出し、相互扶助の新たな公共空間を創造していこうとする試み（新潟国際ボランティアセンター（NVC））もある(28)。これらの試みには、さまざまな政治的思惑や偏見を越えて、まずは一人の人間として隣人の苦境に手をさしのべようとする市民文化の生成が見られる。

このようないわば「民衆的コスモポリタニズム」(29)を基礎に、「東アジア」でも現在、さまざまな国境を越えた市民的ネットワークが生成しつつある。特に環境分野では、これまでの政府間環境協力の限界を克服するべく、例えば「東アジア大気行動ネットワーク（AANEA）」や、「東アジア環境情報発伝所（EAEIEM）」など、環境NGOの横断的ネットワークが形成されるようになった(30)。また、例えば

「東北アジア非核地帯構想」のように、核問題や安全保障問題をめぐっても、「市民社会」自らが発議・提唱に至る地域構想も生まれている(31)。

3　多元的地域主義と新たなアイデンティティ

もちろん、こういった「市民社会」の働きかけは、必ずしも現在の「東アジア」における地域ガバナンスの構造に直接影響を与えるまでには至っていないかもしれない。しかし、「東アジア」の新たなアイデンティティ構築において、〈認識〉の果たす役割はきわめて大きい。越境する「市民社会」が日々発信する「東アジア共生」のイメージや言説は、この地域で生成する問題を認識するための共通の枠組みを再構成する上で大きな役割を果たしている。一方で浮上する排他的・防衛的ナショナリズムに対して、「東アジア」が共に生きる場であるという認識が広く浸透していくことが、「東アジア共生」の最大の前提条件となるだろう。

したがって最後に、このような新しい地域主義を支えるための情報構造（教育・メディア・通信・コミュニケーション）の問題に着目しなければならない。本書の結論部をなす武者小路論文にもあるように、「東アジア」が複数の層を成す一つの情報空間として捉えられるならば、その中で普段は聞き遂げられることのない周辺に息づく声なき声を、いかに公的な空間に反映させていくことができるのかが最重要の課題となる。単純に色分けされ、「見せ物」として供給される硬直した世界像を突き破り、重層的なみずみずしい〈現実〉をとりもどさなければならない。そしてさらに、そのように多様な〈現実〉を、広く相互に共有していける仕組みを作り上げていかなければならない。そのためには、例えば、「東アジア」を舞台にした国境横断的な通信システムの構築や、インターネットを利用した市民同士のオルタナティブ・メディアの試みなども有効だろう(32)。

確かに、「東アジア」におけるそのような試みには必ず言語の問題が立ちはだかる。しかし、効率を最優先にしなければ、個々のコミュニティがもつ文化の多様性を保持したまま、今後もゆっくりと相互対話の多様なことばや方法を作り上げてゆくこともできるだろう(33)。しかも、すでに「東アジア」では、もはやナショナルなものには還元不可能な無数の「文化」が日々生まれている。特に「第四の文化層」としての大衆文化は、この地域に歴史上かつてないほどの文化的共時性をもたらしている(34)。今後さらに拡大が予想される、地域内の自由な人の移動は、長期的には「東アジア」の情報構造をその根源からさらに変容させていくだろう。

このように「東アジア」では、きわめて多様な価値がゆるやかに共存しながら、柔軟かつ内発的な多元的地域主義が形成されていく可能性を見ることができる。したがって、今後「東アジア」が切り開く地域協力の新たな地平とは、一方で、内海を臨むミクロな地域主義から、他方でアジア太平洋経済協力（APEC）やアジア欧州会合（ASEM）のような包括的な地域主義に至るまで、内側に葛藤や矛盾を抱えつつも、それらすべてを寛《ひろ》く包み込みつつ展開する、多層的かつ開かれた地域主義のあり方であるだろう。

注

1 フェルナン・ブローデル編『地中海世界』(神沢栄三訳) みすず書房、二〇〇〇年、三七頁。

2 代表的なものとしては、渋谷武・多賀秀敏監修『環日本海叢書』第一巻~第四巻、有信堂、一九九二年~一九九六年を参照。

3 いうまでもなく、「東アジア」の定義は多義的である。それは、単に地理的、地政学的な概念として設定できるだけでなく、「ヨーロッパ」概念と同様、一種の文化・文明概念、また時には精神的なシンボルや規範概念としても用いられる。本書では、この新たなアイデンティティを注ぎ込む〈器〉としての「東アジア」がもつ意味の広がりを、あらかじめあえて限定しない。それは今後も状況において常に変容してゆくからである。ただ便宜的に、本書で「東アジア」とは、ロシア、中国、モンゴル、北朝鮮、韓国、台湾やフィリピン、さらにはASEAN諸国(あるいは時に南アジアや太平洋地域)なども含む大きな地理的概念として用いたい。

4 具体的に協力を得た大学として、国内は、敬和学園大学、新潟大学、新潟県立女子短期大学など。またロシアでは国立極東大学、中国は北京師範大学、韓国は慶熙大学、アメリカはノースウェスト・ミズーリ州立大学等である。

5 Sophie Boisseau du Rocher & Bertrand Fort, eds., *Paths to Regionalization : Comparing Experiences in East Asia and Europe*, Marshall Cavendish Academic, 2005. を参照。

6 古田博司『東アジア・イデオロギーを超えて』新書館、二〇〇三年を参照。

7 孫歌『アジアを語ることのジレンマ』(溝口雄三他訳) 岩波書店、二〇〇二年を参照。

8 この問題は、たとえば日本のわれわれが北朝鮮(朝鮮民主主義人民共和国)をめぐる問題を「理解する」ことにおいても重要な意味をもつだろう。体制がもつ世界観への好悪や価値判断の前に、まずそれがなぜそれほどまでにわれわれと異なって見えるのか、その理由を冷静に問うことが出発点となるということである。

9 イバン・イリイチ『政治的転換』（滝本往人訳）日本エディタースクール出版部、一九八九年を参照。
10 ヨハン・ガルトゥング、伊藤武彦『平和的手段による紛争の解決』平和文化出版、二〇〇二年を参照。また紛争転換法については、http://www.transcend.org/ を参照のこと。
11 渋谷武「協生の哲学――他者肯定・自者肯定の政治」多賀秀敏編『国境を越える実験――環日本海の構想』有信堂、一九九二年、一八五頁―二一四頁を参照。
12 高橋哲哉『国家と犠牲』日本放送出版協会、二〇〇五年を参照。
13 ここ新潟でも、二〇〇四年一二月に、新潟国際情報大学中央キャンパスにおいて、韓国のナヌムの家よりかつて日本軍「慰安婦」にされた経験をもつパク・オクソン（朴玉仙）ハルモニをお呼びし、証言集会を行った。その記録集『全国同時証言集会　「消せない記憶」――伝わらなかった歴史の継承　新潟記録集』二〇〇四年を参照。
14 下斗米伸夫『アジア冷戦史』中央公論社、二〇〇四年を参照。
15 姜尚中『東北アジア共同の家をめざして』平凡社、二〇〇一年を参照。
16 五十嵐暁郎・佐々木寛・高原明生『東アジア安全保障の新展開』明石書店、二〇〇五年を参照。
17 J. Suh, Peter J. Katzenstein, Allen Carlson, eds., *Rethinking Security in East Asia : Identity, Power and Efficiency*, Stanford University Press, 2004. を参照。
18 Sophie Boisseau du Rocher & Bertrand Fort, eds., *Paths to Regionalization : Comparing Experiences in East Asia and Europe*, Marshall Cavendish Academic, 2005. を参照。
19 Hiroshi Sasaki, "Atom-Politics in East Asia : Towards a Border-less Democracy."『新潟国際情報大学情報文化学部紀要』第5号、二〇〇二年三月、一五五―一七七頁を参照。
20 新潟は、終戦間近、最後までアメリカの原子爆弾投下の候補地であったが、現在は皮肉にも世界最大の原子力発電所（柏崎刈羽原発）が稼動している。

21　李鐘元「序論　東アジア地域論の現状と課題」日本国際政治学会編『国際政治』第一三五号、二〇〇四年三月、一―一〇頁を参照。

22　増田祐司編『21世紀北東アジア世界の展望――グローバル化時代の社会経済システムの構築』日本経済評論社、二〇〇四年を参照。

23　黒柳米司編著『アジア地域主義とＡＳＥＡＮの挑戦――「東アジア共同体」をめざして』明石書店、二〇〇五年を参照。

24　谷口誠『東アジア共同体――経済統合のゆくえと日本』岩波書店、二〇〇四年を参照。

25　アンソニー・ギデンズ『暴走する世界――グローバリゼーションは何をどう変えるのか』（佐和隆光訳）ダイヤモンド社、二〇〇一年を参照。

26　武者小路公秀「東北アジアにおける平和構築の条件――ポスト冷戦・グローバル反テロ戦争の下で」武者小路公秀監修、徐勝他編『東北アジア時代への提言――戦争の危機から平和構築へ』平凡社、二〇〇三年、一五―四〇頁を参照。

27　創設者の川村邦彦氏は、敗戦後、育ち盛りの少年期に飢えの体験を味わい、その時に「敵国」アメリカから届いた脱脂粉乳の味が活動の原点であったという。現在、新潟ＮＧＯ人道支援連絡会は、単に物資の支援から人と人との交流に重点を置いた活動を展開している。

28　多賀秀敏「地方発の国際ＮＧＯ活動」西川潤・佐藤幸男編著『ＮＰＯ／ＮＧＯと国際協力』ミネルヴァ書房、二〇〇二年、三〇―七三頁を参照。

29　佐々木寛「世界政治と市民――現代コスモポリタニズムの位相」高畠通敏編著『現代市民政治論』世織書房、二〇〇三年、二七一―二九四頁を参照。

30 五十嵐誠一「北東アジアの環境ガバナンスと市民社会」環日本海学会編『環日本海研究』第一一号、二〇〇五年一六―三八頁を参照。

31 梅林宏道『〈脱軍備〉で平和と安全を――市民社会が構想する北東アジア安全保障の枠組み』(「ピースデポ　北東アジア安保フォーラム」報告書)を参照。

32 現在、新潟国際情報大学では、ロシア・中国・韓国の各提携校の協力の下、インターネットを利用した学生による相互地域ニュース配信システム、「東アジアミクロメディア(仮称)」の構築を進めている。

33 本書作成の契機となった、「新潟国際情報大学一〇周年記念シンポジウム」(二〇〇三年六月七日開催、巻末の區建英氏の文章を参照)では、まず通訳の問題が浮上した。すべて英語で行うことで通訳料は格段に節約できると予想されたが、あえてその選択はとらず、すべて各々の地域言語によって対話を行った。日本での開催だったため、今回はベースとなる言語を日本語とし、例えばロシア語での報告はロシア語→日本語→各国言語へと翻訳された。

34 青木保「東アジア共同体の文化的基礎」日本国際問題研究所刊『国際問題』No.五三八、二〇〇六年一月、五六―六四頁を参照。

主要参考文献

フェルナン・ブローデル編、二〇〇〇『地中海世界』(神沢栄三訳)みすず書房。
丸川哲史、二〇〇三『リージョナリズム』岩波書店。
古田博司、二〇〇三『東アジア・イデオロギーを超えて』新書館。
孫歌、二〇〇二『アジアを語ることのジレンマ』(溝口雄三他訳)岩波書店。

テッサ・モーリス＝スズキ、二〇〇二『批判的想像力のために――グローバル化時代の日本』平凡社。

大沼保昭編、二〇〇〇『東亜の構想――二一世紀東アジアの規範秩序を求めて』筑摩書房。

佐々木毅・山脇直司・村田雄二郎編、二〇〇三『東アジアにおける公共知の創出――過去・現在・未来』東京大学出版会。

多賀秀敏編、一九九二『国境を越える実験――環日本海の構想』有信堂。

姜尚中、二〇〇一『東北アジア共同の家をめざして』平凡社。

武者小路公秀監修、二〇〇三『東北アジア時代への提言――戦争の危機から平和構築へ』平凡社。

金子勝・藤原帰一・山口二郎編、二〇〇三『東アジアで生きよう!』岩波書店。

谷口誠、二〇〇四『東アジア共同体――経済統合のゆくえと日本』岩波書店。

五十嵐暁郎・佐々木寛・高原明生編、二〇〇五『東アジア安全保障の新展開』明石書店。
J. J. Suh, Peter J. Katzenstein, Allen Carlson, eds., 2004, *Rethinking Security in East Asia : Identity, Power and Efficiency*, Stanford University Press.
T. J. Pempel, ed., 2005, *Remapping East Asia : The Construction of a Region*, Cornell University Press.
Sophie Boisseau du Rocher & Bertrand Fort, eds., 2005, *Paths to Regionalization : Comparing Experiences in East Asia and Europe*, Marshall Cavendish Academic.

第I編

歴史問題と東アジア

歴史問題と東アジア

第I編

1 「平等互助」の東アジアのために

〈歴史〉を抱きしめて

梅雪芹
（區建英訳）

中国・日本・韓国（朝鮮）の三国は東アジアの近隣国家である。互いに類似した伝統文化の蓄積を有し、また西洋文明と初めて接触した時期もほぼ同じであった。しかし一九世紀末になると、三カ国の近代化の発展には大きな差が現れ、さらに、日本の侵略と植民地拡張によって、東アジア諸国の関係は引き裂かれた。こうした近代の歴史において、アジアの文化（主として東アジアの、儒学思想を中心とする伝統文化）をどのように見るのか。近代化における中国と日本、および日本とアジア諸国との関係をどのように見るのか。こういった問題は、中国や日本の思想界・政治界の人々からかねてより注目されてきた。しかし、新しい世紀を迎えた現在でもこれらの問題は依然として存在し、しかも時代の変遷によって新たな内容がつけ加わっている。したがって今日、われわれは東アジアの歴史およびこの問題に関するこれまで蓄積されてきた認識をふりかえり、歴史の経験や教訓を総括する必要がある。歴史を鑑《かがみ》とすることは、これからの東アジア地域の協力と相互連帯を強め、この地域ないし世界の平和的発展を促進するために、重要な意味がある。

1

古代以来、中国・日本・韓国（朝鮮）三国の文明の発展は互いにつながっており、切り離すことができなかった。そして一九世紀半ば以降、中日韓三国ともほぼ同時に近代史の幔幕が引き上げられた。この歴史的変動は、アジアに対する西欧列強の覇権主義と侵略に迫られる中で発生した。こうした厳しい歴史的状況に直面し、まず日本において、侵略反対を主題とし、アジア隣国との連合を図り、共に西欧列強に抵抗しようとする新たな思潮が現れてきた。この思潮を、学界では一般に「大アジア主義」と呼んでいる。上海華東師範大学の盛邦和教授の解釈によると、日本のアジア主義が最初に唱えた考え方は、「アジア（主として東アジアの儒学文化圏をさす）の共通した文化的背景の下で、日本をリーダーとし、日中およびアジアの連携を推進し、共に欧米列強の侵略に抵抗する」というものであった。

幕末の有名な政治家・勝海舟は早くから「アジア同盟論」を唱え、アジアを呼び覚まし、共に西欧からの侵略に抵抗するよう主張した。一八六三年、勝海舟は日記で次のように書いた。「我が策は、当今亜細亜州中、欧羅巴人に抵抗する者なし、これ皆規模狭小、彼が遠大の策に及ばざるが故なり。今我が邦より船艦を出だし、弘く亜細亜各国の主に説き、横縦連合、共に海軍を盛大し、有無を通じ、学術を研究せずんば、彼が蹂躙を遁がるべからず」と（松浦、一九八七：一〇二）。また『解難録』において、日本は中国、朝鮮と三国同盟を結成し、「三国合縦連衡して西洋諸国に抗すべし」という考え方を提起した（松浦、一九八七：一〇三）。一八七〇年代以後、一部の日本の新聞もアジア主義について多くの報道を行った。

客観的にいえば、「大アジア主義」は一九世紀後半から、東アジア地域における唯一の体系的かつ戦略的な構想だったといえる。この構想がどんな性質を持ち、どのような結果をもたらしたかはともかく、それはかつて、西洋列強の侵略に直面して困惑を感じた東アジアの知識人たちに自信と希望を与えていた。中国においては、例えば、梁啓超の「亜粋」（アジアの精粋）思想（『清議報』一、一八九八）、章炳麟の「アジア和親」主義（章炳麟、一八九六）、孫文の「大アジア主義」（曹錦清、一九九四：三〇〇）など、これらの思想は、日本のアジア主義に対する呼応でもあった。後にまた、李大釗の「新アジア主義」（『国民雑誌』一―二、一九一九・二・一）があった。これらの事実からもわかるように、日本が率先してアジア主義を提起し、アジアの伝統を生かしてアジア地域の連合を主張したのは、歴史において進歩的な要素と積極的な意味が含まれていた。もちろん当時の状況において、共に西欧列強のアジア侵略に抵抗するという特定の背景が存在した。しかしこの歴史的な限定状況にもかかわらず、それは、アジアを一つの全体として捉え、アジアの連合と相互支援を呼びかけ、さらにアジア同盟を樹立し共にアジアを振興させるという発想が含まれていた。この発想こそ、先人がわれわれに残した貴重な思想的財産だといえる。

この思潮が当時の歴史的背景の下に発生したことで、中国人は日本に対する伝統的な見方を変え、日本に注目するようになった。康有為は『日本変政考』（日本の政治改革について）で次のように述べた。「日本は極めて小さい国であるが、これを改新し変革して急速に強くなっている。そのあらたかな効果、その公理正則が隅々まで行き届いている」。「若し中国の広大な国土と多数の人民を以てすれば、近く日本の経験を採用し、三年にして雄大な規模が形成され、五年にして条理が備えられ、八年にして効果が上がり、十年にして目標の達成が為される」（謝遐齢、一九九七：三五二）。康はさらに、日本の明治維新をモデルとして改革を行うよう主張した。数多くの中国青年が民族の「富強」への道を求めて日本に留学した。このように、歴史的時機と時代との出会いによって、日本はしばしばアジア諸国、とくに中国の先進的知識人や革命を支える国際的な「後方」ともなっていた。この「後方」において、中国の改革者たちは清王朝の逮捕や迫害から逃れ、政党を組織し、改革理論を宣伝することができた。宮崎滔天ら日本の知識人はアジアを一つの全体と見なし、中国革命を支援し参加した。こうした彼らの義挙は、中国において美談となって広く伝えられている。

しかし歴史において、現実は甚だ残酷なものであった。日本はかつてアジアの団結に働きかけ、共に欧米列強の侵略に抵抗するよう呼びかけ、東アジア諸国の先進的知識人を啓発していたが、まさにこの日本が、後にアジア諸国の人民に対し大きな罪を犯した。日本の対外侵略の歴史はいうまでもなく、アジアの歴史の一部である。アジア諸国が共に経験したこの歴史に対して、われわれは史料と史実に基づき、歴史評価の基本的原則をもって記述するしかないのである。歴史学者は史料の真偽を判別し、史実に基づいて歴史を記述する自由があるが、歴史を歪曲し、「都合のいいように書く」というような自由はないはずでである。したがって、われわれは日本のアジア主義を回顧する時、日本のアジア主義が戦略的構想や文化的思想という側面があったにもかかわらず、後に日本の「大陸政策」とつながる侵略主義の理論に変質してしまった、という事実をも忘れることはできないのである。

2

日本のアジア主義はそれ自体、変質していく論理を内包していた。一九世紀中頃、中国と日本が共に欧米列強の侵略を受けた頃、日本のアジア主義は「日中連携」、「アジア連合」、「共に欧米（ロシアも含めて）に抵抗する」という戦略構想を持っていたので、当時の歴史的背景の下では、現実的かつ合理的な意味があった。しかしその論理の中には、「日本主導」などの日本優越論の思想的要素が含まれていた。当時、日本の多くの学者は、アジアを守ることについて日本を当然の責任者とし、欧米列強に抵抗する戦いの主導権が日本にあると考えた。もしアジアに欧米列強に反対する連合体が形成すれば、日本はこの連合体の当然の指導者であるという考え方があった。例えば、草間時福は『東洋連衡論』の中で、「今ヤ我国ハ亜細亜諸国開化先進ノ国タルハ自ラ任シ又他ノ許ス所ナルヲ以テ諸邦ニ率先シテコノ東洋連衡ノ業ヲ担当スルハ我国ヲ棄テ、又誰カアル」と述べた（郵便報知新聞、一八七九・一一・一九）。また、一八八三年に『興亜論』を書いた杉田鶉山は、その著述で日本優越論を著し、日本はアジアにおいて先進文明を輸出し、後進国を啓発する使命があると主張し、いわゆる文明輸出論を提起した（雑賀博愛、一九二八）。日本優越論の背後には、中国および他のアジア諸国を蔑視する意識が潜んでいた。

なお残念なことに、日本近代の啓蒙運動の旗手と思われる福沢諭吉もこの傾向を免れなかった。欧米諸国が資本主義文化を推進し、相次いで富国強兵を実現し、繁盛し栄えているという現実を目のあたりにし、また、中国を含めて封建主義文化を維持する東方諸国が相次いで没落し、西欧列強の植民地あるいは半植民地に転落したという時代の悲劇を見て、福沢の中には、次第に「脱亜入欧」の思想が育くまれていった。『文明論之概略』において、彼は「今世界中の諸国に於て、假令ひ其有様は野蛮なるも半開なるも、苟も一国文明の進歩を謀るものは欧羅巴の文明を目的として議論の本位を定め、この本位に拠て事物の利害得失を談ぜざる可らず」と述べている（福沢、一九五九：一九）。また一八八五年、福沢は『時事新報』において「脱亜論」を発表し、「脱亜入欧」の思想をより明確に表した。そこで彼は「我日本の士人は国を重しとし政府を軽しとするの大義に基き、又幸に帝室の神聖尊厳に依頼して、断じて旧政府を倒して新政府を立て、国中朝野の別なく一切万事西洋近時の文明を採り、独り日本の旧套を脱したるのみならず、亜細亜全洲の中に在て新に一機軸を出し、主義とする所は唯脱亜の二字に在るのみ。我日本の国土は亜細亜の東辺に在りと雖ども、其国民の精神は既に亜細亜の固陋を脱して西洋の文明に移りたり」と指摘している（福沢、一九六〇：二三九）。この思想は後に、日本人の思考様式に大きな影響を与えたのである。

日清戦争が行われる時、日本国民の中においても当初、なぜ中国のような文化的に進んだ隣国と戦争するのかと、戦争の理由が理解できない人が多くいた。しかし日本が勝った後、人々は国を挙げて狂喜し、日本人のアジア観も一変してしまった。この時期において、福沢はアジア隣国と人民に最も甚だしい偏見と蔑視を表した。安川寿之輔は福沢の著述から次のような言葉を拾って福沢のもう一つの側面を暴いた。それによると、福沢は台湾の民衆を、「烏合の草賊」、「無知蒙昧の蛮民」、「狂暴の土匪」、「未開の蛮民」、「車夫馬丁の輩」、「無智頑迷の輩」と侮辱し、日本軍が彼らに対して、「一人も余さず誅戮して醜類を殲す可し」、「頑冥不霊は彼等の性質にして到底悟る可きものに非ざれば、殲滅の外に手段なしと覚悟して、一挙に醜類を掃ひ尽くす可きものなり」と主張した。また、「無知蒙昧の蛮民をば悉く境外に逐ひ払ふて殖産上一切の権力を日本人の手に握り、其全土を挙げて断然日本化」するように呼びかけた。また、「豚尾児」、「豚尾漢」「半死の病人」、「乞食流民の徒」、「軟弱無廉恥の国民」などの蔑視な言葉で当時の中国人、朝鮮人を呼んでいた。もっと酷いことに、日本軍が朝鮮、中国へ行って宮廷の財宝や書画などの宝物を略奪することも唆し、「目に付くものは分捕品なし。何卒今度は北京中の金銀財宝を掻き浚へて、彼の官民の別なく、余さず漏らさず嵩張らぬものなればチャンチャンの着替までも引っ剥で持帰ることこそ願はしけれ」とまで言った。当時の清朝政府は、福沢諭吉の目にはまったく取るに足りないものであった。彼は日清戦争を「野蛮に対する文明の戦」と称した（安川、二〇〇一：二四、一五九、一六一、一七八、一八〇）。中国人と朝鮮人に対する日本人の蔑称、この時期から流行しはじめた。

福沢諭吉の本意はともかく、前述した彼の「脱亜」思想は日本のアジア観に大きな影響を与えた。福沢はまた、「圧制を悪むのは人の性なりと云ふと雖ども、人の己れを圧制するを悪むのみ、己れ自から圧制を行ふは人間最上の愉快と云て可なり」と言った（福沢、一九六〇：六六）。彼の影響の下で、「脱亜」思想がはびこっていった。こうしたさまざまな思想が絡み合って展開した結果、日本のアジア主義は次第に変質を遂げ、アジア侵略と「大陸政策」の理論的根源となっていった。

日本のアジア主義に対して、李大釗は鋭く批判している。李によると、日本のアジア主義の唱導者はこの主義を提起する当初から、「連合」や「提携」を主張したものの、主権の尊重、互恵互尊など最低限の国際原則をその理論の中に導入しなかった。これらの原則を運用して実践することはなおさらなかった。アジア主義は欧米の侵略に反対する旗印を掲げたにもかかわらず、その理論にはまったく性質の異なる二つの対立が混同されている。一つは日本と欧米との対立、これは列強同士の対立である。もう一つは中国と西洋列強との対立、これは植民地あるいは半植民地と西洋列強との対立である。そして日本の為政者が「欧米（ロシア）に抵抗する」と主張する時、その一方で中国およびアジア諸国を侵略する心を一刻も捨てることがなかった。こうした端緒があったため、日本のアジア主義が発展する行方はその初志に背き、その初志を放棄し、必然的に変質を遂げたのである（『国民雑誌』一九一九）。このような論理に基づき、日本は西欧列強の侵略に抵抗する責任があるという理由で、アジアに君臨し、アジアの覇者と盟主を自称したのである。

一八九四年以降、まず日本は日清戦争で容易に勝利をおさめた。また、日ロ戦争でも辛勝した。これらの戦勝を経て、日本の政界は二つの結論を出した。「一、中国はもはや日本の主要な敵手ではなくなり、日本はすでに、東アジアにおける中国の伝統的な地位にとって代わったこと。二、アジアにおける西欧列強の存在こそ、日本の未来の安全に対する最大の脅威であること」。この二つの結論は後に、日本の東アジア戦略の基本的な出発点を構成した。「万国対峙」（万国の対立的競争）という思想が国家政策を支配するようになり、日本は次第に対外侵略戦争の深淵に陥っていった。

二〇世紀前半に到り、日本は本格的に、中国とアジアに対する侵略政策の実施に踏み切った。その中で、「大アジア主義」は日本の侵略政策の思想的基礎へと変わっていった。大川周明、北一輝などは日本のアジア主義が質的に変化していく過程において、それを煽り立てるような役割を果した。北一輝は『日本改造法案大綱』の中ですでに、日本型ファシズム思想の源流となる思想を著した。『日本改造法案大綱』の「緒言」で、彼は「支那印度七億ノ同胞ハ実ニ我ガ扶導擁護ヲ外ニシテ自立ノ途ナシ。……亜細亜聯盟ノ義旗ヲ翻シテ真個到来スベキ世界聯盟ノ牛耳ヲ把リ、以テ四海同胞皆是仏子ノ天道ヲ宣布シテ東西ニ其ノ範ヲ垂ルベシ」と言った（遠山・山崎・大井、一九五九：六六三―六六四）。昭和の危機、満州事変から、二・二六事件に至るまでの時期はまさしく、日本ファシズムが一歩一歩と歴史的舞台に登っていく時期、陸軍が大陸侵略を次第に強化し、日本のアジア主義が最終的に変質する時期であった。

「八紘一宇」、「皇道宣揚」など超国家主義の侵略思想は何れも、日本のアジア侵略戦争を美化し促進したものである。かつて「言論報国会」の会長を勤めた鹿子木員信は『すめらあじあ』の中で、「率直端的に日支両国の関係を道破すれば、支那はその歴史的必至の運命の下に『被征服』を冀ひ、日本はその歴史必然の使命意識の下に、支那の『征服』を意図する。而してこれ実に所謂『東亜協同体』の原始的歴史的自然所与の形態に外ならない」と明確に述べている（遠山・山崎・大井、一九五九：七〇二―七〇三）。一九三八年一一月、当時の日本総理・近衛文麿は、「東亜新秩序建設」を主張し、いわゆる東亜連盟運動を引き起こした（毛利、一九九九：二四二）。こうして、日本の「大アジア主義」が再び台頭した。この時期のアジア主義はもはや当初のアジア主義とはまったく違う思想に変わっていた。太平洋戦争が始まった後、「大アジア主義」は「大東亜共栄圏」という政策に利用され、当時の戦争は「黄色人種の革命」と称され、その中で、日本こそ「アジア解放」の「救世主」であると盛んに主張された。以上の歴史事実からもわかるように、「大東亜共栄圏」という政策は、近代以来の日本の「大アジア主義」がそれ自体内包している誤った思想と、その論理の発展の結果に他ならない。

3

時代が激しく移り変わり、人類の歴史は二一世紀を迎えた。今日、グローバリゼーションと地域協力の二大潮流が世界の大勢となりつつある。広域の地域協力はすでに当今世界の経済発展の重要な特徴となっている。ヨーロッパ連合（ＥＵ）、北米自由貿易圏（ＮＡＦＴＡ）のような多数の成員国からなる地域的な貿易組織のほかに、オーストラリアとニュージランドとの緊密な経済貿易関係のような、二国間の自由貿易協力も多く現れている。一部の地域的貿易協力はさらに、伝統的な「地域」の枠組みをも突破した。例えば、二〇〇一年に締結されたヨーロッパ連合とメキシコとの自由貿易協定は、洲を跨る典型的な自由貿易協定である。この他に近年、地域的貿易関係はいっそう広義の内容を包含するようになっている。例えば、伝統的な貨物貿易から次第にサービス貿易へと広がり、貿易投資の効率化、金融サービス分野の協力、人的資源の開発、中小企業の協力、メディア・放送分野の協力など、多くの分野に及んでいき、これによって、経済面における国境の壁が次第に低くなっている。統計によると、現在、各種の地域貿易協定の成員間に行われた貿易量は、すでに全世界の貿易量の半分以上を占めている。二〇〇二年一月まで、WTOに知らされた地域貿易協力は一六二件に達し、その中の八〇%はここ一〇年間に創立されたものである。

しかし、二〇〇一年に至るまで、世界でGDPが上位に並べられる国の中に、中国、日本、韓国の三カ国のみがいかなる地域の貿易協力にも参与しておらず、いかなる国あるいは地域とも、地域的または二国間の自由貿易協定を結んでいなかった。つまり、地域協力関係からかけ離れて「孤島」にいるような有様である。一方において、中日韓三国は、地域貿易関係に積極的に参与する国々が国際協力でよい競争の機会を得ている様子を座視するにすぎず、地域貿易協力による創造的な効果を享受することができない。他方において、地域貿易協定は域内の国を優遇する条件を実施しているため、その成員が地域外の貿易相手に対しそれぞれ一定の貿易の壁を保っており、それゆえ、その排他的特徴も日増しに明らかになり、地域貿易圏の外にある国々はそれぞれ差別的な待遇を受けるようになっている。したがって、東アジア諸国にとって、地域協力を進めるのは、もはや時代の要請である。

このような状況に直面して、われわれは、歴史上の思想を改めて考え直し、その有益な側面を参考にすることも重要である。日本について見れば、例えば、草間時福のアジア主義思想にも有益な要素があった。草間は、ヨーロッパの経験をアジアに用いると主張した。『東洋連衡論』という著述の中で、彼は西洋の事情を紹介し、アジアに関する道理を説明し、次のように述べている。

欧洲ノ書ヲ観ル者其書中ニ欧洲ノ名誉欧洲ノ利害又ハ欧洲ノ平和等ノ文字ノ往々散見スルハ遍ク親炙スル所ナルヘシ。

欧洲列国ハ各自ノ利害名誉ニ関シテコソ水火ノ如ク仇敵ノ如ク互ニ相容レサル㆑孛佛ノ如キモノナキニアラサレトモ若シ利害名誉ノ欧洲一般ニ関スルトキハ秦楚モ力ヲ戮セ呉越モ其情ヲ仝シ又各自一個ノ小利害ヲ犠牲ニスルヲ吝マサルナリ……故ニ欧洲列国ノ相争ハ猶ホ兄弟ノ墻ニ鬩クカ如ク其実欧洲一般ノ名誉利害ノ大紐綱ヲ以テ相団結スル一大国情ヲ組織スルモノト謂モ敢テ不可ナルヲ覚ヘサルナリ然ラハ則チ欧人ハ啻ニ自己アルヲ知ルノミナラス又欧洲アルヲ知ルモノト謂ベシ。

飜テ亜細亜ノ国勢ヲ観察スルニ全ク之ニ反シ茲ニ国スルモノハ概テ自己アルヲ知リテ亜細亜アルヲ知ラズ詳ニ云ハ利害ノ一部ヲ知リテ未タ其全部ヲ知ラズ直接ニ利スルヲ知リテ未タ間接ニ利スルヲ知ラズ若シ事ノ自家一個ニ関スルモノニ遭ハ相応ノ熱心ヲ以テ之ヲ争フコトヲ知ルト雖モ亜細亜ノ利害名誉若クハ其平和ニ至テハ茫乎トシテ忘レタルカ如ク漠然トシテ感セサルカ如シ亜人ノ思想中未タ亜細亜ナシト謂モ可ナリ……欧洲ハ富強諸国ノ相団結スル一大陸ナリ我国ハ亜細亜大陸中ノ一部ニシテ猶ホ欧土中ノ英若クハ佛ノ如キモノナリ此ヲ以テ彼レニ駕迭セントスルハ所謂泰山ヲ挟テ北海ヲ超ユルノ類ナリ……然ハ則チ遂ニ欧洲ニ駕迭スルニ道ナキ乎曰否亜細亜ヲ以テ之カ駕迭ヲ求ムヘキナリ

欧洲ニ駕迭スル道ヲ窮メサルヘカラス即チ本論ノ亜細亜連衡ノ要用ナル由縁ナリ（郵便報知新聞、一八七九・一一・一九）。

草間時福が強調したのは、ヨーロッパには従来一つの全体という感覚があるのに対し、アジア諸国が自国に関する利害のみを知っていて、全体に関する利害を知らず、相互の連帯関係を欠いていること、団結の力をもっているヨーロッパに対し、アジア諸国の力が分散していること、ヨーロッパを超えるためには、ヨーロッパに学び、アジア諸国と連携するべきであるということである。前述した草間の思想は、今日においても依然として有益かつ啓発的な意味があると言える。

中国、日本、韓国はそれぞれ国土、人口、経済発展の状況が異なっているため、むしろ相互補完という利点もある。この特徴を積極的に生かして、三カ国の経済協力を拡大し、深めていくのは、三カ国の経済にとっても重要な意味がある。また、三カ国は文化の面においても、他の国が比べられない親近感と類似性がある。今まさに、アジアの一体化に向けた協力という先人の思想を実践する時代になっている。もちろん、今日のあらゆる連合と協力は、平等・互助という基礎の上に築かなければならない。つまり、この連合において、参加諸国が平等に利益を得るのであって、どの国の主権も損なわれてはならない。協力は対抗より上策であり、団結は分裂より賢明である。

現在の世界では国連が存在し多くの国際問題は対話と協力によって解決することが可能になった。今日、西側のヨーロッパ経済共同体（ＥＥＣ）は経済分野の協力を越えたヨーロッパ連合に発展した。また、アフリカもヨーロッパに学んでアフリカ連合（ＡＵ）を成立させた。北米にはアメリカ、カナダ、メキシコの自由貿易協定（ＮＡＦＴＡ）があり、南米には南米南部共同市場（ＭＥＲＣＯＳＵＲ）があり、また、多数の二国間での自由貿易協定が存在している。太平洋の島嶼国にも、太平洋共同体（ＳＰＣ）が設立されている。こうした経済のグローバル化に順応していくように、世界は地域統合の方向に向かって急速に発展している。この情勢の中で、東アジアに位置し互いに近似した伝統文化を持っている中日韓三国はなおさら、地域の相互依存を重視し、地域協力を推進し、その発展を促さなければならないのである。

歴史には、今日起こるできごとと類似するできごとをしばしば見出すことができる。今日、東アジアの地域協力の推進において、かつてのアジア侵略の思想的要素が再び頭をもたげ負の影響を与えているようである。いわゆる「中国脅威論」も地域協力を妨げる要素の一つである。表面から見れば、中国の発展は日本に脅威を感じさせるようであるが、しかし「中国脅威論」の背後には、近代以来日本人が持ってきた一種の考え方、つまり「中国が弱ければ日本が強く、中国が強ければ日本が弱い」という考え方が存在している。「中国脅威論」からは、「万国対峙」（国家間の対立的競争）の思想や、中国が強くなることを望まないという「日本優越論」の陰影が窺える。

偏狭な感情を捨て去って冷静に考えてみれば、「中国脅威論」という見方は歴史に合致しないだけでなく、現実にも賢明ではない。というのは、中国と日本とは決して共存不可能な宿敵ではないからである。実際、日本の憂慮すべきところは中国にあるのではなく、自分自身の中にある。グローバル化の時代に、日本の対応が遅れている。東アジアにおいて、積極的に自由貿易協定を結ぶことは、日本の構造改革と経済成長を促す力となるのであろう。中国経済の持続的発展は確かに、他のアジアの国々に経済安定の役割をもたらした。一九九八年アジア通貨危機の中で、中国政府は人民元の引下げをしないと決断した。このことは中国の責任感を示したと言える。近年、中国の経済成長によって需要が増大している。中国が生み出す大量の需要が東アジアの経済発展を促す力ともなるであろう。中日両国が、もし、地域的経済協力の歩調を速めることができれば、日本の経済発展にとって有益であるし、中国も日本の技術や資金などの面から恩恵を受けることになる。要するに、東アジアの連合は中日の協力を必要としているのであり、双方いずれも他方を排除できないのである。未来のアジアは、中国のアジアでも、日本のアジアでもありえない。連合・協力のアジアなのであり、その中で、アジアの中国、アジアの日本がある。中国と日本の和解と協力は、東アジアの連合を大いに促すものである。

中国と日本の関係は東アジア地域協力のカギを握っている。これは、ヨーロッパ連合におけるフランスとドイツの関係に類似している。フランスとドイツとの連合の経験はわれわれの参考になる。戦後初期、フランスのドゴール将軍は、ファシズムの復活を防ぐために、ドイツの領土分割を強硬に主張し続けた。しかし、一九五〇年代末になると、ヨーロッパ連合の夢を追求する中で、近隣のドイツと友好関係を作ってこそはじめて、ヨーロッパの連合が実現可能となるという認識に至った。他方、戦後の西ドイツは、西側世界から受け入れられたことに大変感激した。こうして双方が次第に歩み寄ったわけである。一九六三年フランスとドイツが調印した「エリゼ条約」は、ヨーロッパ連合の戦略的な産物である。そして、仏独関係が戦略的改善から実質的改善へ向けて発展した秘けつは、ほかでもなく歴史的に残っている問題について、両国とも真摯にその解決に取り組んだことにある。フランスとドイツとの間には歴史上多くの戦争があった。しかし、第二次大戦後、これらさまざまな歴史的問題にきちんとけりを付けた。また、過去の歴史に対するドイツの深い反省も、フランスの政府と人民を納得させることができた。あるフランス外交官は次のように指摘している。「もし『エリゼ条約』の調印後、ドイツがなおナチスの歴史を絶えず弁護し続ければ、フランス民衆は依然としてヨーロッパ連合へ向けた戦略によってドイツと友好を保つよう自己を説得することはできなかったであろう」と（邱震海、二〇〇三）。

ヨーロッパと対照的に、アジアにおいては、歴史認識の問題が日本と東アジア諸国との間に横たわっており、大きな障害となっている。近年、少数の日本右翼が「大東亜戦争肯定論」を騒ぎ立て、「南京大虐殺」に関する中国側の指摘を、「白髪三千丈」に象徴されるような中国人の誇張だと主張している。さらに憂慮すべきことに、日本政府と政界の一部はこれらの主張と呼応し、それを庇護し、アジア隣国からの批判に耳を貸そうとせず、アジア隣国の声をものともしない。歴史教科書において帝国主義的侵略に関する事実を改竄したり、政界の要人が思うままに靖国神社を参拝したりする。彼らの頭には「脱亜入欧」の影が残っており、アメリカに偏り、アジア隣国を軽視する考え方が未だ存在しているようである。これら一連の表現に直面して、アジア隣国はいかにして日本を信頼し、日本のやり方について納得することができるのだろうか。

アジア隣国が日本のことを心配するのも無理はない。一九九〇年代以来、日本経済に不況が続くという状況において、日本の政治は保守化傾向が高まり、右翼的な極端なナショナリズムも広がってきた。かつての軍国主義も類似した環境の中で現れ、アジア諸国の人民に悲劇が訪れた。それゆえ近年の日本の保守化傾向から、過去の苦い歴史的経験を、アジア隣国の人々は想起させられる。

日本の大正デモクラシーの旗手である吉野作造は、かつて中国の「五四運動」を支持した時に次のように述べたことがある。「現在は二つの日本がある、それは侵略的な日本と平和的な日本である、『五四運動』が反対したのは侵略的な日本である、中国人民と日本人民は共通の敵に反対しているのだ」と。今日、アジア隣国が歴史的教訓から、日本の右翼的傾向を批判するのは、あくまでも日本国民の利益と一致するのであり、平和を愛する日本の人々と同じ立場に立っているわけである。われわれは、日本と東アジア諸国との関係について悲観的に考えない。というのは、民主主義と平和主義がすでに日本国民の中で深く根を下ろしており、われわれは日本国民の良識を信じているからである。中国と日本は一衣帯水の近隣であり、この地理的位置を変えることはできない。両国の人民は共に、敵になるのを希望せず、友人になることを希望する。確かに、ある政治的原因によって双方の分裂がなかなか解決せず、また、日本にはかつて戦後に復活した右派の影が残っており悪い影響を与えている。しかしそれにもかかわらず、両国人民の共通利益は、双方の分裂を遥かに超えているはずである。

喜ばしいことに、中日韓三国は協力か分裂かの選択において、遂に地域の経済協力という方向を選び、しかも一定の成果を収めている。例えば、二〇〇三年一〇月七日、三国の指導者がバリ島で「中日韓三国間協力の促進に関する共同声明」を調印した。この宣言には、「我々、日本、中国及び韓国の首脳は、効果的な三国間協力のためには幅広い様々な経路を持つことが不可欠であるという見解を共有した。そのために、我々は、三国首脳会合を継続して開催することを決定した。我々は、外交、経済・貿易、金融、環境保護、情報通信及び特許分野で現在行われている閣僚レベル会合が効果的に運営されることを支援し、他の分野でも同様の会合を開催するよう努力する。我々は、また、この共同宣言に記された協力活動及び現在進められている協力活動を研究し、企画し、調整し及びモニタリングするために、三者委員会を立上げることを決定した。同委員会は毎年の首脳会合に進捗報告書を提出する」と書かれている。これは、中日韓三国が地域協力という潮流からかけ離れた少し前までの「孤島」のような状態から、大きな一歩を踏み出したことを意味する。しかし、日本の政治的右傾化、中日両国の政治的関係の立ち遅れによって、三カ国の協力関係はヨーロッパ連合や北米自由貿易圏と比べて、まだまだ長い道程が必要である。

したがって、二一世紀の初頭において、日本のアジア主義が「アジア連合」から「アジア侵略」へと変質した歴史を検証するのは、中日両国およびアジア諸国の人民が正しいアジア観を樹立するため、また相互理解を増進するために大変有益である。中国と日本のアジア主義の歴史を顧みることで、われわれは類似の文化的背景の下で歴史を鑑とし、文化交流を強めるために有益な教訓を得ることができるであろう。

中国のために、日本のために、アジアのために、歴史上の誤った認識を徹底的に捨て去り、先人の知恵を汲み取り、相互尊重と平等互恵を前提とする東アジアの地域協力ないし連合を、共に切り開いていくよう、切望したい。

参考文献

松浦玲、一九八七『明治の海舟とアジア』岩波書店：一〇二。
「清議報叙例」『清議報』一、一八九八。
章炳麟、一八九六「亜細亜は自ら唇歯となるべし」『時務報』：一八。

曹錦清、一九九四『孫中山文選：民権と国族』上海遠東出版社：三〇〇。

「大亜細亜主義と新亜細亜主義」『国民雑誌』一―二、一九一九・二・一。

謝遐齢、一九九七『康有為文選：変法以致昇平』上海遠東出版社：三五二。

『郵便報知新聞』一八七九・一一・一九。

雑賀博愛、一九二八『杉田鶉山翁』翁杉会。

福沢諭吉、一九五九『文明論之概略』（明治八年）、小泉信三監修、富田正文・土橋俊一編『福澤諭吉全集』四、岩波書店：一九。

福沢諭吉、一九六〇「圧制も亦愉快なる哉」（明治一五年）、小泉信三監修、富田正文・土橋俊一編『福澤諭吉全集』八、岩波書店：六六。

福沢諭吉、一九六〇「脱亜論」（明治一八年）、小泉信三監修、富田正文・土橋俊一編『福澤諭吉全集』一〇、岩波書店：二三九。

安川寿之輔、二〇〇一『福沢諭吉のアジア認識』高文研：二四、一五九、一六一、一七八、一八〇。

遠山茂樹、山崎正一、大井正編、一九五九『近代日本思想史』第三巻、青木書店：六六三―六六四、七〇二―七〇三。

毛利和夫、一九九九『日本現代史』W網社：二四二。

邱震海、二〇〇三・一〇・七「中日関係はどのように改善するのか」『聯合早報』。

「日中関係」再考

小林元裕

日中の親近感

日本では新聞、テレビで毎日のように中国関連のニュースが報道され、経済、政治、文化関係のニュースに接しない日はないといっても過言でない。中国首脳の政治的な活動から庶民の生活にいたるまでさまざまな情報を、日本に居ながら、それも時差をほとんど感じさせない早さで入手できる。

一方中国のマスメディアでは、日本に関するニュースのうち主要なものに限っていえば日本とほぼ同時に報道される。もちろん中国は社会主義国家であり、その報道内容には政府の網がかけられるが、それでもインターネットを利用すれば、網の目を通り抜けた情報を入手することが可能となる。

このように日中両国で得られる相手の情報は、その内容の正確さに一部留保するとしてもかつてないほど豊富になっている。それでは互いの情報量が増えることで相手に対する理解、親近感が高まっているかといえば、事態はまったく逆方向に進んでいる。

日中国交正常化三〇周年を直前にひかえた二〇〇二年八、九月、朝日新聞社と共同通信社はそれぞれ中国側と共同で日中関係を中心テーマとする世論調査を行った。ここでは共同通信社の世論調査を例に日中の親近感についての数字を列挙してみる。「いまの中国（日本）に親しみを感じますか、それとも親しみを感じませんか」との設問に、日本側は「大いに親しみを感じる」八・四％、「ある程度親しみを感じる」四六・〇％、「あまり親しみを感じない」三六・四％、「全く親しみを感じない」六・三％、「分からない・無回答」二・九％と、親しみを感じるもの（五四・四％）がそうでないもの（四二・七％）を上回った。これに対し中国側はそれぞれ、二・三％、二三・二％、三八・三％、二八・二％、八・〇％と、日本に対して親しみを感じないもの（六六・五％）が親しみを感じるもの（二五・五％）を大きく上回った。

中国側が日本に対して「親しみを感じない最も大きな理由」として挙げたのが、「対中国侵略の歴史を反省せず、正しい歴史認識に欠けていると思うから」の七九・三％で、日本側の中国に対するそれは「密航事件や在日中国人の犯罪が多発しているから」三五・〇％、「日中戦争などの歴史認識をめぐって日本を強く非難するから」二七・七％であった（共同通信社・中国報道研究会編『中国動向二〇〇三』）。

次に二〇〇四年一二月、日本の内閣府が発表した「外交に関する世論調査」（同年一〇月実施）を見ると、中国に「親しみを感じる」と答えた人は三七・六％で、前年を一〇・三ポイント下回った。これは一九七八年に調査を開始して以来、最低の数字である。その一方で「親しみを感じない」と答えた人は五八・二％、前年より一〇・二ポイント増と、こちらは過去最高となった。中国への親近感を問う質問は、八〇年に「親しみを感じる」が七八・六％と最高を記録したが、八九年の天安門事件後の調査で五一・六％と前年比一六・九ポイント減と急落し、その後ほぼ横ばい状態を続けて今回の大きな下げ幅となった。これは二〇〇四年七、八月、中国各地で開催されたサッカー・アジア杯における中国人観客の反日騒動が数字に大きく影響したことは間違いない。中国に対する親近感が減少するのと対照的に、韓国に対しては三年連続で記録を更新し五六・七%が親しみを感じるようになっている（朝日新聞、二〇〇四・一二・一九）。

右とほぼ同時期の二〇〇四年一一月二四日付『中国青年報』が発表した中国社会科学院日本研究所による世論調査では「日本に親しみを感じない」と答えた人が五三・六%で、二年前に行った同様の調査より一〇・三ポイント増え、まるで日本と歩調をあわせるかのように相手への親近感を低下させている。その理由として「侵略の歴史を真剣に反省していない」六一・七%、「日本が中国を侵略した」二六%と、共同通信の世論調査同様、歴史問題が大きな障害となっていることを示した。それは小泉純一郎首相の靖国神社参拝に対して四二%が「いかなる状況でも参拝すべきでない」と答えた点からもうかがえる（産経新聞、二〇〇四・一一・二五）。このように日中両国は相手に対する親近感をかつてないほど低下させている。

そして二〇〇五年四月、日本の国連安全保障理事会常任理事国入り問題をきっかけに中国各地で大規模な反日デモが発生し、日中両国民の感情の溝はさらに深まった。

交流の拡大と親近感の低下

一九七二年の日中国交正常化から一九八〇年代末まで日中両国の間には友好的なムードが満ち溢れた。しかし国交正常化三〇周年の二〇〇二年、そして日中平和友好条約締結二五周年の二〇〇三年には友好どころか険悪なムードさえ漂うようになった。この三〇年間、両国に一体何が起こったのか。

二〇〇二年一二月に中国共産党総書記、そして二〇〇三年四月に国家主席の地位が江沢民から胡錦濤に代わり、中国は新しい指導体制へと突入した。同時期に『人民日報』評論委員である馬立誠らが対日政策見直しの提言を行い（馬立誠「中日関係新思惟――中日民間之憂」『戦略與管理』二〇〇二年、第六期）、日本では江沢民時代の対日政策が変更されるのではないかとの期待感が高まった。しかし二〇〇四年一一月、チリのサンティアゴで実現した両国家首脳の会談で、胡錦濤国家主席は小泉純一郎首相に対して靖国神社参拝の中止を求め、江沢民時代と何ら変わらぬ主張を繰り返したのだった。そして前掲の世論調査は政権が代わっても国民感情に好転の兆しが見られないことを示している。

それではなぜ日本、中国で相手に対する親近感が低下しているのか、その理由を次に考えてみたい。まず中国から見ると以下のように考えられる。

第一に、一九八〇年代末の冷戦崩壊以降、改革開放政策が中国の脱社会主義化を後押しし、中国国民の生の声が表に出始めた点である。それまでの「中日友好」は冷戦・中ソ対立構造が中国に強いた政策的側面を持ち、中国国民にとっては演出された「友好」の色彩が強かった。社会主義イデオロギーの統制力の減退と民主化の浸透により中国政府は国民の日本に対する批判的な言辞を押さえきれなくなった。そう考えれば、現在の両国関係は建前でなく本音の関係に変化したと捉えることができる。

第二に、社会主義イデオロギーに代わる国民統制の手段として一九九四年から愛国主義教育が開始され、その結果として矛先が「歴史認識問題」のかたちをとって日本に向けられた点である。同時に、経済発展が拡大させた貧富の差に対する国民の不満を逸らす捌け口としてやはり日本が標的にされた。

第三に、中国経済の活況が生み出した多くの富裕層が中国の成功に自信を持ち始め、それが大国主義を指向している点である。

それでは日本はどうだろうか。日本は一九九〇年代に入り、バブル経済のつけともいえる「失われた十年」を経験しなければならなかった。「ジャパン・アズ・ナンバーワン」といわれた絶頂期からの転落とその結果としての自信喪失は、日本の姿勢を内向きにさせ、排外的なナショナリズムを高揚させた。その矛先が東アジアで着実に経済力を蓄積し始めた中国に向けられたのである。また「世界の工場」となりつつある中国が日本の産業を空洞化させ、そのために多くのリストラを生み出しているとの「被害者意識」は中国に対する不満をさらに強めた。

そして決定的なのは「歴史認識問題」である。日本からすれば日中国交正常化の共同声明、日中平和友好条約の締結によって両国の戦争にけりをつけ、戦争終結五〇周年の一九九五年に村山富市首相が談話を発表して中国をはじめとするアジア諸国に謝罪を表明したつもりだった。ところが中国はことあるごとに「侵略の歴史を真剣に反省していない」と日本を批判する。一体何度謝れば中国は納得するのかという絶望感に似た憤懣が蓄積しだした。

以上の見解は多くの識者によってすでに指摘されているところである。しかし、これらの見解以上に着目しなければならないのは日中両国の人の流れがかつてないほどまでに増加した点である。

「世界の工場」となった中国に数多くの日本企業が進出し、その結果、多くの日本人が観光客としてではなく、ビジネスマンや経営者として長期滞在するようになった。一方、日本を訪れる中国人留学生や観光客は年々増大し、一部の中国企業が日本企業を買収するまでに成長した。中国人上司のもとで日本人が働く光景は何ら珍しくなくなりつつある。さらには日本における中国人犯罪、中国における日本人犯罪、そして日中両国人の混成グループによる犯罪という負の交流も増加している。

ＮＨＫテレビが『シルクロード』を放映し始めた一九八〇年当時、シルクロードを訪問できたのは一部の限られた日本人だけだった。二五年経った現在、多くの日本人観光客が同地を気軽に旅行している。日中両国がお互いをこれほど間近に感じ、そして身近に見る経験はかつてありえなかった。

こう考えれば、近年増加傾向にある日中間の感情のすれ違いは、国家レベルを超えた企業や民間レベルでの交流が増大し、お互いが目に見える距離で接触する機会が増えたことに起因しているともいえるのである。交流の拡大は相手に対する親近感を増大させるきっかけにもなればその反対にもなりえる。これはきわめて健全な現象である。

東西冷戦の終局を経て改革開放路線に拍車がかかった一九九二年以降、特に一九九〇年代後半以降に日本と中国は国家レベルを超えた新しい関係に入り、その中でさまざまな問題が日々発生していると考えられる。インターネットにおける不正確かつ無責任な情報の氾濫すら手伝って日本と中国は従来の特別な国家関係から普通の国と国との関係に変化しつつあるのだ。

歴史認識問題とこれからの日中関係

日本と中国の関係が普通の国と国のそれになりつつあるとはいえ、歴史認識問題は棘として両国の喉に依然深く突き刺さっている。中国の対日感情を決定づける最大の要因が歴史認識問題にあることは先にみた世論調査の結果に明らかである。ここに両国間のすべての問題が収斂するといっても過言ではない。

日本が一九三一年に開始した満州事変、続いて一九三七年に勃発した日中戦争は日本の中国に対する侵略戦争であり、中国に多大な人的・物的損害をもたらした。そしてこの損害以上に中国人に不満を抱かせたのが、この戦争の決着のつけ方、即ち戦争処理の仕方である。それが戦争が終結して六〇年経つ現在においてなお中国人の対日感情を複雑にしている。

日中国交正常化で「日本側は、過去において日本国が戦争を通じて中国国民に重大な損害を与えたことについての責任を痛感し、深く反省する」と声明し、これに対して「中華人民共和国政府は、中日両国国民の友好のために、日本国に対する戦争賠償の請求を放棄することを宣言する」と戦争を終わらせたはずだった。当時の国際環境にあって両国がこのような決着方法を選択したのはやむを得なかったといえる。しかしそれはあくまで国家レベルでの決着であり、中国国民、つまり戦争によって被害をもっとも受けた人々の間にはなぜ日本に賠償を要求しないのかという不満が澱のように積もっていったと考えられる。

一九七九年、「中国との安定した友好関係の維持・発展」(当時の大平正芳首相)を目的に日本が破格の条件で中国にODAを実施した背景には明らかに戦争に対する贖罪の気持ちがあった。しかしこれはあくまでも「政府開発援助」であり賠償でないのだから、背景にある日本側の気持ちを察してほしいと一方的に願ってもその気持ちは中国国民に伝わらない。それはODAにおける日本政府の役割を中国政府が長年国民に知らせてこなかったという事実を抜きにしてもである。

日中両国は国交を再開するいちばん大切なときにボタンを掛け違えてしまったのだ。したがって両国の関係を再構築するためにはそのボタンを最初から掛け直さなくてはいけない。具体的にいえば日中共同声明や日中平和友好条約にまでさかのぼって両国関係を見直し、必然的に一九九八年一一月の「日中友好パートナーシップ宣言」をも見直して新たな関係を打ち立てるのである。

二一世紀に入り、日中両国の経済関係は大きく変化しようとしている。日本の企業が中国で安価な製品をつくり、それを日本が輸入するというこれまでの関係から、日本企業が中国でつくって中国で売る、もしくは日本でつくった高級品や農産物を中国の富裕層に輸出する関係、即ち「世界の工場」から「巨大消費市場」へと中国の役割が変わってきている。日本が中国を必要としなくても生きていけるなら、中国との関係がどう悪化しても大した問題ではない。しかしそのような関係は現実に不可能である。かたや中国にとっても日本の経済力・技術力は今なお大きな存在であり、日系企業による中国人の雇用創出など日本をまだ必要としている。両国の経済関係は拡大することはあっても縮小されることはない。

これは政治的な問題を後回しにしてまで経済利益を優先させろという意味ではない。場合によっては経済的に損失を出しても政治を優先させなければならない場面もあるだろう。しかしそのようなときでも両国はお互いが切っても切れない関係にあることを再認識し、誠実に問題に対処していかなくてはいけない。なぜなら日中関係はすでに二国間の関係を超えて東アジア、そして世界に影響力を及ぼしているからだ。

例えば環境問題のように日中両国が取り組まなくてはならない喫緊の課題は対応を少しでも間違えれば、東アジア、そして世界にどのような結果をもたらすか計り知れない。したがって両国は時には感情的な縺れを一時棚上げにしてでも共通の問題に取り組み、信頼関係を築いていかなければならない。

両国関係が思わしくないときこそ、相手が気に入らないといって距離をとるのではなく、一〇年、二〇年先を見越した人間関係、人脈づくりが求められる。両国関係がどのような状態におかれても決して対話の道を閉ざさないという最低限の了解を維持し、日中はたとえ喧嘩したとしても交流を続けていかなければならない。

参考文献

竹内実編、一九九三『日中国交基本文献集（下巻）』蒼蒼社。

天児慧、二〇〇三『中国とどう付き合うか』日本放送出版協会。

毛里和子・張蘊嶺編、二〇〇四『日中関係をどう構築するか』岩波書店。

金熙徳、二〇〇四『二一世紀の日中関係』（董宏・鄭成・須藤健太郎訳）日本僑報社。

渡辺利夫・寺島実郎・朱建栄編、二〇〇四『大中華圏　その実像と虚像』岩波書店。

寺西俊一監修・東アジア環境情報発伝所編、二〇〇六『環境共同体としての日中韓』集英社新書。

『朝日総研リポート』一五九号。

共同通信社・中国報道研究会編『中国動向二〇〇三』。

『朝日新聞』二〇〇四・一二・一九。

『産経新聞』二〇〇四・一一・二五。

中国の民主化と日中関係

區　建　英

近年、日中関係には不協和音が生じ、それが次第に高まり、二〇〇四年夏、中国で開催されたサッカー・アジアカップにおける中国民衆の反日的反応に発展し、さらに二〇〇五年三~四月には中国十数都市での大規模な対日抗議デモの発生に至った。アジアカップでの反日的反応はすべて日本人一般に向けられたことは甚だ不当であった。また二〇〇五年の広範囲の対日抗議デモには、一部の破壊的な行為も発生し、きわめて遺憾である。ただし、「不当」とか「遺憾」と非難するのは容易であるが、どうすれば真の信頼を基礎とした日中関係を築けるのかは、非難だけで済まされることのできない、はるかに困難な問題である。より建設的な姿勢を取れば、まずその原因を正視し、問題の根源に立ち向うべきである。ところが、今、日中双方はどこまでその原因を分析し、根本的問題を究明しているだろうか。

日本のマスコミでは、アジアカップでの反日現象について、原因解釈が次の三点に集中している。第一は、中国政府の愛国主義教育によって作り出された反日意識、第二は、中国の経済成長に伴う大国意識とナショナリズム、第三は、経済発展が生んだ貧富の格差などの社会問題への不満の発散である。二〇〇五年春の反日デモについても基本的にこの論調を踏襲しているが、〇五年のデモは中国の沿岸地域で発生したため、富裕地域での敗者の不満発散と言い直し、しかも中国政府の煽動によるものと解釈している。こうした論調には、日本側の反省的視点を見出すことができず、多くの日本人に「嫌中」の感情さえ生じさせている。

他方、中国側の説明は異なっている。駐日大使・王毅の説明では、中国は他の国と同様に愛国主義教育をしているが、反日教育ではない。中国歴代の指導者は人民に対して、「侵略戦争の責任は日本の少数の軍国主義者が負うべきであり、多数の日本人民は被害者である」と教え続けている。中国民衆が日本に不満を持っているのは、主として、近年日本国内に歴史的事実を否認し、侵略戦争を美化する傾向が現れているという点にあるという(1)。また、〇五年の反日デモについて中国政府は、一部の市民が日本の歴史問題の対処に不満をもって自発的に抗議デモをしたと説明し、日本に善処を求めた。

しかし、日本では、右翼だけでなく、中国との交流を唱えてきた学者も含めて、多くの人々このような説明に納得しなかった。その理由として、日中国交正常化からすでに三〇数年も経ち、これまでは平穏に友好関係を維持してきたのではないか、なぜ近年に至ってまた関係は悪化しつつあるのかという疑問が挙げられている。その雰囲気の中で、中国政府の愛国主義教育や煽動に原因を帰する解釈が受け入れられやすいのである。他方、日本の歴史認識や靖国神社参拝を主要原因とする中国政府の解釈は、公式見解ではあるが、多数の中国の知識人と市民がその説明を是認している点は、見逃してはならない。いったい何が真相なのか。問題の本質はどこにあるのか。それが混沌としたままで、両国人民の感情は背きあいかねない状況である。

中国人民の反日運動は非戦争状態での事件を遡れば、八〇数年前の五四運動が最大規模であった。一九一九年、山東省の奪還並びに売国奴膺懲を名目とし、北京大学の学生を中心として行われ、「排日」の形を取って全国に広がった。もちろん、五四運動はその背景も内容も二〇〇四年のアジアカップの反日現象や〇五年の反日デモとは同じものではない。しかし、この両事件に関する日本マスコミの言説は、政治家の煽動に原因を帰し、学生や民衆の行動を粗暴、野蛮というイメージで受け止めるなどの点において、類似するところが見られる。

五四運動に関する当時の日本マスコミの報道について、吉野作造は「支那の排日的騒擾と根本的解決策」で次のように論じている。「とかくこの種の運動が起こると、日本人は、これを一、二の陰謀家(2)の煽動に帰し、その将来を楽観して満足するものもあれば、又僅かの暴行を極度に誇張して、支那人の残忍を説き、あくまでこれを懲らさなければならぬと云うものもある。現に新聞紙上にも、この両様の見解を同一の紙面に見ることがあるが、かくの如きは、それ自身に於いて矛盾した報道として取るべからざるのみならず、そこに少しも自ら反省の点を見出し得ないことは、我々の首肯し得ないことである。もしそれ今度の運動を以て、全然一、二の陰謀家の先導に帰するに至っては、真相に徹せざる皮相の見解である」と(吉野、一九七〇：二一九)。さらに「支那問題について」で、「事実の真相が明らかにならなければ、国民は外交問題に就いて、正当の意見を吐いて、本当の国民外交上の輿論を惹き起こすことが出来ない」

と指摘している（吉野、一九七〇：一九八）。歴史的背景が違うとはいえ、吉野作造が指摘した問題点は今日の状況にもあてはまるところがある。

では、一連の対日抗議運動の原因において、何が深層の原因なのか。何が本質的な問題なのか。中国政府は一貫して、侵略戦争の責任が少数の日本軍国主義者にあり、日本人民は被害者であると中国人民を教育している。しかし、これはまさに、今までの中日友好が権威主義によって維持されてきたことを物語っている。実際、今まで権威主義によって中日関係が維持される側面が強く、個人の人権レベルにおいて戦争被害者の身心の傷が癒されなかった。

具体的な事象を見ると、例えば、旧日本軍が行っていた細菌戦による被害は、抗日戦争の勝利を讃える中国政府の公的記録には詳細に記載されなかったし、それらの被害に関する調査も長い間、中国政府は許さなかった。近年その調査に関わった学者によると、実際、被害を受けた中国民衆には「惨」、「恐怖」、「恨」という記憶が募っている。細菌による被害に加えて、「爆弾攻撃、民家焼失、住民虐殺、婦人強姦など」日本軍の数々の暴行も絡み合ってその記憶に紡がれており、「半世紀前の出来事が、一つの流れ、いや、複数の渦巻きをもつ濁流のように脳裏から流れてくる。それと同時に、癒されない傷痕から血が滲み出すように、人々の心の底から叫び声が湧き上がってくるのである」（聶莉々、二〇〇一：二四二）。その被害記憶は中国政府の公的記録と無関係に、個人や家族など民衆のレベルに蓄えられている。近年、中国政府も、戦争被害に関する調査や訴訟を許すようになり、多くの被害事実が次々と明らかにされている。これが可能となった背景には中国市民の人権意識の上昇、民主勢力の成長、とくにインターネット上の自由言論で叫ばれている世論がある。

　民主勢力の成長につれて戦争被害の記憶の封印が解かれている今の中国が一方にあって、他方では、戦後五十年も平和主義によってアジア諸国の信頼を得てきた日本では、この十年来・政治の変化が起っており、近年「新しい歴史教科書をつくる会」の侵略戦争美化や政治家の靖国神社参拝、憲法九条の改変などがその政治変化の傾向を目立たせている。この二つの動きの衝突こそ、中国民衆の対日抗議運動の背後に潜む深層の原因である。中国民衆の対日抗議に不当の方式もあったが、彼らの感情は真実のものであった。民衆の反日も親日も、中国政府の教育によって簡単に左右されうるものではない。中国で言う愛国は、日本戦前の「愛国」概念とは違って、被侵略の苦痛から生まれ、反侵略とともに、腐敗的政府に反対するという源流がある。最近、筆者は中国の愛国主義の小説、映画やドラマの内容を検討した。その愛国主義教育は抗日戦争の内容を教えているが、アヘン戦争からの反侵略の歴史に組み込んでいる。列強の侵略を批判する所は厳しいが、自国の問題——専制独裁の閉鎖性、改革を拒む尊大さ、官僚の私利私欲による中国利益の犠牲などに対する批判の方がさらに厳しく、多くの比重を占めている。中国民衆の対日抗議の原因をこのような愛国主義教育に帰するのは、必ずしも当を得ていない。

　日中国交正常化三〇数年も経って友好関係が平穏だったのに、なぜ近年関係が悪化するのかという疑問を持って、中国政府を批判する日本の人々は、今まで無意識の内に権威主義の日中友好に甘えてきたのかも知れない。また、「反日」の原因を中国政府の教唆や中国の社会問題に帰する考えには、中国の学生や市民を抗議活動の主体として見ようとしない傾向がある。なぜ押え込まないのかと、デモ直後、日本の一連の世論が中国政府を責めた反面、その権威主義による沈静化への期待も窺われる。こうした日本世論の無神経な強硬姿勢にも影響されて、次のような倒錯現象が起こっている。靖国問題や歴史教科書などの問題は、これまで日本の市民も自分自身の問題として取り組むべきだとして考えてきたが、今や「嫌中」ナショナリズムの中で、それが中国と確執する問題に転化されつつある。他方、中国政府は反日デモにしばらく黙認の態度を取ったが、やがて日本の世論に乗じて、言論が活発な民間サイトを取り締り、集会やデモを規制するよう転じた。しかしこの十年来、中国では、多くの集会や抗議活動が起ってもそれほど規制を受けることがなく、これによってさまざまな社会問題を訴えてきた。自分が他国の市民と同じように抗議の権利を有すると考えている中国の市民は、今回のデモの正当性を認めない日本と米国の姿勢に、民主化期待の虚偽性を感じたという。権威主義的な処理は、一時的な表面的平静を取り戻すことができるが、根本的には、日本に対する中国民衆の不信感を深めるだろう。

実際、より深刻な問題は表面的な騒ぎではなく、人心の中に潜んでいるものである。まず、戦争被害者は苦痛の記憶が解消できず、日本への信頼が生まれていない。また、日本に学びたい、日本文化の何かが好きになっている若者でも、実は心の中で矛盾した日本観が葛藤している。彼らは日本社会の良い側面や素晴らしい文化に好感を持ちながらも、歴史認識や靖国問題に直面して日本への真の信頼を確立しにくいようである。したがって、日本の美しい文化を多く知らせれば、歴史問題が避けられると考えるのは甘い。中国政府の権威主義による事態鎮静も、日中関係の真の安寧につながらない。日中友好の真の基礎は、民間レベルの信頼を築くことにこそあるからである。

ここでもう一度、吉野作造の五四運動論を顧みたい。当時、吉野は「この運動が国民の自発的運動なることを見逃してはならない」と指摘し（吉野、一九七〇：二一九）、また、「日本の従来の政治家の見識に我々の常に甚だ遺憾とするところは、彼等がいつでも官僚を第一に観て、隠れたる国民の力を第二第三に見ることであります」と述べた（吉野、一九七〇：二〇一）。しかも、「北京騒擾は、我国官僚軍閥に対して支那外交の新規播き直しを要求する実物教育に他ならない。これだけ実物教育にぶつかって、なおかつ目醒めないとすれば、我が日本は遂に永久に支那に延びる機会が無くなるだろう」と警告した（吉野、一九七〇：二一五）。もちろん、現在の日本政府は戦前の日本政府ではないし、今の中国政府も五四運動頃の「官僚軍閥」ではない。しかし、吉野が指摘した問題の中で、中国の官僚や支配層だけに着目し、中国人民を主体性ある国民として認めない点は、今日においても共通した問題である。

吉野作造はさらに建設的な解決策を提言した。「日本に於ても支那に於ても、反対すべきは実にこの官僚思想であります」（吉野、一九七〇：二〇五）。「もし、我々の対支外交の根本政策が、ぴったりと向うの国民的要求と合って行くということになれば、我々は、日支親善或は日支共存の基礎の上に、支那も栄え日本も又大いに栄えて、平和的発展をするという目的を達することは、決して難くないと思います」（吉野、一九七〇：二〇三）。「もし彼等にして、日本に帝国主義の日本と、平和主義の日本のあるを知らば、彼等は必ずや喜んで後者と提携するを辞せざるべき」である（吉野、一九七〇：二三一）。これを今の日中関係に置き換えれば、建設的な解決策は何なのか。

靖国神社参拝は「不戦の誓い」だという説明も、人間が死んだら神になるという文化論的説明も、平和主義の日本として理解されにくいだろう。死んだ人間の霊を慰めるのは万国共通であるが、もしヨーロッパでヒトラーの霊を参拝して「不戦の誓い」をする政治家がいるとすれば、人々は驚愕するだろう。また、戦後六〇年日本が歩んできた平和の道を理由に、近年の歴史改竄に対する隣国の批判を斥けるのは、逆に平和主義の放棄とさえ理解される恐れがある。

実際、平和主義の日本は別の方向に存在している。歴史を正視し中国の被害者の惨状を理解し、責任を果たすよう一生懸命努力している一部の日本人がおり、平和主義のイメージで中国民衆と相通じている。例えば、一九八〇年代初めからの七三一部隊の実態や旧日本軍の細菌戦に対する国際的調査に、多くの日本の学者、弁護士、市民が加わってきた。調査の結果が記録され、展示会も行われ、さらに被害者の賠償訴訟まで進められてきた。一九九五年、日本では、「中国人戦争被害者賠償訴訟日本弁護士団」が設立され、現在、約三〇〇名の弁護士も加わっており、被害者のために無償の弁護を提供している。彼らの誠意がこめられた真剣な努力を見て、中国人被害者は感動している。被害者からの感謝に対し、これらの弁護士は「この仕事をするのは中国人を助けるばかりでなく、私たち自身の国を助けるためでもある」と言った（『法制日報』二〇〇四・一一・一〇）。これを日本自身の課題として取り組む彼らは、本当に日本を大切にしている。賠償訴訟と弁護の場において、被害者は「人間の尊厳」を求めることができ、日本の市民や弁護士は被害者への深い理解と「人間の尊厳」への擁護を示し、心と心が通じ合うわけである。こうして、日本に対する中国人被害者の記憶に新しいイメージが生まれてくる。この側面の日本人の努力も頻繁に中国のメディアに報道されている。

イメージは努力によって変化するものである。細菌戦の調査に携わった文化人類学者・聶莉々は次のように語っている。「日本兵しか見たことのない被害地の人々にとって、日本人のイメージはまさに虐殺の『鬼』だった。今度の裁判で、誠意を持って日本軍による被害を調べに来る日本人が初めて現れた時、各被害地では大きな反響を呼んだ。最初は、懐疑、不信、誤解もあり、情報提供を拒否する被害者もいたが、接するうちに、次第に日本人に対する固定観念から離れ、相手を一人の人間としてリアルに見るようになり、協力関係が結ばれていった」（聶莉々、二〇〇一：二四二）。元憲兵で中国人を七三一部隊へ送り込んだ三尾豊が戦後「謝罪し続け、歴史の真実を証言して広く伝えてきた」。三尾の死後、かつて七三一部隊に送られた被害者の王亦兵が三尾のために追悼文を書き、感動の気持ちを述べた。「三尾が戦後、心からの謝罪と共に加害の真実を伝え続けてきたことは、歴史教科書をめぐる議論で言われているような『自虐的』なものではない。そればかりか、それによって、被害者に人間としての尊厳を与えると同時に、人間の尊厳を擁護する人間へと転化していったのである」（聶莉々、二〇〇一：二四二）。

歴史記録と関連させてみれば、マイナスの遺産も人類にとって貴重な価値がある。司馬遷の『史記』をはじめ中国の数々の史書には、醜悪な事実が多く記録されており、後世の為政の参考として、人を為す鏡として、文化的貢献が果たされてきた。これらの記録があるため、中国人は「自虐」に落ち込むことがなかったし、アジア諸国の人々もこれらの史書を読んで参考にしてきた。歴史は人間経験の記録であり、後世がより賢明になるための鑑である。この点から歴史記録を考えれば、歴史を国民の栄光の記録とする「つくる会」の歴史教科書は、必ずしも日本国民のためになるとは限らない。国民の栄光という誇りが植え付けられても、日本に閉じ籠る場合は、戦争被害国の人民の苦しみを理解する感性が欠けるだろうし、隣国へ出て、非栄光の史実を知ると、その誇りも崩れ去るだろう。また、過去の誤りを忘却し、あるいは抹殺するのでは、それが再び正当化されてしまう恐れがある。

中国の民主化はまだ民主的政治体制への変革に至っておらず、人権問題も確かに存在している。しかし、国際化と国内民主勢力の成長につれて、中国政府も、人道主義の圧殺から「以人為本」という方針へ、また人権概念の拒否から「人権入憲」へと転換しており、人権問題に対するEUからの批判をも歓迎するようになっている。こうした遅れながらも緩慢に進んでいる民主化を逆戻りさせるような働きかけをすべきではない。中国人のナショナリズムは侵略に抵抗する中で形成されたものであるがゆえに、これを脱却するのも、日本の歴史問題の善処と連動していくのだろう。従来の権威主義による日中友好から民主主義による日中友好への転換によってこそ、真の平和的な日中関係を築くことができる。

注

1　二〇〇四・一〇・一八、日本記者クラブの記者会見における王毅の発言。
2　ここでは、「一、二の陰謀家」とは「官界、商界の有力者」、あるいは「一部の政客」をさす。

参考文献

聶莉々、二〇〇一「日本軍による細菌戦は中国に何を残しているか」『世界』九月号、岩波書店：二四一―二四二。

吉野作造、一九七〇「支那の排日的騒擾と根本的解決策」(『東方時論』一九一九・七)松尾尊兊編『中国・朝鮮論』平凡社:二一九。

——、一九七〇「支那問題について」(『黎明会講演集』四、一九一九・四・三〇)松尾尊兊編『中国・朝鮮論』平凡社:一九八、二〇一、二〇三、二〇五。

——、一九七〇「日支国民的親善確立の曙光」(『解放』一九一九・八)松尾尊兊編『中国・朝鮮論』平凡社:二三一。

——、一九七〇「北京大学学生騒擾事件に就て」(『新人』一九一九・六)松尾尊兊編『中国・朝鮮論』平凡社:二二五。

「日軍化武事件将在日提起訴訟・三百律師無償援助」二〇〇四・一一・一〇『法制日報』。

2

日本の朝鮮支配と歴史認識

歴史研究の立つべき地点

広瀬貞三

はじめに

日本と朝鮮が支配・被支配の関係にあったのは、一九一〇年八月から一九四五年八月までの約三五年間であり、これを大韓民国（以下、「韓国」と略記）、朝鮮民主主義人民共和国（以下、「北朝鮮」と略記）では「日帝三六年」とよぶ。日本の敗戦、朝鮮の解放からすでに六〇年近くたったため、この時代を直接体験した人々の数はそれほど多くはないと思われる。いうならば歴史における実体験の集積が「歴史認識」として、日本、韓国、北朝鮮の国民にいかに継承されるのかという段階にあるといえる。こうした集積された「歴史認識」を各々の国家が、国民に注入するものが学校の教科書である。日本、韓国、北朝鮮の学校教科書の内容において過去の史実をいかに記録し、いかに評価するかをめぐって、葛藤や対立が生じることになる。

日本、韓国、北朝鮮の間では現在も「日帝三六年」の評価をめぐって多くの論議が展開している。韓国、北朝鮮の「歴史認識」が民族主義の影響を受け、多くの問題を抱えていることも事実である（日韓歴史共同研究会、二〇〇一―〇二）。だが、今回は日本の「歴史認識」に限定して、日本が朝鮮の植民地支配をどのように考えているのか見てみたい。特に最近になって、日本の朝鮮支配を肯定的に評価したり、美化する見解が、日本、韓国などの一部に現れている。

このため、第一に一九四五年以降、日本は朝鮮支配をどのように認識してきたか概観する。第二に、植民期における日本の「強制連行」とはなにを意味し、どのように研究されてきたのか概観する。第三に、日本の朝鮮支配の特徴をインフラストラクチャー（産業基盤整備）を中心に見てみる。

1　朝鮮支配をめぐって

1　支配者と被支配者の体験

一九一〇年八月、日本が朝鮮を植民地にした時の大義名分は、「韓国併合に関する条約」にあるように、「相互の幸福を増進し東洋の平和を永久に確保せん」ためだった。この日から一九四五年八月までに朝鮮総督府（以下、「総督府」と略記）を先頭とする日本が朝鮮をいかに統治し、これに対し朝鮮人がどのような対応を示したのか。この時期は朝鮮近代史の重要な時期であり、日本近代史においても重要な対象地域の歴史である。

植民地期を朝鮮人はいかなる状況の中で生き、どのように記憶しているのか。尹青光編『忘れ得ぬ日本人——朝鮮人の怨恨と哀惜』(六興出版、一九七九)は、一七名の朝鮮人が植民地期の自分の体験を振りかえったものである。いくぶん激昂した口調のものもあれば、静かに怒りを沈潜させたものもある。全体の傾向としては、日本人といってもすべてを断罪するのではなく、実際に接した日本人の持つ「天使と悪魔」の「二つの顔」を事実に立脚して巧みに描きだしている。

一方、支配した日本人は朝鮮、朝鮮人をどのように見たのだろうか。敗戦時に朝鮮にいた七五万人の日本人は、長い支配体験と「八・一五」以降の被支配体験をもって日本に引揚げてきた。膨大な日本人の記録、特に民間人の記録を整理・分析した高崎宗司氏は、在朝日本人には植民地を振り返り、①自らの行動を立派なものとするもの、②無邪気に懐かしむもの、③自己批判をするもの、の三つのタイプがあると指摘している(高崎、二〇〇二)。また、総督府の高級官僚だった日本人の証言が、二〇〇〇年から『東洋文化研究』(学習院大学東洋文化研究所)に掲載されている。一九六〇年代に証言されたこれらの言葉は現在、一種の緊張感をもって伝わってくる。この人々は自らが朝鮮で行った政策の評価を後世に託すべく資料を収集して散逸を防ぎながら、その一方で若い日本人・在日朝鮮人研究者と交流の場を設けた。朝鮮人の治安対策にあたった一日本人は朝鮮総督斎藤実を暗殺しようとした朝鮮人姜宇奎に対し、「いわゆる総督を殺そうとした憎いやつだという感じは一つもしない。憎む気持ちはない。ひとたび立場を変えるというと、彼はやはり憂国の志士です」と語っている。朝鮮統治の実態について、朝鮮総督に次いだ政務総監の一人は日本の朝鮮支配の正当性を認めたうえで、「治められておるところの民族としては、それに対して抵抗を感ずるということは、これは当然の話しです。（中略）『独立することは困る』とこうした大前提に立っておったわけです」（宮田、二〇〇三：二五一）と独立運動の正当性を認めている。

階層や地域によって幅はあるものの、日本の朝鮮支配が朝鮮人に多大な犠牲を強い、朝鮮人や朝鮮社会に多くの影響を与えたことをほぼ認めているといえよう。日本人の「満州国」体験が過去への追憶や郷愁の中で声高に叫ばれたことに対し、植民地朝鮮における日本人の体験は比較的静かに、ひそやかに語られてきたように感じる。もちろん戦後、日本の朝鮮支配を肯定する発言が続いたのも事実である。一九五三年の日韓国交正常化交渉の席上、日本の久保田貫一郎首席代表が「日本としても朝鮮の鉄道や港を造ったり、農地を造成したりし、大蔵省は当時、多い年で二千万円も持ち出していた」と発言し、韓国側を激怒させた。その後も、こうした発言を日本の政治家、官僚が繰り返している（高崎、一九九〇：二三四—二五一）。しかし、おおむね戦後の日本社会では体験者が朝鮮支配の正当性を主張することはなかった。それはまぎれもなく、体験者が日本に引揚げた後、自分たちの経験を相対化したことで得た一種の朝鮮に対する歴史認識といえよう。

2 「自由主義史観」と「新しい歴史教科書をつくる会」

朝鮮半島における支配・被支配を体験した人々が次第に日本社会の一線から退いたにもかかわらず、日本では朝鮮支配の過酷な実態を認めようとしない人々や集団が、次々と現れてきた。藤岡信勝氏は一九九六年から「自由主義史観」を提唱し、戦後の歴史学研究の成果を「自虐史観」と名付け、激しく攻撃した。藤岡信勝氏のこうした考えに賛同した西尾幹二氏、高橋士朗氏などによって、一九九七年に「新しい歴史教科書をつくる会」(以下、「つくる会」と略記)が設立された。「つくる会」は西尾幹二氏の『国民の歴史』(扶桑社、一九九九)を基礎に、二〇〇〇年に中学校用「新らしい歴史教科書」を作成した。この内容に加えて、文部科学省の修正案を受け入れたものが、西尾幹二他『市販本・新しい歴史教科書』(扶桑社、二〇〇一)である。これは、日本の歴史の連続性・独自性・優秀性を賛美し、その一方では中国・朝鮮史を低く評価し、日本の近代化を自賛し、戦争への弁明が見られるのが特徴である(永原、二〇〇〇:二六―四七)。『新しい歴史教科書』の朝鮮近現代史に関する部分を見ると、日露戦争と韓国の保護国化・「韓国併合」を切り離し、植民地支配については白表紙本の内容を全面的に修正したものの、「強制連行」、「従軍慰安婦」については記述していない。全般的にみると、自らの恣意的な歴史解釈を押し通すため、歴史的事実の叙述が混乱している(原田・水野、二〇〇二:一一九―一四〇)。

さらに、「自由主義史観研究会理事」である杉本幹夫氏は、「日本の植民地統治が極めて優れたもの」であり、「今日の韓国の発展は日本統治の成果である」とまで断言している(杉本、二〇〇二:四―五)。また、最近の新たな傾向として、「つくる会」の見解と類似した中国人、韓国人による著作が刊行されている。黄文雄氏は、総督府が朝鮮の「近代化」に貢献する善政を行なったと主張している(黄、一九九八:八二―八九)。呉善花氏は、植民期朝鮮を体験した韓国人、日本人の聞き取りを通して、日常生活面では相方の間に「よき関係」があったと主張する（呉、二〇〇〇：一―九）。金完燮氏は一九一〇年の「韓国併合」が正当なものだったと主張している（金、二〇〇二：六四）。こうした著書は歴史研究者によるものではないとはいえ、中国人、韓国人の主張であるため、これらが「つくる会」の人々に再引用される形で、さらに影響力を増している。

3 「強制連行」とセンター入試問題

二〇〇四年一月に実施された大学センター試験の「世界史B」に、朝鮮人「強制連行」に関する問題が出題された。これに対し、同月「作る会」は大学入試センター所長に対し、この問題は「不適切な設問」であり、採点から除外するよう申し入れた。その理由は、①「強制連行」は戦後日本を糾弾する政治的な意味合いで造語された、②これは一九四四年からの「徴用」を意味し、当時は「合法的行為」だった、③「朝鮮の奴隷狩りを行なったという虚構の歴史」を日本国民に押し付けている、というものだった（産経新聞、二〇〇四・二・二）。さらに、同年一月「北朝鮮に拉致された日本人を救出するための全国協議会」（以下、「全国協議会」と略記）は、「北朝鮮は拉致事件追求をかわす狙いで、国連などの場でくりかえし『日本が朝鮮半島占領時代に八百四十万人を強制連行した』と主張している。（中略）『拉致被害者と家族の全員奪還』が国家的課題となっているいま、なぜ、入試センターはわざわざ北朝鮮の『根拠のない主張』に通じる出題をしたのか」との声明を出した（産経新聞、二〇〇四・一・二六）。また、同年二月には自民党の「若手議員の会」までが抗議活動を開始した（産経新聞、二〇〇四・二・一四）。

北朝鮮が主張する八四〇万人説が何を根拠にしているのかは、議論をすればよい。しかし、そのことによって「強制連行」は根拠がないとはいえまい。北朝鮮による日本人拉致は許すべからざる国家犯罪である。同時に朝鮮人「強制連行」は、現在まで日本の歴史学研究において使用されてきた歴史用語である。植民地期朝鮮支配の苛酷さを示した「強制連行」に対するこのような非難は、きわめて危険な現象であるといえる。

2　朝鮮人「強制連行」の概念

1　「強制連行」とは何か

ここでは今一部で議論となっている「強制連行」を取り上げ、朝鮮支配の実態を見てみよう。現在日本で「強制連行」と呼ばれるものは、日本が「労務動員計画」により一九三九年から一九四五年までに、「募集」、「斡旋」、「徴用」と呼ばれる形態によって、朝鮮半島から朝鮮人を日本や樺太、南洋諸島などに移送した労働力動員政策を総称するものである。朝鮮人は「石炭山」「金属山」「土木建築」「工場その他」の四分野に送り込まれた。「強制連行」は日本の学界でこのように規定されており、学術的には定着している歴史用語といえる（朝鮮史研究会、一九九五：二九二―二九三）。

一九四五年以前に総督府や日本政府が当時、この政策を「強制連行」と呼んだわけではない。しかし、日本の労働力動員が苛酷だったため、朝鮮側は早くからこれを問題視していた。一九四九年九月に李承晩政権が作成した『対日賠償要求調書』には、「人的被害」として、「被動員韓国人諸未収金」の項目がある（太田、二〇〇三：四七—五九）。日韓国交正常化交渉の席上、双方は「朝鮮人軍人・軍属・被徴用労働者」に対する議論を行っている。一九六二年二月の「一般請求権小委員会」で日本側は「集団移入朝鮮人労務者」は約六六万七六八四名であると述べ、この内訳を「自由募集」、「官斡旋」、「国民徴用令」に分けている。韓国側はこれらの労働者を「被徴用労務者」とよび、「日本側は戦時中に動員された韓国人労働者を官斡旋、徴用などに区分しているが、官斡旋であれ徴用であれ、当時の韓国人労働者を日本に連行する方法は相当過酷だった」と指摘した。これに対し日本側は「行き過ぎた点があったかもしれないが、韓国人労務者だからといってその当時に特別に差別待遇をしたとは考えていない」と突っぱねている（金、二〇〇三：二〇六—二三五）。

在日朝鮮人の朴慶植氏は一九六〇年代に入って、日本への労働力動員である「集団移入朝鮮人労務者」の実態調査に乗り出した。その結果、体験者の証言や現場の調査から強制や暴力性が明かになったため、朴慶植氏は一九六二年に論文で初めて「強制連行」という用語を使用した。さらに彼は一九六五年に『朝鮮人強制連行の記録』（未来社）を刊行した。朴慶植氏のこの本は「強制連行」の実態の、ごく一端に光りを当てたに過ぎなかった。しかし、日本社会に与えた衝撃は大きく、「強制連行」研究はその後着実に成果を積み上げていった。

現在の時点からこの本を見ると、多くの問題があることも事実である。しかし、先駆的な研究としてその欠点を補って余りある力を持っている。朴慶植氏のこの著書に対して、藤岡信勝氏は「この本は学問的な価値を云々できるような筋合のものではない。それは、日本糾弾のためのプロパガンダの書でしかない」（藤岡、二〇〇四：一〇九）と断定している。また、鄭大均氏はこの本の政治的性格、方法論的な問題、被害者論を指摘し、「氏（朴慶植）の著書に見てとれるのは、『強制連行』を自己実現するためなら、なんでもやってしまうという態度であり、日本の加害者性が恣意的に誇張されている」（鄭、二〇〇四：一四六）と酷評している。しかし、当時の政治的背景がどうであれ、この本は数多くの朝鮮人労働者が日本に連行され、苛酷な労働を強制されたことを事実で示したことに最大の意義があるといえる。

「強制連行」の研究は、その後も着実に進展していった。朴慶植氏の影響を受けた研究者、市民が在日朝鮮人史研究会を組織し、『在日朝鮮人史研究』は一九七七年から二〇〇四年までに三四号が刊行されている。また、朴慶植氏は収集した貴重な史料を編纂し、『在日朝鮮人関係史料集成』全五巻（三一書房、一九七五—七六）、『朝鮮問題資料集叢書』全一六巻（アジア問題研究所、一九八二—九一）を刊行した。さらに、小沢有作編『近代民衆の記録・一〇・在日朝鮮人』（新人物往来社、一九七八）、林えいだい『戦時在日外国人炭礦関係資料集』全三巻（明石書店、一九九〇—九一）、樋口雄一『協和会関係資料集』全四巻（緑蔭書房、一九九一）、長澤秀編『戦時下朝鮮人中国人連合軍俘虜強制連行資料集』全四巻（緑蔭書房、一九九二）、長澤秀編『戦時下強制連行極秘資料・東日本篇』全四巻（緑蔭書房、一九九六）、水野直樹編『戦時期植民地統治資料』全七巻（柏書房、一九九八）、庵逧由香編『朝鮮労務』全四巻（緑蔭書房、一九九九）、樋口雄一編『戦時下朝鮮人労務動員基礎資料集』全五巻（緑蔭書房、二〇〇〇）など、「強制連行」の実態を明かにするに膨大な史料群が刊行されている。

2 「強制連行」の新たな定義

朴慶植氏が当初使用した「強制連行」は、朝鮮から日本など朝鮮外への「募集」、「斡旋」、「徴用」による労務動員を意味した。しかし、その後研究対象の拡大と深化により「強制連行」の意味づけに混乱が生じてきた。こうした中で、一九九四年に出された金英達他「朝鮮人戦時動員に関する基礎研究」は、「強制連行」に関する研究の水準を一挙に高めた研究である。このため、金英達氏らは一九七〇年代以降、「強制連行」の定義があいまいになった点を具体的に指摘した。このため、金英達氏らは、「強制連行」を朝鮮から日本などへ労働力動員だけに限定せず、軍要員（兵士、準兵士、軍属、その他）、民間要員（募集・斡旋などの集団移入労働者、徴用、勤労報国隊、女子挺身隊）などを総称して、「朝鮮人戦時動員」とよぶことを提唱した。「朝鮮人戦時動員」の特徴として「強制連行」性（動員の暴力性）、「強制労働」性（看視と圧迫の下での労働）、「民族差別」性（皇民化の強要、差別的処遇、虐待）をあげている（金、二〇〇三：一五一―一六二）。

藤岡信勝氏は金英達氏らのこの研究に依拠するかのように、「『戦時動員』という中立的な用語の使用は正しい。これは事実上、従来の政治的な『強制連行』概念の破棄に近い」（藤岡、二〇〇四：一一〇）と述べている。しかし、これは牽強付会的な解釈であり、金英達氏らの主張を正確に受け取ってはいない。金英達氏らがいう「朝鮮人戦時動員」とは従来の朝鮮人労働者の日本への「強制連行」をより深化した概念であり、単に呼称を変更したものでもなく、その特徴の一つである「強制連行」性はなんら変りがないのである。

二〇〇〇年に亡くなった金英達氏は一九九八年の段階で、「ここ数年、日本では『自由主義史観』という看板を標榜するグループによる日本近代史の見直しの動きがあります。この人たちは、明治維新以降の日本の帝国主義的領土拡張の歴史を〝栄光の発展史〟と美化したいので、日本の侵略戦争や植民地支配を正当化するためにあれこれと弁解に努めています。いままで『南京事件』や『従軍慰安婦』が焦点になっていましたが、そのうちに『朝鮮人強制連行』の問題も取り上げてくるでしょう。そのときは『強制連行』という言葉が攻撃の的になるのではないでしょうか」（金、二〇〇三：二三—二四）と述べている。まさに金英達氏の予言は的中した。

金英達氏らが提唱した「朝鮮人戦時動員」は学界で次第に普及しつつあるが、いまだ十分な定説とはなっていない。このため、当面は現在の定説である「強制連行」をもってして、「募集」「斡旋」「徴用」を総称することはいささかの問題がないといえる。

3　日本の朝鮮支配の特徴

日本の朝鮮植民地支配を肯定化し、美化する人々は、日本の諸政策が朝鮮の「近代化」に貢献したと主張する。「新しい歴史教科書」では、「韓国併合のあと、日本は植民地にした朝鮮で鉄道・灌漑の施設を整えるなどの開発を行ない、土地調査を開始した」と述べている。また、総督府が進めた土地調査事業、人口調査、治山、治水、灌漑、農業改良、教育、司法、医療、鉄道、道路、港湾、工場などを、「近代化」

の実例としてあげる。だが、こうした諸制度や諸施設が朝鮮社会、朝鮮人にとってどのような意味をもったのかを明確にはしていない。さらに、これらの諸制度、諸施設がどのようにして形成されたのかはまったく言及していない。私は日本の朝鮮支配期における産業政策、とくにインフラストラクチャー整備を考える際、三つの視点が必要だと考える。第一に土地に対する支配、第二に人間に対する支配、第三にインフラストラクチャー整備の具体的な実態である。

1　土地に対する支配

日本の朝鮮支配の根源には、一九一一年四月に施行された「土地収用令」がある。日本でも一九〇〇年に「土地収用法」が施行されていた。朝鮮の「土地収用令」と、日本の「土地収用法」と比較すると、大きな違いがある。第一に、「土地収用法」は条文が八八条あるのに対し、「土地収用令」は条文が二九条しかない簡単なもので、土地所有者・関係人の権利がまったく守られていない点である。第二に、「土地収用法」では第三者的機関として収用審査委員会があるのに対して、「土地収用令」ではすべての権限が朝鮮総督府、地方長官に集中している点である。第三に、「土地収用法」には「行政訴訟」があるのに、「土地収用令」には含まれていない点である。第四に、「土地収用令」は制定後七回の「改正」が行われたが、土地所有者・関係人の権利を守る方向へは進まなかった点である。総督府の産業政策が強化されるにしたがい、土地収用が可能な「事業」は急速に拡大されていった。

「朝鮮総督府官報」に掲載された「土地収用公告」は、一九一一年から一九四四年までの間で七〇二件に達し、「新規」は六一〇件になる。件数で見ると、一九三五年から四〇年まで急増し、日中戦争が本格化した一九三七年の七五件が最高である。内訳を見ると、土地収用認定を申請する「起業者」は、株式会社、総督府、地方行政団体、水力組合などの順である。これらの項目の中で、日本の行政機関（総督府、道、府、邑、郡など）を合計すると約八〇％に達する。「事業」の種類は、インフラ関連工事が中心であり、道路、鉄道、河川、教育、溜池などの割合が高い。対象地域は、京畿、平南、慶南、全北、黄海、平北、慶北、咸南、咸北の順である。収用申請された土地の細目は、一～五〇筆が全体の件数の約七三％を占めている。その一方、四〇〇筆以上も六件あり、特に電気事業が四件を占めている（広瀬、一九九九a・一九九九c）。

2　人間に対する支配

第二の、人間に対する支配としては、前節であげた「朝鮮人戦時動員」をあげることができる。朝鮮から日本へ「強制連行」された「移入朝鮮人労務者」の就業場は、一九三九年から一九四一年までの間で、三九道県の石炭山、金属山、工場、土建など二〇〇ケ所以上に及んだ（小沢、一九七八：三八九―四二七）。

ここでは朝鮮内における労働力動員の実態を見てみる。日本は各種政策を効果的に遂行するため、朝鮮人を徹底的に利用した。総督府は朝鮮内の労働力動員政策として一九三七年から一九四五年まで「官斡旋」政策を実施した。「官斡旋」と括弧を付したのは、この政策が強制的なものであったからである。総督府は朝鮮全土における建設需要を充足させるため、大量の建設労働者を必要とした。「官斡旋」政策は、総督府の統制の下、道庁が道内の工事量を把握し、道内工事には「道斡旋」により道内から労働者を送りこみ、不足分は「総督府斡旋」により道外から労働者を送りこむものである。

人口が少なく、工事量の多い北部朝鮮では建設労働者が著しく不足したため、「道外斡旋」により南部朝鮮から大量の労働者が送りこまれた。「道外斡旋」土建労働者の数は毎年ほぼ四―五万名台であり、南部朝鮮では特に全羅南北道が中心だった。「道外斡旋」土建労働者の労働条件に関し、総督府は「綱領」「要綱」などを作成したが、工事現場ではほとんど守られず、事故が頻発し、現場からの労働者の逃亡も続いた。彼らは、気候状況が悪い北部朝鮮で、鉄道、発電所、工場などの建設工事に従事した。「道外斡旋」は後に土建部門から、鉱業、交通運輸、軍要員、工業にまで拡大した（広瀬、一九九一b・一九九五）。

3　産業基盤の実態

産業基盤整備の実態として、朝鮮における道路建設、河川改修、水力発電所建設を例にあげて見てみよう。

道路建設は「道路規則」（一九一一年）によって規定された。朝鮮の道路網は軍事施設と港湾、鉄道駅、経済上の重要な拠点を結びつけることが目的で、軍事的な性格が強かった。一九一〇年代の道路建設において、路線の決定、土地の没収、夫役の賦課などに憲兵警察制度が深く関与していた。「第一期治道工事」は鉄道未開通部分を補完しており、朝鮮半島の三横断線を中心に工事を進めた。工事用地は賠償方式ではなく、朝鮮人に「寄付」を強要するか、あるいは一方的に工事を開始した後で「寄付」を強要した。

朝鮮人は道路工事や維持・補修に夫役として動員された。夫役は朝鮮人にとって過酷な負担となり、道路工事では日本人による夫役者への暴行事件や死傷事件が頻発した（広瀬、一九九七）。

河川改修は「朝鮮河川令」（一九二七年）によって規定された。これを日本の「河川法」（一八九六年）と比較すると、総督府の統制や監督が強力であり、行政訴願や行政訴訟が含まれておらず、工事費の一部を地域住民が負担すること、などが特徴である。朝鮮での河川改修は大河川改修工事が中心で、中でも洛東江改修工事に最も費用を費やした。

洛東江改修工事に関し、総督府は河口の川流を一つにまとめる「一川式」工事を実施した。これに対し流域の朝鮮人は、洪水の危険性が高いとして反対運動を展開した。流域住民は移転の強要と用地買収に対する反対運動、工事費を末端の行政機関へ転嫁することへの反対運動などを行った（広瀬、一九九九b）。

水力発電所工事の内、最大のものが鴨緑江本流に建設された水豊ダム・発電所建設だった。水豊ダムは世界的な規模で、堤体積三二三万㎥の重力式コンクリートダムであり、水豊発電所で六〇万kwを発電した。事業は「満州国」と朝鮮側の鴨緑江水電（野口遵社長）による共同開発の形式をとったが、実際には日本の総力をあげた国策だった。施工、術、発電には日本の最高水準の技術をもちいた。しかし、鴨緑江本流が堰きとめられたため、朝鮮人、中国人が住む鴨緑江流域社会には深刻な影響を与えた。

水没地が朝鮮側、「満州国」側を合わせて合計約一九八㎢で、水没戸数一万五〇〇〇戸、水没人口約七万人に達した。朝鮮人、中国人の中には移転に反対する者がいたが、大多数は「満州国」内への集団「移民」「移住」となった。建設労働者は、朝鮮側では「官斡旋」（道内・道外）による朝鮮人、「満州国」側では華北からの出稼労働者者、水没地域の住民などに依拠した。労働条件は悪く、約二〇〇名の朝鮮人、中国人が死亡した。鴨緑江材に依拠していた河口都市の安東（「満州国」）、新義州（朝鮮）では木材産業が一挙に衰退した。鴨緑江の水運は朝鮮人、中国人が行っていたが、日本資本がすべて買収・統一した（広瀬、一九九一a・一九九八・二〇〇三）。

おわりに

日本の朝鮮支配がどのような性格のものだったのか、過去の歴史的事実をめぐる議論は今後も続くであろう。だが、歴史学の問題を史料とまったくかけはなれた地点から空論を戦わせることは不毛である。何よりも史料に立脚した学問的な議論が必要である。こうした点から、最後に、史料の整備・公開と、史料の共同利用について少し述べる。

第一に、史料の整備と公開が必要である。韓国は以前と比べて急速に民主化が進み、韓国政府が持っているさまざまな記録を積極的に公開している。その機関として国家記録院が設置され、ここでは過去や現在の史料が閲覧できる。ほとんどがパソコンで閲覧できるし、私たち外国人が行っても簡単に見せてくれて、コピーも容易にできるようになった。一方、支配者側の日本には膨大な史料があるにもかかわらず、いまだ公開されていないものが数多くある。特に旧内務省関係や警察関係の史料は、倉庫の中で未整理のままだといわれている。また、北朝鮮の史料はほとんど公開されていない。金日成が「満州国」内で刊行したといわれる『火田民』、『三・一月刊』なども未公開である。この点で、歴史と「神話」とを一体化させている北朝鮮は非常に遅れており、史料公開体制の整備が望まれる。

第二に、こうした公開史料をもとに、日本、韓国、北朝鮮の研究者が共同で研究を進めることが必要である。現在日韓間では政府レベルや大学、民間レベルなど、各層各界で歴史の共同研究が進んでいる。すでに多くの研究成果が出され、日韓の歴史認識の共同化に貢献している。また、日韓共同による新たな史料の発掘や、活発な情報交換が展開している。今後はさらに、こうした動きに北朝鮮の研究者が参加できる道筋をつけていくことが必要であろう。日本、韓国、北朝鮮の研究者が共通の史料の上に立ち、共同で研究する機会を数多く持つことは、三カ国の歴史認識の深まりに大きな役割を果すと期待する。

参考文献

小沢有作編、一九七八『近代民衆の記録・一〇・在日朝鮮人』新人物往来社。

呉善花、二〇〇〇『生活者の日本統治時代――なぜ「よき関係」のあったことを語らないのか』三交社。

太田修、二〇〇三『日韓交渉――請求権問題の研究』クレイン。

金完燮著・荒木和博・荒木信子訳、二〇〇二『親日派のための弁明』草思社。

金英達、二〇〇三『金英達著作集・Ⅱ』明石書房。

金英達他、一九九四「朝鮮人戦時動員に関する基礎研究」『金英達著作集・Ⅱ』明石書房。

杉本幹夫、二〇〇二『「植民地朝鮮」の研究』展転社。

高崎宗司、一九九〇『「妄言」の原型――日本人の朝鮮観』木犀社。

高崎宗司、二〇〇二『植民地朝鮮の日本人』岩波書店。

朝鮮史研究会編、一九九五『朝鮮の歴史・新版』三省堂。

鄭大均、二〇〇四『在日・強制連行の神話』文芸春秋。

永原慶二、二〇〇〇『「自由主義史観」批判』岩波書店。

日韓歴史共同研究会、二〇〇〇―〇一『日韓歴史共同研究プロジェクト・シンポジウム報告書・第一―二回』同会。

朴慶植、一九六二『朝鮮人強制連行の記録』未来社。

原田敬一・水野直樹編、二〇〇二『歴史教科書の可能性――「つくる会」史観を超えて』青木書店。

広瀬貞三、一九九一a「水豊発電所建設による水没地問題――朝鮮側を中心に」『朝鮮学報』一三九：一―三五。

広瀬貞三、一九九一b「『官斡旋』と土建労働者――『道外斡旋』を中心に」『朝鮮史研究会論文集』二九：一一五―一三七。

広瀬貞三、一九九五「植民地朝鮮における官斡旋土建労働者――道外斡旋を中心に」『朝鮮学報』一五五：一―四六。

広瀬貞三、一九九七「一九一〇年代の道路建設と朝鮮社会」『朝鮮学報』一六四：一―五五。

広瀬貞三、一九九八「植民地期朝鮮における水豊発電所建設と流筏問題」『新潟国際情報大学情報文化学部紀要』一：三九―五八。

広瀬貞三、一九九九a「朝鮮における土地収用令――一九一〇―二〇年代を中心に」『新潟国際情報大学情報文化学部紀要』二：一―二二。

広瀬貞三、一九九九b「植民地期における治水事業と朝鮮社会――洛東江を中心に」『朝鮮史研究会論文集』三七：一〇七―一三二。

広瀬貞三、一九九九c「朝鮮における土地収用令――一九三〇―四〇年代を中心に」朝鮮学会第五〇回大会報告レジュメ。

広瀬貞三、二〇〇三「『満州国』における水豊ダム建設」『新潟国際情報大学情報文化学部紀要』六：一―二五。

藤岡信勝、二〇〇四「入試を利用した『強制連行』の強制を許さない」『正論』四月号：一〇二―一一三。

黄文雄、一九九八『歪められた朝鮮総督府――だれが「近代化」を教えたか』光文社。

宮田節子監修、二〇〇三「三一事件後の朝鮮に赴任して（秘話体験談）」「未公開資料・朝鮮総督府関係者録音記録（四）」『東洋文化研究』五：二四一―三三六。

尹青光編、一九七九『忘れ得ぬ日本人――朝鮮人の怨恨と哀惜』六興出版。

産経新聞、二〇〇四年一月二六日、二月二日、二月一四日。

北朝鮮による日本国民の拉致と国際法

熊谷　卓

国際法からみた拉致

朝鮮民主主義人民共和国（以下、「北朝鮮」と略記）による日本国民の拉致(1)は、依然として日本と北朝鮮との間の国交正常化を阻んでいる。本コラムでは、北朝鮮が関与した拉致問題を国際法的視点から検討してみたい。

本コラムでいう拉致とは、北朝鮮の工作員が、日本の領域内から日本人を暴力などの実力行使を用いてまたは甘言などにより巧みにダマし、北朝鮮に連れて行く行為をいう。日本人を連れ去る目的は、工作員に対する日本語教育を担わせる、あるいは拉致被害者自身になりすまし、日本に潜入することなどであったと思われる。

国際法からみた場合、拉致は、第一に、外国の国家機関（工作員）が日本の領域内においてその権限を行使したという点で日本の主権を侵害している。つまり、他国の国家機関（工作員）が日本政府の許可なく日本の領域内に上陸し、日本国民を連れ去って行ったことにより、日本という国家それ自体に対する侵害行為が発生したということである。第二に、拉致は、自己の意思に反して（ダマされた場合も含め）北朝鮮へ移送された拉致被害者の有する人権を侵害している。このように、拉致という行為は国際法上、国家の権利および個人の権利を共に侵害するものと評価できる。

これらの侵害された権利を回復するための措置として北朝鮮がとるべきものとしては、①拉致被害者の日本への帰国、②拉致関与者の処罰、③生じた損害の賠償、④日本国に対する再発防止の約束と陳謝をあげることができる。現時点では、これらの措置のうち、金正日総書記の拉致事件に対する謝罪と再発防止の約束(2)を別として、なにもなされていない。その後の拉致関与者を処罰したとの説明についても北朝鮮側から充分な検証材料も提示されていないので疑わしい。

以下、拉致関与者の処罰問題を考えてみたい。

日本での裁判

拉致関与者の処罰のための裁判を実施する場として、第一に考えられるのは日本国内である。ただし、拉致関与者が北朝鮮にいると考えられる以上、拉致関与者の身柄の引渡しを北朝鮮に対して求めなければない。現在、引渡しについてその手続きを定める犯罪人引渡条約は北朝鮮との間には締結されていない。したがって、このような場合においては同様の請求があれば、日本からも引渡しを行うという約束の下に身柄引渡しの請求を北朝鮮に対して行うことになる。しかし、こうして、身柄引渡しの請求がなされたとしても、北朝鮮が自国民の不引渡しを通告してきた場合、そのことをもって国際法に違反するということはできない。

日本国外での裁判

次に、日本国内での裁判に代わりうるものとして、国際的な裁判所における裁判の実施という道を考えてみたい。例えば、拉致それ自体の解決のために臨時の裁判所を日本国外において設置するという案である。この案に関して参考となる前例として、国連安全保障理事会が、旧ユーゴスラビアにおいて大量殺害や民族浄化などの非人道的行為が行われていることを、平和に対する脅威と認定し、国連憲章第七章に基づく強制措置の一環として、これらの非人道的行為に責任を有する個人を国際人道法に照らして訴追・処罰するためにオランダのハーグに設置した旧ユーゴスラビア国際刑事裁判所（安保理決議八〇八）、さらに、同じく安保理が同様の手続に基づきルワンダにおける民族紛争に伴う大量虐殺行為の訴追・処罰を目的としてルワンダの隣国であるタンザニアのアルーシャに設置したルワンダ国際刑事裁判所（同決議九五五）をあげることができる。

拉致に関していえば、日本での裁判が第一番目の選択肢であることに異論はないように思われる。しかし、北朝鮮が素直に拉致関与者を引渡すとは思われない。そうであるとすれば、国際連合をはじめとした国際組織または他国の関与および協力の下に設置される裁判所における責任の追及という方法についても考えてみる余地があると思われる。

注

1　現在、日本政府は一五名の日本人を北朝鮮による拉致被害者として認定している。そのうち五名については二〇〇二年一〇月一五日に二四年ぶりの帰国が実現したが、残り一〇名については、いまだ北朝鮮当局より十分な情報は提供されておらず、安否不明のままである。これらの事件について詳しくは、「北朝鮮による日本人拉致問題」、外務省ウェブサイト〈http://www.mofa.go.jp/mofaj/area/n_korea/abd/rachi_mondai.html〉を参照。しかし、政府認定拉致被害者以外にも拉致されたのではないかと疑われている人たちについては「特定失踪者問題調査会」による次のウェブサイトを参照。〈http://www.chosa-kai.jp/〉

2　二〇〇二年九月一七日に平壌において開催された小泉純一郎首相と金正日総書記の会談の席上での同総書記のことば。「北朝鮮による日本人拉致問題」外務省ウェブサイト、前掲注（1）。

参考文献

日本経済新聞、二〇〇二・一〇・三、朝刊「処刑された拉致責任者、労働党情報機関幹部か」：四二。

高村ゆかり、二〇〇二「国際法における個人」水上千之・臼杵知史・吉井淳編『ファンダメンタル法学講座　国際法』不磨書房：九一。

森下忠、二〇〇四「北朝鮮による日本人拉致事件――その刑事責任と犯罪人引渡しの問題」森下忠『犯罪人引渡法の研究―国際刑法研究（第8巻）』成文堂：一九三―二〇九。

参考ウェブサイト

外務省ウェブサイト「北朝鮮による日本人拉致問題」〈http://www.mofa.go.jp/mofaj/area/n_korea/abd/rachi_mondai.html〉

特定失踪者問題調査会ウェブサイト　http://www.chosa-kai.jp/

3 日本の「歴史的ロマン主義」を考える

語られたものと、黙殺されたもの

松本ますみ

はじめに

歴史教科書問題が一九九〇年代後半から活発に論議されている。折しも、戦後六〇年をむかえた二〇〇五年、中国と韓国では歴史教科書をめぐって、大規模な反日運動が繰り広げられた。しかし、近現代史は日本の学校教育の現場ではごく一部の例外を除いて丁寧に教えられてないのが現状で、事項を羅列させた教科書も従って、一般的歴史認識の涵養にはあまり役立っていない。

東北アジアに共通した歴史認識を作っていくには日本の歴史教育やそれをとりまく歴史の語りを抜本的に改変するとともに、近隣諸国と対話のチャンネルを構築していくことが必要であるが、昨今のナショナリズム言説の高まりでそれもなかなか困難な状況にある。本論では、戦後東北アジア近現代史に無関心な日本人が作られた要因のいくつかを中国観・日中戦争観を例にあげながら論じたい。なお、本論では便宜上、抗日戦争、中日戦争を日中戦争と記するが他意はない。

1　武田泰淳の日中戦争観・中国観

中国を題材とした作家として戦後も広範な読者を持った武田泰淳（一九一二～七六年）は、一九三七年に皇軍輜重兵一等兵として上海、杭州、南京、武漢、南昌を転戦した経験をもつ。除隊後、彼は一九四四年から日本敗戦の四五年まで上海におり、「中日文化協会」で日本のプロパガンダを中国語に翻訳する仕事をしていた。一九六一年、彼は一六年ぶりに中国側の招待を受け、国賓扱いで中国を訪問した。

彼は上海再訪の際、かつてプロパガンダ翻訳の仕事をしていた洋館に案内された。庭の芝生の上にあぐらをかき、こう感じたと書く。

「すべては過ぎ去った。しかし、すべては存在しつづけている」

ズウズウしい、鈍い感覚ではあるが、つらいような、甘ったれたようなドウニデモナレという無神経さと一しょに、何ものかに見ぬかれている、うそ寒さが私を襲った。

彼はかつての侵略者としての過去を振り返り、新中国政府の下にも置かぬ歓待に、「恐縮、申し訳ない、照れくさい」と感ずる(1)。

では、彼のこの「うそ寒さ」、「申し訳なさ」、「照れくささ」は彼自身の中でどこまで戦争責任として認識されているのだろうか？　皇軍兵士時代の彼はどのようであったのか？　それを振り返ってどう考えていたのか？　中国再訪の翌年、彼は「一兵士として行った中国」という短編を発表している。

それまで行軍のあいだ、紡績工場の女工の宿舎や、個人の住宅などで泊まったわけであるが、どこにも逃亡した住民の肌のぬくみがまだ残っているような気がした。池や井戸には女の屍がうかび、海藻のように髪の毛がひろがっていた。私は、かわいた屍や、しめった屍をたくさん見た。中国兵と中国ふつうの人の屍の数は、ほとんど同数だった。

……子供のような中国兵は、何にも知らぬまに捕虜にされ、首を斬られた。……慰安所がひらかれると、私は日本、朝鮮、中国の女を買った。……人類の一員としての私には、ほめられてよい点は一つもなかった(2)。

淡々とした、けれんみのない文章であるが、しかしこの短編には侵略戦争に対する反省がない。中国人の悲惨、死は「風景」であり、慰安婦の性はあくまでも必要悪として存在し、犯罪としては認識されていない。民家を宿舎にすることや民間人と捕虜を殺すことは戦争であれば仕方がないことと認識されているのだ。「人類の一員としての私には、ほめられてよい点は一つもなかった」という一節を除けば、一九三八年に発表され、ベストセラーになった火野葦平の『麦と兵隊』の次のような徐州作戦の記述とあまり変りはない。

百に近い屍骸で埋められて居る壕の続きに、沢山の土民が居た。女子供ばかりである。何人かよぼよぼの爺も居る。まっ裸の子供を両手に抱えたり、乳を銜えさせたりしている女が多い。痛ましい眺めである。彼等の不安の表情は正視に堪えないものがある(3)。

だれが、どのようにしてこのような悲惨をもたらしたか、という分析がない点において、さらにその「痛まし」さをだれがどのように償うのか何も語らない点において、大多数の皇軍兵士の戦中と戦後は連続しており、「中国通」の武田もその例外でなかった。

ただ、武田は「寛大であった中国人に、寛大ついでに記憶力まで喪失してくれ、といくら厚顔でも頼む気持ちにはなれない」(4)と別の箇所で述べている。彼は他の文章で、社会主義中国の経済発展を称賛しているし、巴金、謝冰心、老舎といった中国文学の大御所とも親交を温めていた人物であるから、中国人の感情は普通人よりは理解できていたはずである。しかし彼は当時の日本人が知りたがった社会主義中国の発展ぶり、戦前との習慣の違いを克明に記したが、自らがかつてその一員として手を下した戦争被害者の感情――恐怖、無念、恨み、復讐心――を描かなかった。中国人は忘れない、ということをわかっておりながらである。ただ彼は中国人が寛大であることを「知っており」、それに安住するあまり、当時の中国を知る数少ない日本人知識人の一人としての説明責任を日本人に対しても中国人に対しても放棄したということになる。また、当時の読者も彼に対してそれを期待しなかったということがいえよう。

なぜ、彼は戦争加害について沈黙を守ったのか？　そこには、当時の日本社会にそれを封印するような時代背景と構造があったのではないかと思われるのであるが、筆者は次にあげるシルクロードブームはその構造解明の鍵になるのではないかと考えている。

2　シルクロードブームとは何だったのか

1　戦前の歴史学者のシルクロードへの注目

シルクロードという言葉はドイツの地理学者リヒトホーフェンが使ったのが始まりとされる。リヒトホーフェンは、一八七〇年代に中国西北の調査を行い、その結果をまとめた書 *Chine*（邦訳『支那』岩波書店、一九四二—一九四四年）でこの言葉を使用した。いずれにしても、列強に不平等条約を余儀なくされていた一九世紀末中国において行われた列強側の学術調査の結果、命名された言葉である。

邦訳が出された時期からもわかるように、このシルクロードという言葉は、日中戦争期、東亜新秩序建設の情熱が日本の学界をも動かした時代に一躍注目された。すなわち、中国戦線の膠着状態を打開するために、当時から溯ること約七〇年前の西欧人による調査情報が見直されたということだ。この時期には、日本の傀儡《かいらい》政権蒙古聯合自治政府が内モンゴルに存在しており、新疆に軍事侵攻を進めてナチスドイツと結んだユーラシア防共回廊の建設計画もあった。すなわち、日本にとって中国辺境調査と少数民族調査は、いわゆる支那問題解決のために必定のことと考えられ、この地域でのフィールド調査研究は日本の国策の一環として奨励された。

しかし、これらの調査結果も、日本の敗戦とともにお蔵入りしてしまった。ようやく敗戦のドサクサから日本が立ち直り、調査結果が日の目を見る様になったのが一九六〇年代であった。また、井上靖の小説『楼蘭』が毎日出版文化賞をとるのが六〇年、長澤和俊の『シルクロード』（校倉書房）が六二年、岩村忍『シルクロード』（ＮＨＫ出版）が六六年に出版された。特に、岩村忍のこの本は、六五年のＮＨＫ教育テレビの講座内容に基づいているという事から見ても、後述のＮＨＫとシルクロードものとの結びつきを類推させる。

2　七〇年代シルクロードブーム

一九七二年の日中共同声明による国交回復、一九七八年の日中平和友好条約締結によって、両国間は平和友好ムード一色に包まれた。しかし、過去の歴史を掘り起こしたうえでの謝罪・補償は行われず、中国側の国家請求権放棄という形で落着した。

この七〇年代当時、日本国内において中国に関する事項でもっとも関心を寄せられたのが、シルクロードであった。ざっとみるだけで、一九七一年に平凡社「東西文明の交流」シリーズ全六巻、井上靖と岩村忍の共著で『西域』（筑摩書房）、一九七一年・一九七二年に並河萬里シルクロード文明シリーズ、七三年に青江舜一郎『シルクロードのドラマとロマン』（芙蓉書房）、一九七五年に井上靖『西域物語』（朝日選書）、一九七七年に深田久弥『シルクロードの旅』（朝日選書）、七八年に加藤九祚『ユーラシア文明の旅』（新潮選書）、一九七九年に長澤和俊『新シルクロード論』（白水社）などと、「西域」、「シルクロード」と題名のつけられた本の出版ラッシュがおこった。

東京で開かれるシルクロードに関する文化講演会はいつも満席だった。東京の某大手デパートでは、ペルシャ秘宝展が開かれ、他にも「シルクロード展」という名のイヴェントが数多く開催された。筆者が所属したサークル、「早稲田大学オリエント研究会」で七八年に学園祭の企画として文学部教授長澤和俊を迎えて「シルクロード講演会」を行った時も、大教室が満席になった。イランでは王制が倒される直前であったにもかかわらず、日本では、イランはシャーの国＝古代ペルシャ帝国の伝統を生きる神秘の国という架空のイメージが増幅され、イラン民衆の支持を得つつあったイスラーム復興の実態はほとんど捨象されていたといっても過言でない。

この時期の特徴として、第一に、井上靖、司馬遼太郎、松本清張といった当時サラリーマンに大変人気のあった多作の作家が続々とこのシルクロードというテーマを取り上げたことがあげられる。それによって、このロマンチックな耳響きのよい言葉は一気に人口に膾炙した。これは、作家の想像力を刺激する場所として、当時社会主義陣営でなかなか足を踏み入れることが難しかった場所、中央アジアと新疆にスポットライトがあびせられたことによるであろう。

戦前から、西遊記はもちろんのこと、河口慧海のチベットへの求法の旅、大谷探検隊の考古学調査の「偉業」が称えられるなど、いわゆる西域熱が日本の知識界に深く浸透していたことも要因として考えられる。また、イスラームという日本人には得体が知れず、なじみが薄い宗教の伝播時代以前の「物語」が、さらには後述の日本文化ルーツ探究ブームもこれらの作家にこの領域に手を染めさせるきっかけとなったことも考えられる。

第二に、ブームに付随して、帝国主義の時代、中国奥地で調査活動を行った東洋学者《オリエンタリスト》の仕事が再び脚光をあびることとなったことがあげられる。ヘディンの踏査行の翻訳・復刊が行われる一方で、日中戦争当時、実際に中国奥地調査に従事した日本人学者が著作や講演を通じてブームに乗った。「支那学者《シノロジスト》」、人類学者として訓練を受けた彼らの数十年前の仕事は、当時、中国の史的唯物論を奉じる学者の仕事よりは「客観性」と「緻密性」があると判断された。それは、中国の現状を認識するというよりはむしろ、戦前の支那学《シノロジー》の伝統を濃厚に継承し、「博物学的な死せる中国文化認識」(5)を呼び覚まそうとするものであった。

第三に、海外旅行ブームはすでに始まってはいたが、中国はいまだに自由に渡航できない幻想の国として存在したことがあげられる。それは、文革終息を迎えたこの時期、中国の混乱の実態が国外ではまだ掴めていなかったこともその原因の一つだ。

3　八〇年代シルクロードブームとＮＨＫ「シルクロード」

そして、七〇年代のブームを継承する形で八〇年代シルクロードブームを不動のものとしたのが、八〇年から足掛け一〇年にもわたり制作され放映されたＮＨＫ番組「シルクロード」であった。この番組は毎回二〇％もの視聴率を記録する大ヒットとなり、取材記は一八巻、三〇〇万部にも達した。ビデオは三八万部も売れたという。ブームにあやかって関連図書も数多く出版され、番組が放映されるとともに旅行条件が整えられるやいなや、敦煌・トルファン・楼蘭といった大多数の中国人にとっては何もない砂漠でしかない辺境に大量の日本人が押しかける、という結果をもたらした。

ＮＨＫのホームページは、この番組の誕生するきっかけが一九七二年の田中角栄首相訪中時のテレビ中継スタッフとして参加したディレクターの意向にあったということを明らかにしている。それによると、国交回復の文書署名の翌日、周恩来首相がマスコミ取材班をねぎらって、こう言ったという。「中国と日本の戦争状態は終った。中国は国際化する。報道に携わる皆さん方は、中国を世界に紹介してください。これはジャーナリズムに携わる皆さん方の義務でもある」と。

担当ディレクターは「中国文明史の中で、中国が国際化したのは漢と唐の時代である。そのとき中国は諸外国の文化文明を取り入れ、最も豊かな国をつくりあげた。その動脈となったのがシルクロードだ。シルクロードこそ、周恩来の期待に応えるベストのテレビ番組だ」(6)と考えたという。

さて、この七二年の周恩来発言の真意について考えてみよう。一九五〇年に設立された撫順戦犯管理所、太原戦犯管理所でシベリアから移送された一〇〇〇人余りの戦犯日本人に寛大な措置を施すように直接の指示を出したのは周恩来である。六年間もの収監の末、戦犯全員が自発的に罪を認めた。厳格に国際法にのっとった戦犯法廷において、最終的に日本人被告に、死刑なし、生存者全員帰国を実現させたのは周恩来その人の指導によるものである。それは、徹底的な学習と認罪によって軍国主義者（鬼子《グイズ》）を人の心をもつ人間としての本来の姿に戻し、帰国させ、中国の寛大な方策を日本で宣伝させることによって、永続的な日中友好を建設することをこの英明な指導者がもくろんだからであった。報復は報復を生み、何ら平和と安定をもたらさない、「罪を憎んで人を憎まず」という考えがここには一貫していた。そこには、徹底した楽観主義に基づいた人間精神の回復力に対する信頼と一衣帯水の国、日本と日本人に対する信頼があった。

この戦犯処理についての責任者、そして七二年の国交回復の立役者でもあった周恩来が、中国と日本の戦争状態は終った、と宣言したとき、日本のジャーナリストに期待したのは古代シルクロード遺跡の撮影であったろうか？　それはまずありえないと筆者は考える。彼が期待したのは、日中戦争と国共内戦、また列強帝国主義支配の廃墟の中から不死鳥のように復活し社会主義経済建設が進む中国の実状の報道と、日本への国家賠償請求権を放棄した中国人の寛大さの報道であったのではないか。

しかし、担当ディレクターはまったく違うふうに考えた。中国が一番「国際的」であった過去の時代の番組をつくることが中国を世界に紹介するということであるというのだ。「国際的」をどう定義づけるかはその言葉をつかう人の主観に関わる。毛沢東思想の世界的広がりを国際主義と捉えるか、あるいは一九世紀末から一九四〇年代までの上海の繁栄を国際的と捉えるか、議論があるところである。何よりも、

「国際的」とは少なくともアジアにおいては二〇世紀の国民国家体制確立以降の概念だ。

しかし、彼は、漢と唐の時代に固執した。そしてここがねじれているのだが、その「動脈」であったシルクロードの取材を決心するというものだ。いまは廃墟となった「シルクロード」に彼はこだわり、そしてかなり強引なやり方で、七八年に当時副首相として訪日していた鄧小平に取材許可を得たのだという。彼の企画を許可したＮＨＫ幹部も彼の意向と相違ない中国理解をしていたと思われる。

4　歴史認識のねじれと意図的「隠蔽」

なぜディレクターは現代中国の等身像でなく、シルクロードに固執したのだろうか？

まず考えられるのが、七〇年代出版界でのシルクロードブームの下地である。当時の出版物には文章の他には古い「絵」、「写真」、それも白黒のものしか掲載されていなかった。それは、資料が帝国主義時代のものであったからである。一方、テレビは何といってもフルカラーの「絵」である。未知のものに対する視聴者の「ロマン」が視聴率のためには必要であった。ディレクターは豊かになった日本人の好奇心を歴史物語に向けさせることに専念した。

第二に、このシルクロード地帯の新疆ウイグル自治区や甘粛省が、日中戦争中、日本軍が足を伸ばしていない場所であったことである。視聴者で中国戦線に従事したものが、その忌まわしい記憶を映像からは想起されない場所であるというのは理想的であったし、また、戦前・戦中までの「支那」観とは一線を画する場所であることも重要であった。

中国戦線に参加したものも、あるいは銃後の内地で戦争を支えた日本人も共通して持っていたのが、「支那」蔑視観である。すなわち、支那は清朝中期まで文明が栄えたが、今は弱体化し自身を統治できない、だから、先進日本が指導してやる、というものであった。

このようなイメージは、支那学者《シノロジスト》の専門的な研究から皇国臣民化教育、出版物、李香蘭映画などの国策映画に至るまで、繰り返し流された。

もしも、視聴者が、上海、蘇州、長春など現代中国の風景を目の当たりにしたならば、彼らの「支那」観は変更を余儀なくされたであろう。それらはあるものには侵略の記憶が立ちのぼる場所であり、あるものには郷愁を誘う場所だ。しかし、現代の映像は新中国の経済発展も盛り込む。それはいやおうなしに視聴者になんらかの歴史観と価値観の見直しを迫る。社会主義と資本主義の優劣という冷戦当時の二項対立がどうしても語られなければならなくなるからだ。

ありとあらゆる層の日本人視聴者に、戦争、イデオロギー対立といった価値観の動揺を迫ることなく、日本人にもなじみの深い三蔵法師の活躍したロマンの場所として安心してテレビの前に座ってもらえる当り障りのない対象、それがシルクロードであった。

しかし、そこには、かつては文明的に優れていたが近代になって遅れた支那、近代になって急激に発展し、東亜の指導者となった日本という、使い古された「野蛮」と「文明」の対立・対比という戦前からの図式が見事なまでに保存されていた。すなわち、この番組によって、八〇年代中国は、現代世界の中での「野蛮」、中国通史の中でも「野蛮」という、二重の烙印を日本人によって捺されてしまったことになる。

第三に、日本人ブーム、日本文化ブームの影響もある。日本人、日本文化のルーツに関してさまざまな言説が当時多数発表された。そのような環境の中で、邦楽楽器やガラス器など正倉院御物がいかにして日本にまでたどり着いたのか、ということは格好の検討対象となった。すなわち、仏教美術・ローマ時代遺物に象徴される東西交流路シルクロードは、諸文明の終着点としての日本文化の豊かさとユニークさを見直すための鏡としての役割を期待された。それは、すでに世界第二位の経済大国となった日本と日本人にとって問うに値する行為でもあった。それは六六年の段階ですでに岩村忍が次のように述べていることからもわかる。「現代の日本は……まさに東西交流の接点に立っているといってよい。現在ほど、日本人が文化交流に対して広い視野をもつことを要求されている時代は、かつてなかったのである」(7)。

すなわち、商業主義とロマン的歴史観の結託、負の歴史の徹底的捨象と焼き直された支那蔑視観、そして自信にみちた日本人の自画像の再構築という三つの要因がこの番組制作の前提となっていたと考えられる。すなわち、NHKという巨大メディアによる一種の情報スピンが行われたといっても過言ではない。そこには、淡々とカメラを廻し続けるという「客観性」を装い、教養主義・文化主義を謳いながら、喜多郎の叙情的な音楽に代表されるように非常に主観的な情報の取捨選択がされていた。霧の彼方のような過去の謎究明に日本国民全体が没頭することによって、現代中国の評価は相対化された。そこには、大アジア主義の系譜から途切れることのない帝国主義的なまなざしが支配していた。この絶対的他者をみるまなざしには、日本文化を尺度に文化の発達程度を考え、対象に対する共感がない、という点で戦前のアジア観と共通していた。

司馬遼太郎はこの番組を評価して、「日中文化交流史でこれほど豊かな実りを生んだものはない」と言ったという。筆者はそれどころかこの番組のおかげで、日中の真の交流は沈滞を余儀なくされたのではないか、とさえ考える。

ブームがピークに達したのが日本の「国際化」が叫ばれた八〇年代であったことに留意すべきであろう。各自治体がこぞって国際化、国際交流を打ち出し、英会話教室を開催し、日本の文化宣伝を海外に対して行なった。「国際」をその名に冠する大学が林立したのもこの時期であった。国際交流の内容は、端的にいえば不思議の国ニッポンの宣伝で、茶道、華道、能といった、ある層の人々によって恣意的に「望ましい」と判断された日本の「伝統文化」が海外に紹介された。そこには、戦後補償をどうするか、世界の非核化をどうするのか、戦争を再び起さないようにはどうすればよいか、というような真の国際理解、国際協調につながる迫真の議論は慎重に避けられていた。国際化は「伝統文化」と「民族の勤勉さ」のゆえに経済成長ができたという自己確認、自己愛撫のためのものであったし、それらの価値観を交流相手にも押し付けるという作業でもあった。すなわち、「国際化」と「日本人論・日本文化ブーム」は表裏一体のもので、「愛国心」という言葉を使わない「国際化されたナショナリズム」(8)であった。

そのような日本文化のルーツとして、中国の古代文明・シルクロードが再発見・再評価された。周恩来首相の要求に基づいたという形式をとりつつも、それを換骨奪胎し、日本文化のユニーク論再構築、「自尊心」の充足の必要性に答えるために作られた番組、それが「シルクロード」であった。ブームに乗った人々が持った、東西交流路としてのシルクロードを通じて日本はヨーロッパとつながっているという感覚は、一方で中国を一種のエアポケット化する思考でもあった。すなわち、一種の脱亜入欧的精神がそのブームを支えていたということになる。シルクロードを取り上げ、中国を帝国主義的に把握するという意味において、国際化時代の日本の中国認識は戦前のままであったといえる。

もちろん、日本の戦後の目覚しい経済成長は、日本人の民族的勤勉だけによるものではない。まず冷戦という環境の中で、東アジアにおける兵站基地としての役割を担わせ、中国（当時は中華民国）に戦後賠償を放棄させるというアメリカ主導対社会主義圏封じ込めの国際秩序の中で実現したことは現在ではよく知られている。それゆえか、戦後四〇年間、日本における対中国言論は、政治的には毛沢東主義者のプロレタリア革命賞賛とそれへの揶揄との間に揺れ動き、文化的にはシルクロードがブームとなり、戦争に関しては日本人満洲引揚げ苦労譚が話題になるぐらいで、日本の侵略戦争に対する真摯なる反省と中国側との対話、共通の認識構築をはぐくんでこなかった。いずれにしても、過去から学んで現在と未来に生かすという歴史学の本来の目的は完全に黙殺されていたといえよう。

3　日本の歴史教科書記述

現代の歴史教科書は日中戦争をどのように描いているのか？　一例をあげてみよう。次の第一学習社版世界史教科書は、私の「アジア史」のクラス（登録者六五名）でも三〇％程度の学生が使用したと答えるほど、ポピュラーなものであった。

日本は三七年盧溝橋事件をきっかけに、中国との全面戦争（日中戦争）に突入した。〈一九三七年一二月、日本軍が南京を占領した際、捕虜や一般市民・難民まで虐殺し、放火や略奪を行った（南京虐殺事件）。〉（これをきっかけに）第二次国共合作が正式に成立した。日本軍は一年半のうちに重要都市のほとんどを占領したが、それは点と線の支配にすぎず、紅軍の抗戦と中国民衆のはげしい抵抗がつづいた。国民政府は重慶に南京政府をつくらせて局面の打開をはかったが、効果をあげることができず、戦争は長期戦になっていた。中国では八路軍などが日本の占領地に潜入して抵抗をつづけた

（〈　〉内は写真キャプション。『高等学校世界史B』第一学習社、一九九九年）。

日中戦争を二一三字という短い文章にまとめる無理はさておき、まず中国側の視点を欠いていることが指摘できる。被害者数、損害金額が明示されず、文章中の紅軍、中国民衆、重慶国民政府、八路軍の定義、相互関係も曖昧である。民衆の抵抗の理由も書かない。

これらは日本の戦時指導者の考え方と共通している点である。近衛文麿首相は一九三七年九月五日の第七二回帝国議会において、中国の抗日教育について批判し、「かくの如き国家に対してその反省を求むるために、帝国が断乎一撃を加ふるの決意をなしたることは、ひとり帝国自衛のためのみならず、正義人道の上より見ても、極めて当然のことなりと固く信じて疑わぬものである」(9)と述べ、戦線拡大を容認した。「抗日・排日」を支那側に「反省」させるための軍事行動は「人道正義」であると日本国民に説明したの

だ。すなわち、「抗日・排日」とそれを放置する国家は絶対的悪として捉えられるだけで（九・一一事件以降の「テロ」や「悪の枢軸」という言葉の用法と非常に似通っている）、その原因を作った日本の行為に対しては言及しない。この、盧溝橋事件後二カ月の首相の対中認識と、それから七〇年後の日中戦争に関する教科書記述は連続性を持っていることが指摘されよう。

残虐行為は南京事件を取り上げるのみである。中国側被害者に対する共感共苦（コンパッション）(10)を表す記述はなく、だれがこの戦争で利益を得、日本がなぜこの泥沼戦争に深入りしたのか高校生読者にはわからない。

よく指摘されるように、ヒロシマ・ナガサキ、シベリア抑留の悲劇、戦後のモノ不足に基づく被害者意識を戦後日本国民は共有してきた。それは、公教育の効果もさることながら、マスコミ報道、家庭内での次世代への記憶の伝承によるところも大きい。しかし、戦争被害国で連綿と伝えられる戦争被害の伝承、加害国と兵士に対する憎しみ、原爆投下をアジアに甚大な被害をもたらした日本軍国主義に対する因果応報(11)と考えるアジアの人びとの考え方はほとんど紹介されてこなかった。高校生は「悪の根源は戦争」だから平和が一番、と考えてしまう。結果的には戦争責任を実感できなくなってしまう。その根源には、アジアの人びととの決定的な対話不足、理解不足があった。発話の主体はいつも日本人であり、聴き手も日本人であるという国民を作るための教育の一環としての歴史教育の暗黙の了解がそこに存在したからに他ならない。

＊

以上の例は、⑴六〇年代の著名な中国もの作家の作品、⑵七〇―八〇年代の巨大マスコミの情報スピン、⑶九〇年末の高校世界史教科書である。一見なんの脈絡もないようであるが、共通しているのが、第一に中国に対する戦争責任を明示しない、あるいは読者の念頭に起させないこと、第二に、「客観」の名を借り、事実の提示をすることによる被害者感情に対する言及と想像力のなさ、第三に、題材を取捨選択したうえで発話し、それを受け取って期待されるような形で咀嚼したのが、どちらも日本人であったこと。第四に、「文化」の過大評価である。武田泰淳の中国文人との文化交流、NHK教養番組「シルクロード」、そして歴史教科書における中国歴代王朝交代史・文化史記述の重視がそれにあたる。すなわち、九〇年代の「戦争記憶」に関する論争が起るまで、アジアとどれだけ人的・物的・情報的交流が行われようともアジアの悲惨な戦争の記憶は意図的に遮断・隠蔽され、日本国内においては戦前の支那学《シノロジー》の、中国・アジアを徹底的に他者化する行為としての学問の方法論が旧態依然として温存されていたということがいえるであろう。

4 戦争責任免責とアジア認識

酒井直樹は、次のように指摘する。すなわち、戦後日本の統治の道具として天皇は真珠湾攻撃直後からアメリカに見出され、日本の「予想どおりの」敗戦後、象徴として天皇は新生しなければならなかった。そのポイントとして、次のようなものがあげられる。

第一に、天皇がアメリカ統治の道具として君臨する以上、天皇の戦争責任は免責されなければならなかった。皇軍兵士の残虐行為はすべて天皇の命令で行われていた以上、論理的に彼らも免責されなければならなかった。

第二に、円滑な占領統治には日本国民に国民統合の感覚をもたせることが必要で、そのため伝統と文化の感覚が堅持されなければならなかった。

第三に、アメリカは「普遍主義」を持っているというプロパガンダを行い、第四に日本国内における反人種差別の言説を検閲・抑圧することであった。

この基本路線に基づき、極東軍事裁判は天皇を免罪し、責任を東条英機ら一部の軍人になすりつけた。皇軍兵士の人種差別的・性的な残虐行為に対して「人道に対する罪」の理念で裁けなかった(12)。

日本の「戦争犯罪免責」と被害者意識づくりはこのように行われ、日本の「歴史、伝統と文化」の一体性言説は日本のアメリカ従属体制の中で戦前と同様に温存された。在日朝鮮人に対する差別、あるいは支那差別発言は放置された。高度成長を遂げた七〇年代以降の日本人・日本文化ブームは、このように対アジア戦争を構造的に免罪し、アジアの隣人への差別を容認するという路線の上に成り立っていたということになる。

アジアの隣人に対する戦前と変らない蔑視観は、日本人は物量ともに勝るアメリカに戦争に負けたのであって、アジアの人びとに負けたのではないというごく一般的な日本人の意識にも表れる。例えば、中学生の時、台湾で終戦を迎えた後、台湾人同級生に「いじめ」を受けた市井の人物は次のようにいう。「日本は確かに英米と戦い負けた。しかし、どうして急に台湾人は勝者になったのか。……あれから半世紀以上が経ち、今の日本人はいまだに自虐の国、破れた民を引きずっている。戦後の国外を体験した私は、日本人の誇りに目覚め毅然とした態度で平和のリーダーシップを果たしてほしいと思う」(13)。

すなわち、植民地統治は当然の権利で、贖罪の意識は持たなくてもよい。それなのに、恩知らずの台湾人は戦ってもいないのに日本敗戦に乗じて日本人を馬鹿にして生意気だ。戦争は勝てば官軍であって、誇りを取り戻し、平和のリーダーシップを取るためには非武装中立はありえない、という意識が見える。アジア蔑視と再軍備化を当然視する考え方であるが、これこそが朝鮮戦争以降アメリカの対東アジア戦略において日本人に要求された考え方であり、それを内在化させている人間が現実に存在することの証左である。

おわりに

本論では、いかに日本の戦後メディアと教科書情報が、戦前の植民地主義的なアジア観・支那観に支配されてきたのかという例をあげて論じた。もちろん、良心的知識人は民主主義と人権、反人種差別主義を重視してきたし、それらに基づいた教育が学校現場では支配的であったことは認める。しかし、本論で取り上げたのは、それらとは一線を画した、人口に膾炙した、日本人にとっては耳に眼に心地よい対中国・アジア言説のいくつかである。

かつて「帝国の言語」であった日本語は敗戦後、八〇年代の「国際化」の時代まで、少なくとも日本人にとっては日本人のために日本国内でのみ使われる、閉じられた言葉として存在した。反対にいえば、日本でどのような議論がされようが、何がブームになろうが、教育がされようが、アジアの人びとにとっては窺い知ることが困難であった時代であったといえる。それは、アジアの国々が開発独裁体制下にあったり、言論や移動の自由が保障されていなかったりしたからでもある。

八三年の中曽根内閣の留学生一〇万人計画から二〇年以上。二〇〇四年の統計で、日本における留学生数は一〇万人を越えた。その九割までがアジアからの留学生である。二〇年前の「国際化」の方向性は、いまその真価を問われている。かつて日本政府が押し付けようとした、発展、伝統、文化の優越のイメージで日本を認識してくれる留学生はもはや少数派であろう。しかし、少なくとも日本のことを知り、平等なパートナーシップを結ぶ架け橋となってくれる「知日派」がこの二〇年間に数十万人の規模で世界に散らばって活躍している。特に、大多数を占めるアジアからの留学生、留学経験者たちは、少なくとも日本国内のナショナリズム論議、改憲論議に注目している。武田泰淳ではないが、「記憶力をなくしてくれ、日本語能力までなくしてくれ」と彼らに頼むわけにはいかない。二一世紀には、知日派という友人たちと留学でアジアを知った日本の若者たちとが共同して新しいアジアと日本の関係を築き上げる必要があることは言うまでもない。

「ロマン」という枕詞をつけられていたシルクロードは、二〇〇五年の「NHK　新シルクロード」シリーズの放映によって、再び脚光をあびつつある。中国に対する一般的関心は、現実の沿海部の高度経済成長、安い労働力の魅力、隣人としての協調路線、ポップシーン、円ブロック形成論から中国脅威論まで幅広く分散している。筆者はそれでいいと考える。ただ、かつてブームに踊らされていたこと、戦争責任に対する視角を欠落されてきたことと、それを現在でも欠落させ、隠蔽し、開き直ろうという勢力が力をもたげていることとの関連性を突き詰めて考えることは必要であると考える。

まず、戦後の対アジア言説の根本をもう一度問い直されなければならない。それは、従来の帝国主義的絶対的他者へのまなざしから脱していなかったのではないか、それは今でも一部根強くあるのではないかと疑わなければならない。もちろん、過去と現在の不当行為に対する反対と被害者の尊厳の恢復を国際法に照らして図っていかなければならないが、そのためにはそのような不当行為を可能にし、尊厳の恢復を遅らせたものの権力構造を解き明かすことが求められよう。

注

1 武田泰淳「十六年目の中国」『揚子江のほとり』芳賀書店、一九七一年、一一一―一一三頁。
2 武田泰淳「一兵士として行った中国」「群像」一九六二年五月号、五六―五八頁。
3 火野葦平『麦と兵隊』(一九三八年)『尾崎士郎・火野葦平集』筑摩現代文学大系、一二五四―一二五五頁。
4 武田泰淳「ひとりごと――日中合体論」(一九六二年)同前、四一九頁。
5 子安宣邦『「アジア」はどう語られてきたか』藤原書店、二〇〇三年、二三四頁。
6 http://www.nhk.or.jp/digitalmuseum/nhk50years/history/p 20

7　岩村忍『シルクロード』NHKブックス、一九六六年、四頁。
8　姜尚中・吉見俊哉『グローバル化の遠近法』岩波書店、二〇〇一年、七五―八一頁。
9　『東京日日新聞』号外一九三七年九月五日。
10　この訳語は、ジャン＝F・フォルジュ（高橋武智訳『二一世紀の子どもたちにアウシュヴィッツをいかに教えるか？』（作品社、二〇〇〇年）の compassion からとられたものだが、同様の訳が『〈コンパッション〉（共感共苦）は可能か』影書房、二〇〇二年使われているのでそれを援用した。普通の英和辞典では、「思いやり、あわれみ、同情」となっている。これらは歴史認識問題で使われるべき訳語ではない。
11　方励之「自選集その一――嵐山に遊ぶの記補記」（代田智明訳）刈間文俊・代田智明編『立ちあがる中国知識人』凱風社、一九八九年。
12　酒井直樹「あなた方アジア人」山之内靖・酒井直樹編『総力戦体制からグローバリゼーションへ』平凡社、二〇〇三年、二五四―二六〇頁。
13　川崎文策「立場の逆転、台湾の学校でも虐待受ける」『福祉と健康の新聞ビオラ』二〇〇一年六月一日号。

東アジアの伝統と〈共生〉

區 建英

伝統の価値

ここで改めて東アジアの伝統という問題を提起するのは、西欧文明に対する排除または対決のためではなく、東アジアの伝統から、西欧ないし他の文明とも共通する知的資源を探り、それを今日的意味に読み替えるためである。無論、東アジアには各国それぞれ文明の蓄積があり、たとえこの地域に広がった儒学にしても、各国におけるその歴史的展開が異なり、東アジアの伝統それ自体も多元かつ多様である。しかしいずれの国も自身の文明の優位を固持する限り、他者との共生を図るのは難しい。私たちが求めるべきものは、それぞれの独自性を持ちながら互いに共有できる最大の共通要素としての知である。

中国の伝統思想

中国は遠い古代において、万国と称される多数の国があり、後に殷・周が中心として四方の国々を一定の支配関係に置いたが、それは国家体制というより、一種の国際的秩序に類するものとも言える。ところが周王朝の衰微につれて有力の諸侯が自立割拠する春秋時代（紀元前七七〇～前四七七年）に入り、国の利己主義が蔓延し、周王朝の四方支配にとって代わろうとする覇権の争いも展開された。多くの小国が大国に合併されていく内、さらに強国が覇権を争う戦国時代（前四七六～前二二一年）に入った。戦乱が続き、弱小国が虐げられ、民が塗炭の苦しみに置かれるという状態の中で、人々は社会のあり方を真剣に考え、新たに理想の社会を求め、知的営為を試みた。儒家、墨家、道家など諸子百家(1)の思想が生まれ、百家争鳴と呼ばれる自由論争が行われた。そこで、相争う国家の枠を超え、当時の認識範囲が及ぶ世界を包括する「天下」という概念が創出され、諸子百家に共有され「道」、「大同」、「礼」などの思想が唱えられた。それらの思想を記載した典籍が漢代から整理編纂され、伝統の知性として後世に継承され、後の時代変遷の中で知的資源として新しい思想に読み替えられてきた。

道と大同と礼

中国古人の言説を拾い読みしてみよう。漢籍の『礼記・礼運篇』は、墨子の「兼愛」（博愛）や黄老学の「道」などの思想を取り入れ、孔子の言葉になぞらえて「大同」理想を語っている。

「大道の行はれしや、天下を公《みなのもの》と為し、賢《けん》を選び能《のう》に与《くみ》し、信を講《こう》じ睦《ぼく》を脩《おさ》む。故に人、独《ひと》り其《そ》の親《おや》を親とせず、独り其の子を子とせず、老をして終《おわ》る所有り、壮《そう》をして用《もち》ふる所有り、幼《よう》をして長ずる所有り、矜寡《ひとりもの》・孤独《みよりなきもの》・癈疾《かたわもの》の者をして皆養ふ所有らしむ。男は分《しごと》有り、女は帰《よめいり》する有り。貨（財貨）は其の地に棄《す》てらるるを悪《にく》めども、必ずしも己に蔵《おさ》めず、力（労力）は其の身より出《いだ》さざるを悪《にく》めども、必ずしも己の為にせず。是の故に謀《わるだくみ》は閉ぢて興《おこ》らず、盗窃乱賊《ぬすみものとり》は作《おこ》らず。故に外戸《がいと》閉ぢず。是を大同と謂《い》ふ」。

その意味はつまり、大道（天の道、天地の公道）が行われた時は、天下を公と為し(2)、血縁を問わずに賢人を登用し、誠信和睦が重視されているゆえに、人々は自分の肉親のみを親しむのではなく、老・壮・幼がそれぞれ得るべき所を得、孤児、寡婦、障害者などの弱者も養われる所を得、男女それぞれの務めと落ち着く所があり、財貨も労力も、己のものとして一人占めすることはなかった。ゆえに奸悪も盗賊も発生せず、戸を閉める必要もなかった。これは大同の世であると。大同の世は、夏王朝前の伝説上の三皇五帝時代(3)に理想を投影して、一人または一家または一国の私利私欲にこだわらない世を描いた社会のあり方である。これと対照して「礼運篇」はまた、人間が純真の状態を脱した後の世のあり方を描いた。

「今、大道既《すで》に隠れ、天下を家《いえ》と為す。各々其の親《おや》を親とし、各々其の子を子とし、貨力《かりょく》（財貨と労力）は己の為にす。大人《たいじん》は世及《せいきゅう》して以て礼と為し、城郭溝池《こうち》以て固《かため》と為し、礼義以て紀《き》と為し、以て君臣を正し、以て父子を篤《あつ》くし、以て兄弟を睦《むつま》じくし、以て夫婦を和《わ》す。以て制度を設け、以て田里《でんり》を立て、以て勇知《ゆうち》を賢《たっと》び、功《こう》を以て己の為にす。故に謀《はかりごと》是《これ》を用《も》つて作《おこ》り、兵此《へいこれ》に由《よ》りて起《おこ》る。禹《う》・湯《とう》・文《ぶん》・武《ぶ》、成王《せいおう》・周公《しゅうこう》、此《これ》を由《もち》ひて其れ選《すぐ》れたり。此の六君子は、未だ礼を謹まざる者は有らざるなり。以て其の義《ぎ》を著《あら》はし、以て其の信《しん》を考《な》し、過《あやまち》あるを著《あきら》かにし、仁に刑《のっと》り譲《じょう》を講《こう》じ、民に常《つね》有《あ》るを示す。如《も》し此《これ》を由《よ》らざる者有れば、執《いきおい》に在る者も去《す》て、衆以て殃《わざわい》と為す。是を小康《しょうこう》と謂《い》ふ」。

この意味はつまり、大道が隠れると、天下を家と為し、人々は血縁親族のみを親しみ、財貨も労力も己のものとされ、貴人が家の世襲を慣例とし、城郭も固く作られるような自他を区別する社会になった。そして、礼を秩序維持の綱紀とし、君臣、父子、兄弟、夫婦の関係を正し、各種の制度を建て、人々に知恵や勇気を尊重させる。人々は己のために功を立て各自の利益を収めようとし、このため、計略が用いられ、兵戦も起こった。その中で禹・湯・文・武・成王・周公の六君子（夏・商・周三代の聖人）が推戴され、礼治を行い、信義も法則も過ちも明らかにし、仁愛礼譲を唱えた。礼を侮る為政者が追放され民に斥かれた。それは小康（小安）の世であると。つまり小康の世は人間の利欲に節度が欠け、他者に害を与えて争乱を引き起こすような状況だから、礼によって社会秩序を維持せざるをえなかった。小康は大同の理想に及ばぬが、世の平安を保つ一種のあり方である。ここで、礼は単なる儀式や礼儀作法ではなく、政治と倫理の次元で思想化されたものである。

礼は、孔子を始祖とする儒家の解き明かすところによると、仁という人間内面の性質に基づいた社会規範である。人間の最も自然な愛が親子の愛であるため、礼は自然な情に従い愛の親疎を認めてまず家族愛を唱え、それをさらに、より複雑な社会関係における愛と相互尊重の倫理へと広げていき、社会の調和を図ろうとするものである。儒家思想の代表者の一人である孟子は、「仁」をもって礼の精神を語り、「仁者は愛するところを以って愛せざるところに及ぼす」と言い、親近な人に対する愛を疎遠な人にも推し及ぼすことを唱えた（『孟子・尽心篇』）。さらに仁愛を政治に貫こうとして「仁政」思想を説き、「人に忍びざるの心を以て、人に忍びざるの政を行なう」と述べた（『孟子・公孫丑篇』）。他方、墨子をはじめとする墨家は、儒家の礼治に賛同しながら愛の親疎等差に反対した。親疎等差を超える「尚賢」（賢人を尊ぶ）思想、自己中心を脱却する「兼愛」思想、戦争反対の「非攻」思想を説いた。それによると、人間が「自愛」「自利」しか知らず、「各其（自分）の家を愛し、異家を愛せず」、「各其の国を愛し、異国を愛せず」、こうして他者への愛が欠けていることこそ、戦争や争乱などの社会弊害が発生する原因である。したがって、「人（他者）を愛すること其（自分）の身を愛するが如し」、「人の身を視ること其の身を視るが如し」、「人の国を視ること其の国を視るが如し」、「兼ねて相愛し、交わりて相利す」と唱え、「人を愛する者は人も亦従って之を愛す。人に利する者は人も亦従って之に利す」という道理を説いた（『墨子・兼愛』）。

道について、老子を始祖とする道家は、道の生成思想を説き明かした。「道は一を生じ、一は二を生じ、二は三を生じ、三は万物を生ず」（『老子』四十二）。無限に森羅万象を生み出す「道」は、何か固定された実体ではなく、その中身を名付けることもできない混沌である。これゆえ、「道」は生成の働きを顕現する時、無限の包容性と創造性、そして文化の多様性と自由な創造を認める性質を持つのである。道家の一流派である黄老学は、道の原理に基づいて、「自然無為」の政治を説き、人間の自然本性に順応するような法治をを唱えながら、私の補完性も認めた。

天と天下

漢代以後の中国知識人が共有した知性において、礼は大道が隠れる時、人為によって作られた秩序であるが、礼の拠り所は天にあり、礼は大道の働き（一種の顕現）である。天下は天子や官僚の世界とは区別し、天と民の世界である。天意が民意によって現れてくる。それゆえ、天子はそのまま天ではなく、民意を得てこそ天子になり、逆に民意を失われれば天子になる理由も失うのである。これは、「民を貴しと為す」（『孟子・尽心篇』）と考え、「湯武放伐」の正当性を認める孟子の「仁政」思想を継いだ儒学的民本主義である。実際の中国の歴史において「易姓革命」が繰り返されてきた(4)。政治体制には、君に対する臣の「諫争」(5)という糾弾権があり、「天下を公と為す」精神を持つ知識人が左遷、免職、投獄、死刑の危険を冒して「諫争」する例は多かった。ただし王朝時代に民主主義体制がなかったため、知識人の批判精神が独裁者によって弾圧される例も多かった。

思想はあくまでも現実をよりよくするためのフィクションであり、その影響によって作られた制度とも、また為政者の行為とも同一視してはならない。思想の価値は不断に現実を問いつつ働きかけていく一種のフィクションとして役割を果たすところにある。したがって、王朝中国あるいは現代中国の現実における悪い側面をもって、直ちに中国の思想伝統を否定し放棄するのは賢明ではない。実際、孫文などの近代知識人は、「天下を公と為す」という伝統精神を近代的に読み替えて改革を試みた。また、今日の人々も同様な関心を持ち、先人の思想を読み替えながら創造を試みる例が少なくない。

現代中国の人文的模索

一九八〇年代から中国には、儒学に時代的精神を見出そうとする人文的模索が現れてきた。張立文の「和合学」(6)が一例である。張は当今人類の現実問題を五つの衝突、つまり人類と自然・人と社会・人と人・こころの中・異なる文明間の衝突と見て、これらの衝突の解消に働きかけるための思想を模索しようとし、中国伝統哲学から「和合学」を見出した。

中国古代には「陰陽が和すれば則ち万物育す」(『同』)、「そもそも和は実に物を生じ、同じければ則ち継がず」(『国語』)、「和して同せず」(『論語』)、天地万物はすべて多様な相異の元素が合して生じ存在しているという思想がある。張立文はこれを万物の存在法則とし、「和合生生」と称する。「和合学」の特徴は多様と相異を前提とし、相互に異なり対待している多様な元素や要素が衝突と融合の過程を通じて、和して合して新しい事物が絶えず生まれてくる、という「生生」の考え方にある。「生生」には、同質の物の「和合」ばかりでなく、異質の物の「和合」も含まれる。「和合」には何か固定化した全知全能な者が存在しない。一部の物が他の物を消滅するのではなく、相互の衝突、協調、整合によって変化が発生し、より高次なものに再構築されていく過程である。「和合学」の原理は万物の平等性、開放性、相互依存性を本質的認識に訴えている。サミュエル・ハンチントンは異なる文明が共約できず支配をめぐって争うことを一種の運命とし、国際的現実に基づいて文明の衝突と、その阻止政策を語った(7)。これとは対照的に、張立文および多くの中国知識人は、異なる文明の共存または融合の可能性を、中国の伝統的知性によって説明し、その実践を促そうとしている。

現実に対する思想の働き

人文的な試みは中国の外交にも影響を与えている。二〇〇二年、中国「政協」(8)前主席・李瑞環はイギリスの英中貿易協会を訪問する時、「和合学」の思想について語り、中国古人の言葉を引用しながらこう述べた。「和合思想が説くのは、天地万物がすべて異なる方面や多様な要素から統一体を構成しており、その統一体の中で、異なる方面や要素が互いに依存し影響し、相異にして和合し、相反にして作用し合い、生成発展するという法則である」。この法則を国際関係に当てはめると、「信用を講じ親睦を修め、謙譲礼儀で往来すべきである。大国が小国を欺いてはならず、強国が弱国を虐げてはならず、富国が貧国を威圧してはならない」と。また同年スロベニア訪問時、相互尊重について「とくに強国が弱国を尊重し、富国が貧国を尊重し、大国が小国を尊重するよう提唱すべきであり、これは一種の道徳、一種の品格、一種の文明である」と、民主的な国際関係を説いた。

一九九〇年代の中国の経済成長に伴い、「中国脅威論」がアメリカをはじめ日本や一部のアジアの国にも一時期広がっていた。これは主として国際関係の勢力均衡論に基づく考え方であり、これまでアメリカの覇権による世界秩序が他の大国の台頭によって崩れ、新しい脅威や不安が発生するのではないかという認識による。しかし、冷戦時代のように中国の発展が封じ込め続けられると、一三億人に不公平であり、他方、中国が自らの経済を発展させれば「脅威」と見なされる。このジレンマは中国人にとって深刻な苦悩となる。いかにすれば中国人の生活をも豊かにし、他国の脅威にもならないのか。知識人たちは「天下を公と為す」精神から、一種の公平なあり方を模索し、「台頭」の前に「平和」という限定語を付け、台頭の目的、手段、結果に平和の道義と倫理からの制限をかけるよう試みた。この思想的営為が中国の外交に影響を与え、「平和台頭論」(9)の外交戦略として現れている。また、この思想的背景の下で、近年中国は、相互の信頼、利益の互恵、平等の協力による新しい安全保障観を提起した。さらに二〇〇五年、鄭和航海六〇〇周年記念(10)において、「和」の精神が強調され、威勢を感じられやすい「台頭」という言葉も否定され、「平和台頭」を「平和発展」に変更しようという声が高まった。こうした知的雰囲気の中で、前副総理・銭其琛が『人民日報』で、平和発展こそ中国の選択であるという論説を発表するなど、「平和発展」は外交方針として認められるようになった。

かつて冷戦時代、第三世界の国々は自らの独立・自由・平和を求めようとし、一九五五年バンドンでアジア・アフリカ会議を開いた。イデオロギーの相違を理由に第三世界協力の可能性を否定するアメリカの世論攻勢の前で、参加国間の対立も起こったが、周恩来は「求同存異」の伝統思想を生かし、相違を互いに尊重する平和五原則を唱え、諸国対立の難局を乗り越え、団結・友好・協力のバンドン精神が確立された。二〇〇五年ジャカルタで行われたアジア・アフリカ会議では、五〇年前のバンドン精神が生かされ、新時代の協力関係が結ばれた。その中で中国は、大小国家一律平等の民主的国際関係、平等互恵の経済発展観、相互信頼に基づく安全観、多様性包容の文明観を提起し、自国の平和台頭方針を重ねて言明した。

無論、現実の外交は思想そのものではない。しかし平和台頭の方向を挫折せず堅持していくために、思想は不断に現実を問い続け、働きかけていくべきである。

東アジアの知

日本も韓国も東アジアの他の地域も同じように、それぞれ先人の優れた知恵として現在にも有益な豊かな文化が蓄積されている。二一世紀において、地球の東西を跨る共生社会をどのように形成するのか。人間と自然との調和、人と人との和睦、人と社会との協調、国と国との協和、異なる文明間の理解・共存・融合をどのように図るのか。東アジア諸国は各自の伝統における知的資源を今日的意味に生かし、日常的な生活から国際的な大事に至るまで絶えず創造していく中でこそ、よりよい社会のあり方が生まれるのである。

注

1　諸子百家とは、中国の戦国時代に活躍した数多くの思想家・学派の総称である。「子」は学者・博士への尊称、「諸子」は諸々の学説や学派の代表者、例えば儒家の孔子、墨家の墨子、道家の老子・荘子などである。戦国時代に多様な思想と学派が自由論争を展開したことは、「百家争鳴」と呼ばれている。

2　「天下を公と為す」とは、天下が天下の人々に共有されるもの、社会の統治者が一家ないし特定の血縁によって独占されず、賢人によって担われるという意味である。「公」は朝廷や官庁・役所という意味ではなく、家や国を超えた天地の公道・人類の公平という意味である。

3　三皇五帝とは伏羲、神農、黄帝の三皇と、少昊、顓頊、帝嚳、唐堯、虞舜の五帝であり、夏・殷・周三代以前の聖人王をさす。一種の政治理想を託された伝説人物である。

4　「易姓革命」は中国儒学の重要観念である。天子の家（姓）は当然永続するものではなく、天子が天意を裏切り不徳になれば追放され、徳のある者に交代されるという考え方。「湯武放伐」は殷の湯王が夏の暴君・桀を討伐し、周の武王が殷の暴君・紂を討伐することを指し、「易姓革命」の一方式としてその正当性が認められる。

5　「諫争」とは、伝統中国において臣が君に対し、或いは士人が為政者に対して諫言・忠告を行い、権力からの抑圧や迫害をも覚悟して直言して諫めることを言う。

6 張立文は中国人民大学教授。長年の中国哲学研究を積み重ねて打ち出した「和合学」の代表作は、『和合学概論――二一世紀文化戦略構想』（首都師範大学出版社、一九九六年）である。

7 サミュエル・ハンチントン（Samuel P. Huntington）の『文明の衝突』（日本語版：鈴木主税訳、集英社、一九九八年）は、冷戦後の国際的紛争の性格を文明の衝突と定義し、文明の衝突による世界大戦への危険性も予言する。この説は、異なる文明が共有の原則において一致することを不可能とし、各文明の中核国家による世界的支配の争いを「法則」とする観点に、理論的根拠を据えているので、他の文明を持つ地域や国の成長に対する封じ込めを正当化する論理につながりかねない。しかし、人類の長い歴史における諸文明の交流関係をもって検証すれば、文明の衝突と争いは果たして必然的で本質的なものなのか。また、今日の現実における紛争の主体は、果たしてそれぞれの文明を代表しているものなのか。真剣に検討すべきである。

8 「政協」とは中国人民政治協商会議の略称。文化大革命時代には機能しなかった。改革開放時代には、共産党との「相互監督、長期共存」という関係において諸民主党派が活動する組織となっている。李瑞環はその前主席であった。

9 「平和台頭論」は、ある大国の覇権的支配に平和秩序を託すという従来の考え方に抗し、新しいあり方を探る試みであり、中国自身に対決する思想的営為でもある。従来の考え方では「台頭」をいえば、新しい覇権の出現、それに伴う平和秩序の崩れ、衝突や戦争の危険性が想定される。「平和台頭」理論によれば、従来のような平和秩序は、異なる文明や価値観を持つ他の地域の発展を犠牲にするという代価を払い、人類のすべてに公平ではなかった。その意味で、もし中国は近代列強の侵略を受けた屈辱への恨みをはらし、または覇権の争いを台頭の目的に入れれば、同様な不公平を引き起こし、他国にも自国にも無益である。したがって、先進国と同等の豊かさを求める中国人は自国の台頭の目的・手段・結果に対し、倫理としての平和によって制約さなければならない。台頭してもアメリカと衝突せず、国の大小を問わず平等互恵の国際協力をめざすべきである（『中国青年報』二〇〇四年三月二六日）。

10 鄭和は明朝の宦官。大船隊を率いて一四〇五―三三年の間に前後七回南洋・インド洋方面に航海。平和的に通商貿易を行った。六〇〇周年記念活動では、その外交における平和互恵の精神が生かされるべきものとして強調されている。

参考文献

澤井啓一、二〇〇〇『〈記号〉としての儒学』光芒社。

関口順、二〇〇三『儒学のかたち』東京大学出版会。

村瀬裕也、二〇〇三『東洋の平和思想』青木書店。

張立文、一九九六『和合学概論――二一世紀文化戦略構想』首都師範大学出版社。

サミュエル・ハンチントン、一九九八『文明の衝突』（鈴木主税訳）集英社。

「平和台頭の国家戦略構築――台頭は復讐のためではない」『中国青年報』二〇〇四・三・二六。

第Ⅱ編

東アジア地域協力の壁

第II編

東アジア地域協力の壁

4　九・一一以後の「アメリカ問題」
「対テロ戦争」と東アジア

ウラジーミル・アントーノフ
（アレクサンドル・プラーソル訳）

1　一極システムと世界秩序

二〇世紀に至って、ようやく国際法の統一性ある合法的な政治的諸制度を作り上げることに成功した。その結果、国際社会は試行錯誤の結果、国際舞台における諸国家間の利害不一致に結びついた複雑な問題を、その制度のおかげで一度ならず解決することができた。しかしソ連崩壊後、アメリカ合衆国が世界の唯一の超大国になってしまった。これまでの国際勢力のバランスの破壊と新秩序の形成を目的とするアメリカ合衆国の政策はこの達成された国際コミュニティへの懐疑だけでなく、世界の各地で広範な反発を招いている。アメリカ合衆国の「グローバリズム」は、他国の主権を制限し、他国を国際関係の主体ではなく、超大国の利益範囲における単なる対象にしてしまった。アメリカ合衆国は、その超大国の影響力の範囲に位置づけられた国家と交渉を行うが、その際、妥協を必要とせず、合衆国の意図を妨害する場合には、それをただ服従させるだけである。近年のアメリカ政府の対外政策を見れば、アメリカを脅かす敵探しという戦略的目標の本質は明白である。イラク戦争はその最も典型的な事例である。

イラク危機は、ローカルな規模を超え、大規模な国際関係システムの危機へと変容させられた。

事件の本質は周知の通りである。ある邪悪な勢力が、いかなる攻撃からも完璧に防衛されていると思われていたアメリカ合衆国に襲い掛かった。アメリカは、ショックを受け、何が起きたか、何故起きたかということを十分に検討せず、加害者と断定した国に対して、その回答として圧倒的武力による報復を行った。しかし、民主主義国家では、捜査を完了せずに容疑者を処罰するのはおかしいことである。事件の本質をつかめなければ、裁判にかけられない。推定無罪を尊重するのなら、裁判なしで判決を言い渡せないのは常識だろう。さらに、有罪があきらかにならないうちは死刑は執行できない。しかし、アメリカは、裁判を行わず、ある国の国民全体に有罪の判決を言い渡した。「反テロ」の措置が、容疑者の絶滅であってはならない。民主主義は、一国の世界覇権の確立を目的とし、また武力を行使すべきものであってはならない。

アメリカ合衆国は、国連の判断を受けず、イラクを攻撃した。それによって国連への国際的信頼は、ほとんど失われたと言ってもいいだろう。国際社会における相互信頼感、集団的努力による戦争の予防可能性への信頼も大きなダメージを受けている。イラク戦争が勃発する前には、ヨハネ・パウロ二世教皇は、

「イラク戦争が人道主義の破壊となるだろう」といった。この戦争は、多くの国の国内情勢へも影響を与え続けるに違いない。その結果の一つとして、民主主義の退行と権威主義の高揚が予想される。アメリカ政府がイラクへの攻撃によって国内の経済的難題を解決しようとしたという多くの政治家の見解も根拠がないわけではない。アメリカの経済が深刻な財政難に直面しているのは確かである。ドルは、ユーロに対して二割にまで下落した。株の価格は、二〇〇二年の一年間に二六兆ドルに下がった。

イラク攻撃の背景には、イラク占領が最終的に石油価格の低下を導き、アメリカの経済に好影響を与えるという目論見があった。アラブ諸国は、隣国のサウジ・アラビア、シリア、イラン等へ戦争が拡張するのではないかと不安を抱いている。そうなれば、国連の権威と命運は、国際社会によって再び疑問視されるに違いない。イラクに対する国連安全保障理事会決議の不履行という口実は、批評にも価しない。アメリカ合衆国が拒否権を行使したことによって、安保理の決議は、これまで一〇〇回以上不履行をくりかえしてきた。例えば、キプロスからのトルコ軍の撤退を求める安保理の決議案は、アメリカ合衆国の態度のために、一九七四年からほこりをかぶったままである。

アラブ諸国は、イラクへの攻撃をアラブ世界全体への攻撃とみなしている。その仕返しとしてテロ行為が起こる危険性は、合衆国国内にも他国にも高まっている。それに、反グローバル主義運動の強化も見られる。フランス大統領ジャク・シラク氏は、テロリズムと戦いながらも、一方で紛れもなく世界に反西欧的気運の嵐を引起す戦争についても無関心でいることが不可能であることを強調した。これは時限爆弾で、将来にはきっと爆発してしまうにちがいない。

議会でも承認された合衆国の国家安全保障会議の戦略は、国際問題への慎重なアプローチを一掃してしまった。その戦略は、アメリカ合衆国がその軍事的優越性に対する他国の挑戦を許さないことを意味している。このような戦略は、国連の原理や国連の規約と両立しえない。アメリカの政治学者R・コヘイン氏は、ブッシュ政権が「国際法と習慣を破っており、その政策は方針《コンセプト》というより衝撃《インパルス》だ」と記した。アメリカ合衆国の国家安全保障戦略は、反米機運の高まりを刺激するに過ぎない。アメリカは、二一世紀の挑戦、とりわけテロリズムとの戦いにおいて、ロシアを含め世界各国から支援を受けるチャンスを逃した。一方、米国の意図的な行動は世界が破滅に瀕する状態を招いた。反イラク同盟のリーダーは、イラク戦争最中の発言において、核兵器使用が可能であると述べた。その上、この戦争で、旧ユーゴスラビア戦争以来、再び劣化ウラン弾の使用があった事実が明らかになった。駐ロシア米国大使A・ワーシボウ氏も朝鮮民主主義人民共和国に対して核兵器の使用が可能であると述べた。それは、中国・ロシア両国国境沿いの地域について語ったものである。

戦争によってテロリズムをなくすのは無謀である。なぜなら、戦争は過激主義の培養源でもあるからである。テロリズムは、イデオロギーの違い、宗教的熱狂、歴史の辛い記憶、差別、民族間敵意の影響のもとで発生する。世界秩序の不公平は、武力だけで世界中の差別をなくすことができると考えるイスラム原理主義者たちの培養源でもある。

イラク戦争の課程で、アラブ世界がはらう多数の犠牲は復讐を招く。ブッシュ氏とブレア氏の発言におけるイラク再建とイラク国民の明るい未来のためのアメリカとイギリスのミッションという「善意」は、偽善のシンボル、西欧的価値の有害性、イスラム原理主義者活動の道徳上の正当化につながるだけである。

2　ロシアの位置づけ

国際情勢が全体的な危機に瀕している一方で、ロシア、中国等の北東アジア諸国が安全保障への挑戦とその戦いにおいて協調関係を進めていくことは望ましい。ロシアにとって、国の指導部が、国内の課題から関心をそらすための対外政策を選択することは適切ではないだろう。ロシアには、核兵器、巨大な国土、長い歴史、人材、天然資源という過去の時代の大きな資源があるが、冷戦期に蓄積された諸問題の後始末が完全にはなされてはいない。ヨーロッパとアメリカ合衆国は、ロシアを「半敵・半パートナー」としてみなしているようだ。国際テロリズムとの戦いにおいて、ロシアの行動は、特に近年、アメリカとヨーロッパ連合との親密な協力関係を促した。中国との友好関係という重要な対外政策も維持され、強化された。

今後アメリカ合衆国はイラクにとどまらず、イラン、そして北朝鮮を問題化するかもしれない。それは永久的な危機を次から次へともたらすであろう。その危機はロシア、インド、中国の隣国を対象としている。これらの地域は、米国の国境からは遠い。しかし、わが国は近い。アメリカが国際社会に対して行うこの実験は、われわれに直接的な影響を与えるのである。アメリカのストラッドフード社によれば、「ロシアの経済はアメリカのイラク戦争によって深刻な危機に陥る。良くてもロシアは経済的・政治的・国際的に弱化するだろう。最悪の場合には、ロシアは経済危機に陥り、国内は不安定になりかねない」。

ロシアの外交も、イラク戦争に対する態度の調整過程において危機的な状態に直面した。本質的には、国連の規約も国際法の原理も吹き飛んでしまった。北大西洋条約機構がアメリカやイギリスのような強力で豊かな国々の利害のみを守っていることは、ロシアが独自の国家安全保障・国際安全保障のメカニズムを作り上げようとする原因となっている。しかしすべての国々と諸民族は、軍事力の大きさにかかわらず平等であるべきである。いずれにせよイラク戦争後は、世界中の軍備拡張競争がエスカレートするだろう。

3　アジア・太平洋地域とロシア

アジア・太平洋地域の国々もその例外ではなかろう。その各国の国内情勢も変容せざるを得ないだろう。急進的な原理主義者を含め、国民主義・愛国主義運動の役割が高まり、政府の果たす役割が下がり、軍産複合体の役割が高まる。国際協調の分野において、NGO活動の範囲は狭くなっていくにちがいない。

イラク戦争中には、アメリカの指導層が根拠なくロシアのイラクへの兵器輸出を非難した。駐ロシア米国大使も、ロシア政府にとって非常に許しがたい発言をした。その理由を明らかにしたのは、ワシントン大学教授のR・コヘイン氏だった。教授は、「ブッシュ氏はロシアをアメリカ帝国の辺境地、パートナーではなく従属国だと思っている」と述べている。

わが国は政治的な危機、米国との関係の悪化を回避したいのである。しかし、ブッシュ氏がイラク戦争にとまらず、イランや朝鮮民主主義人民共和国における軍事行動をやり続ければ、その方針はロシアへの脅威となる。わが国は自国を防衛できる。また中国やインドをはじめ、アジアにおけるロシアの同盟国との交流が深まるだろう。ロシアは、自国の対外政策を有しないほど弱い国ではない。ロ米関係への主な脅威は、両国の利害の不一致にある。両国間の協力が国際テロ組織の絶滅や核兵器の危険性の低下等に向けられれば、ロシアとアメリカはパートナーになりえる。しかし、米国との関係がこれと違った目的を達するためのものになるならば、ロシアは独自の対外政策を追究するしかない。

ロシアの指導層は的確にアメリカの二重政策を把握している。H・キッシンジャー氏もまた米国政策の二重性を論じているが、その二重性はロシアが米国によってパートナーでなく未だ敵国としてもみなされているという点に反映されているようである。このような二重性は、いつまでも存続するだろうが、ロシアはそれを自覚している。決していいことではないが、それは現実である。

核兵器使用の危険性は政治家や科学者や軍人等を悩ませている。世界の国々の指導者の会談には必ずと言っていいほど核兵器の問題が提起されている。テロリストによる核兵器使用の危険性は、核テロという新たなテロリズムについての討議を促す。ロシアにとっては、そのような討議はまだ新しいが、ヨーロッパ諸国においてはすでに討議が行われている。例えば、P・ハミルトンは、「核テロとの戦いは、軍隊と警察に任せるのでは不十分であり、危険なことである。核テロの阻止のためには、産業、商業、科学、医学などの関連分野にまたがる国境を越えた包括的な政策が必要である」と述べている。

テロ組織による核兵器の使用の事例はまだ知られていないが、その脅威は過去にも散見できる。例えば、湾岸戦争期、カシミールをめぐる印パ緊張状態の時期、北朝鮮のNPT（核不拡散条約）脱退に端を発する朝鮮半島危機の時期である。今後の脅威はどこで発生するのだろうか。ご存知の通り、現在、公認の核大国（アメリカ、ロシア、イギリス、フランス、中国）の他に、核保有の資格を有しない三カ国（イスラエル、インド、パキスタン）が存在している。科学技術の進歩によって世界のおよそ四〇カ国（その数は年々に増えている）が「潜在的核保有国」と位置づけられるようになった。これらの四〇カ国の所有する核開発のプログラムは、政治的にひとたび核保有が決断されれば、ただちに作動するかもしれない。

二一世紀は、核兵器によって大国でなく小国が台頭するような核世紀になる兆しが現れている。核大国が巻き込まれる可能性の高い地域紛争が著しく高まり、戦略的な面において混乱がもたらされるかもしれない。既存の通常兵器を一体どちらがはじめに使用しのか判別がつかない、武力行使の件数が増えつつある。こういった状況のもとに核兵器の使用を抑制することがますます困難になっていく。

一九九五年のオウム心理教のテロ行為までは、大量殺戮兵器がテロの目的で使用されることについて考えた科学者や政治家は少なかった。しかし、今日ではテロ組織が一般の兵器でなく、核・生物・化学兵器を利用するため、その対応策の構築が緊急課題となっている。テロリストたちが殺害でなく自己の活動の大規模な宣言を望んでいるという前提に立つと、彼らがこういった大量殺戮兵器に対して十分な知識を有し、このたった一回の使用だけで自らの目標に達することができると確信を持っているはずである。彼らには「二回めのチャンスが与えられる可能性がきわめて低い」からである。

一方、ニュー・ヨーク、モスクワ、ダゲスタンなどのテロ事件が証明しているように、従来のテロの形態もまだ存続している。つまり、テロリストたちもリスクを避けるように心がけるということを念頭に入れておかなければならない。なぜならば、大量殺戮兵器の使用はレベルの高い専門知識を必要とし、リスクの高い選択であり、失敗の可能性も高いからである。急進的原理主義者のテロ組織の多くも従来のテロの形態を選択している。そのようなテロ組織の圧倒的多数は、旧来の兵器を選び、新技術を用いてその種類だけを多様化させている。核・生物・化学兵器の材料の盗難や密売の試みは、非国家組織の大量殺戮兵器への関心の高まりを裏付けている。それは大量殺戮兵器製造のノウ・ハウ及び材料へのアクセスの簡易化によってさらに促進されている。

国際関係のグローバル化の行き詰まり、そしてテロリズムや対テロ戦争の悪循環からの突破にいたる唯一の道は、国連や国際法に認められた権威ある国際組織を中心に、世界の主権国を団結させることにある。国際法の基盤に基づいた多国間の利害の一致と親交は現代の世界と民族の明るい未来を約束するだろう。

4　東北アジアの国際協力に向けて

北東アジア諸国も現在の国際社会における対立と危機を克服するためには親善交流をさらに展開すべきである。極東ロシア地域に居住する人々は朝鮮半島における社会的政治的な動きをいつも観察している。軍事力に頼る高慢な行動をやめ、朝鮮半島を非武装地帯に変遷させる可能性を見失ってはならない。これを実現するためには、国連と東北アジアの国々（ロシア、日本、中国）とが協力して道を探るべきである。

核兵器保有をほのめかす朝鮮民主主義人民共和国への米国の攻撃は狂気の沙汰である。両国は国際法に基づいて対等に問題を解決すべきである。中国とその国土の一部である台湾との併合の問題も同様なアプローチで解決すべきである。中国と台湾の問題に関するロシアの態度は広く知られている。

最後に、ロシアの指導層やロシアの一般市民の圧倒的多数がアメリカを友好国だと思っているという事実をもう一度強調しておきたい。われわれは口米関係の緊張を望まず、逆に国内問題や国際問題の効果的解決のための両国の協力関係を望んでいる。ロシア政府はこのことについて一度ならず公式発表を行ったし、実践的な行動でこの態度を裏付けている。

国際英語とアングロアメリカの覇権

グレゴリー・ハドリー

（矢口裕子訳）

アメリカは今日おそらく、膨張する国際的覇権の中心にある。合衆国は第二次世界大戦後、英語の普及のために驚くべき量の資源をつぎ込んできた。インターネットの普及、国際的メディアの占有、また、国際的経済投資の受け手にして最強の軍事力を誇るアメリカの力は、アジア等の外国で、他言語話者への英語教育／英語教授法（ＴＥＳＯＬ）の評価に大きな影響を与えている。

英語の習得は今や、さまざまな国のエリートが世界システムに近づく手段となり、ネイティヴ・スピーカーしか権力の最上層部にたどりつけない障壁ともなっている。より大きな政治的・経済的・社会的機会は、英語を習得しアングロアメリカの規範に従った者に与えられる。これこそが覇権の意味である。覇権とはおおむね強制に基づくのでなく、体制の権力と、権力がもたらす報酬・利益・名声に追随する、世界の多数派を占める人々の合意に基づいて発生するものだ。しかし、アメリカの覇権に疑義を差し挟む者には、経済的周縁化、文化的孤立、さらには最近のアフガニスタン・イラクの例にみられるように全面的軍事行動が待ちかまえている。

パワー・ポリティクス？――英語の所有権をめぐる闘争

英語の普及に対して最も強く抵抗するのは、手厚く保護された文化の境界を死守しようとする古い国家主義的覇権勢力である。かつて一五、一六世紀の政治モデルを国民国家が置き換えたように、いままさに国際化は国家主義に取って代わろうとしているにもかかわらず、言語学者も政治学者もその一部は祖国の言語的理想の喪失を嘆きながら、国際化という政治的現実を受け入れることができない。それゆえ、ＴＥＳＯＬの実践はパワー・ポリティクスの問題、ことに誰が権力を所有し、また欲するかということに関わるものとなる。

昨今、アジアでは国際英語教育を求める声がある。国際英語とは普通、ネイティヴ・スピーカーと非ネイティヴ・スピーカーがともに話す英語、合衆国に属するのでなく世界に属する言語と定義される。国際語としての英語（ＥＩＬ）の再定義は、あらゆる言語教育がそうであるように、重大な政治的事業である。国際語としての英語の再定義は、英語を脱国家化し、アメリカの覇権から英語所有権の主張を剥奪する。ＥＩＬ運動を牽引してきたのは、優れた英語力を持ちながら、アメリカの覇権のなかで権力の高みに登りえなかった、さまざまな国の非ネイティヴ・スピーカーたちだ。ＥＩＬはアメリカの覇権から自由な言語を支持するコミュニティをつくろうとする。

例えば日本では、多くの者が口には出さなくとも、自分たちの文化・言語・国家的アイデンティティが、アメリカ式英語教育の力によって攻撃に曝されていると感じている。そういう場所でこうした形で英語の所有権を獲得することは、日本のエリートが英語に自らの主体的・国家的文脈を与える試みであり、英語を反抗や個人表現の道具として使い始めようとすることだ。その努力は称賛に値するかもしれないが、国際語としての英語を支持する者たちは、アメリカの覇権から身を離そうとする企てに潜む陥穽にも意識的である必要がある。

国際英語の陥穽とアメリカの覇権

ひとつには、「国際」という言葉が孕む難しさがある。西洋の歴史において、ギリシャ人やローマ人がギリシャ化、ローマ化という言葉を使ったのは、政治経済面で国際的統合のレベルが高まったことを示すためだった。共通言語（ギリシャ語、のちにラテン語）は、さまざまな文化と言語グループからなる膨大な数の人間を統一するという目標の達成になくてはならないものだった。英語があまりに国際化プロセスの内部に溶けこんでいるため、国際化とは本当に「アメリカ化」の謂ではないのか、という論点は巧みに避けられることになる。アジアのＥＩＬ支持者たちは、英語が真に国際的たらんとすれば、アメリカ帝国から距離をおかねばならない、と言う。だが、ＥＩＬの熱心な唱道は、にもかかわらずアメリカの覇権を大きく利することになるという事実を無視することはできない。英語を話す人間が増えれば、アメリカの製品、サービス、エンタテインメント市場は拡大するだろう。国際英語が人、物、アイディアの執拗な流れを促進し、最終的には、現在ある社会文化的亀裂を拡大し、マイノリティの文化・言語・宗教・エスニックグループの周縁化を深めることもありうる。ジョージ・Ｗ・ブッシュの言う「悪の枢軸」が、おおむね、非白人、非キリスト教の、英語を話す人口が世界最小レベルの国々なのは偶然ではない。歴史的に言って、ひとつの文化の言語がもうひとつの文化に伝えられ、なおかつ一方が他方より有力ないし進歩的な場合、影響・教育活動・学習スタイルは一方向に、つまり支配的なところから力弱いところへと動くものだ。これがアジアにおける英語教育の現実なのであり、ＥＩＬの提唱者はそれを念頭に置く必要がある。

他方で、文化や英語教育の観点から、アングロアメリカ文化を英語から切り離すことが可能か、またそうするべきなのか、と疑問を持つ者もいるだろう。たとえて言えば、ある人々にとってＥＩＬは、食事の栄養価を保とうとしつつ風味を取り去るようなもの、あるいはおそらく輸入果実に地野菜の香りを注射するようなもの、と映るかもしれない。アジアでより多くの学生と教師が言語的味覚を適応させ、ＥＩＬに基づくカリキュラム提唱者の要求を「呑み込む」までには、もうすこし時間がかかるかもしれない。まして学生の保護者や法人は、イギリス・アメリカモデルの英語を習得することが学習者にとって機会の扉を開くことにつながると考えがちである。

もうひとつの陥穽として、ＥＩＬ提唱者はアメリカの影響を減じる手段として、伝統的な文法重視の言語教育への回帰を求める傾向がある。アメリカの言語教育法は、多くの論者が述べるところによれば、教師の立場を必要以上に低くし、教室の中でいかにふるまうべきかという点について学習者に心理的混乱を与えるのだという。大半の学習者はネイティヴ・スピーカーのレベルに達することはできないのだから、ＥＩＬ教育は、学習者が外国人に対し親愛の情を感じる程度のコミュニケーション能力を身に付けるだけで十分だ、と彼らは言う。学生は、英語を話すときも母国語のコミュニケーション戦略を維持し、読み書きの技能に集中するよう促される。

しかし、伝統的文法重視教育もまた、アメリカ発英語教授法が潜在的に民主主義教育の機能を果たしているのと同様、まぎれもなく政治的実践だということだ。文法重視の教育は、権力盲従主義的な文化と深く関係している。教師はただ一人のエキスパートとして、学習者の情報の流れをコントロールする。教師はその言語において文法的に正しい見本を選ぶわけだが、近代言語学の知見によれば、それはせいぜい一定の期間通用するだけのものに過ぎない。文法の試験が明らかにするのは、学生がどれだけ英語を身につけたかということより、どの程度教師に従ったかであることが多い。

加えて、ＥＩＬの主要な提唱者の大半は、英語のコミュニケーションにおけるアングロアメリカ・モデルを巧みに使いこなし、ほぼネイティヴ・スピーカー並の水準に達しているにもかかわらず、学生を同様のレベルに引き上げないことによって、学生が潜在的能力をはるかに下回る英語力しか身につけないよう、暗に促している。アジアの語学学習者は二つの両立不能な立場の間で引き裂かれている。アングロアメリカの覇権のもと、学習者はアメリカ人のようになるため、または自らの社会でえり抜きの語学力を誇る人材になるため、努力することを奨励される。だが、もし学習者が今日の一部のEIL推進者の提言に従うとすれば、彼らは文字通り「分をわきまえなければならない」ことになる。そして、彼らの社会のエリートと比べ明らかに不十分な英語を教えられることにより、学習者は依存と服従のシステムに投げこまれてしまう。アメリカの覇権に由来する情報の流れはエリートがコントロールし、当たり障りのない情報だけが濾過されて社会の残りの部分に到達する。しかし学習者が国際社会で自らの意志を表現するためには、そのエリートたちの助けを必要とするのである。

新たな構造の必要

アメリカの覇権を支持する者もEIL提唱者の多くも、今のところアジアの学生に大きな希望をもたらしてはいないようだ。国際語としての英語は確かに存在する。だが、EIL生成の過程にあってそれを明確に定義づけられる者はこれまでいなかった。EILというトピックに関しては、その内実をめぐってさらなる議論や論争が必要である。アメリカモデルを起点と捉えることは、EILを英語の「非―アメリカ」型として固定することにしかならない。シンガポール、インド、ナイジェリア等で見られる多様な世界英語の発達は、大英帝国が崩壊し、それら旧植民地国が英語使用について自ら決断を下したのちに起きたことだった。もしかしたら、ＥＩＬが自立した現実となるのは、世界におけるアメリカの力が衰え始めてからのことかもしれない。

しかし当面留意すべきは、国際語としての英語という概念が今なお議論の的であり、学生・教師双方にとって曖昧模糊としたものではあるものの、われわれ誰もがアジアの英語教育の進化を期待すべきだということだ。問題への取り組み方や手段について提案する教育者は増え始めている。ＥＩＬが現実化する日は近い。それが到来した暁には、言語の運用能力より正確さを重んじる姿勢を変え、さらに地域文化にあわせた教材を多く作り、地域文化へのさらなる適応に努め、非ネイティヴ・スピーカーを尊重し、英語の政治性への自覚を深めることが、未来の語学教師に求められる必要最低条件となるだろう。

5　ロシアが抱える内外問題と東アジア
アントーノフ論文への応答

小澤治子

1　二一世紀の国際政治

二度にわたる世界大戦と冷戦を経て、二〇世紀は幕を閉じ、二一世紀を迎えた。一九四五年の第二次大戦終結後、米ソ間とそれぞれの軍事同盟を中心に形成された冷戦構造を基軸にした国際関係は、一九八五年三月のソ連におけるゴルバチョフ政権誕生によって始まった改革と新思考外交によって大きく変容したといえる。米ソ関係の劇的改善と東欧諸国の体制変動などを経て、一九九一年冷戦構造は崩壊し、ソ連自身も解体したのである。

二〇世紀最後の一〇年間は、冷戦構造崩壊後の国際関係の枠組みがどのようなものになるのか、国際間に協調の枠組みが誕生するか否かが重要な焦点であった。しかし、誠に残念ながら、そのような枠組みはいまだ誕生せず、国際関係は一方で多極化の様相を呈しながらも、他方では冷戦後唯一の超大国アメリカによる単独支配の傾向が顕著になっている。さらに、冷戦構造の崩壊は、冷戦期に表面化しなかったさまざまな問題を噴出させることとなった。民族紛争、テロリズム、核兵器の拡散などは、冷戦構造のもとで隠れていた国際社会の不平等が、冷戦の重石がはずれたことによって具体的争点となって表れたものであるといえよう。

二〇〇一年九月のアメリカにおける同時多発テロ事件は、国際社会が二〇世紀に解決できなかった負の遺産を象徴的に集約した事件であった。しかし、アメリカは負の遺産を克服するために国際社会と協力するのではなく、軍事力によって問題の解決をはかろうとしている。アフガニスタン戦争、またイラク攻撃は、二〇世紀に積み残されたさまざまな問題の解決のために、アメリカを中心とする一連の国家によって、武力行使を通じてアメリカ的な価値観を強制しようとする行為に他ならない。特にイラク攻撃は国際連合の役割を無視したがゆえにロシア、フランス、ドイツなどの反発を招き、アメリカの単独行動主義に対する批判が国際社会で強まったのである。

本章においては、前記のような二一世紀初頭の国際政治状況を踏まえつつ第4章のアントーノフ論文の評価を行い、かつロシアの内外政策と東アジア国際協力の展望について考察を試みたい。

2　アントーノフ論文の評価

第4章におけるアントーノフ氏の指摘は、以下の三点について正鵠を得たものである。第一に、アメリカの対外政策は二〇世紀までに作られてきた国際関係の体系の破壊と新秩序の形成を目的とするものであり、それが国際社会の反発を招いている。また「アメリカのグローバル主義」は他国の主権を制限し、アメリカの意に従わない国に対し服従を強制するものである。第二に、ある一国が戦争予防手段として核兵器の保有を正当化することによって「フセイン、金正日のようなリーダーもそれを保有しようとする」ことにつながる。つまりアメリカのような超大国が核兵器を保有し続け、武力行使を正当化することは、核拡散の問題解決や独裁国家の体制変革につながることはない。第三に、二一世紀には大国ではなく、小国が核兵器を保有することから生じる地域紛争の危険性が高まっている。兵器使用の際の加害者を特定できない武力行使が増加することによって、核兵器の拡散を管理し、それを阻止することはますます困難になっているのである。

以上のようなアントーノフ氏の指摘は、基本的に正しい。二〇世紀に積み残されたさまざまな問題をアメリカの単独行動主義によって解決することは不可能である。武力の行使はさらなる武力の行使を生み出すし、テロ行為を撲滅するためにはテロが起こる根本的な問題を解決しなければならない。今日国際社会が必要としているのは、二〇世紀の後半、冷戦構造の下で表面化しなかったさまざまな不平等是正のために努力し、そのための国際協調の枠組みを作り出すことである。そのような国際協調の枠組みが成立して初めて核拡散の管理などの困難な問題解決に向けた展望も開かれるといえよう。そのように考えると、第4章におけるアントーノフ氏の指摘には、共感できる点が多い。

同時に、以下のような疑問と批判を提示したい。第一に、アントーノフ氏は、冒頭で「二〇世紀に至って、国際社会は試行錯誤の結果、ようやく国際法の統一性ある合法的な政治的諸制度を作り上げることに成功した。その結果、国際舞台における諸国家間の利害不一致に結びついた複雑な問題を、その制度のおかげで一度ならず解決することができた」と述べるが、それは具体的には何を意味するのであろうか。第二次大戦後、そのような使命を帯びて国際連合が創設されたことは事実であろう。しかし、国連安全保障理事会の場で米ソ双方がしばしば拒否権を発動してきたことを考えるならば、冷戦構造の下で国連が各国間の利害不一致の問題をたびたび解決してきたとは考えにくい。むしろ、冷戦構造崩壊によって国連はそうした本来の役割を果たすことを期待されるようになったが、アメリカの単独行動主義によって、いまだ果たせないでいる、あるいは国連の役割の形骸化を招いていると考えた方が妥当であると思われる。

第二に、ロシアの内政、外交についてである。ゴルバチョフ政権期のペレストロイカによってソ連、そしてソ連解体後のロシアの外交は劇的に変化した。ご指摘の通り、今日のロシアは対米関係において利害の不一致はあっても協調を求めている。のみならず、ヨーロッパ各国、アジア諸国との関係においてロシアは協調政策を重視しており、その点はＮＡＴＯ、ＥＵとの関係やロシアのＡＰＥＣ加盟などを通じて明らかである（小澤、二〇〇〇：二三一―二三三）。様々な困難があってもロシアは東アジアにおける国際協力の枠組み作りに前向きな姿勢をみせている。このようにソ連時代のイデオロギー重視の国際観から脱却し、国際社会との協調関係を重要視するようになったロシアが、なぜアメリカやヨーロッパ諸国から「半敵・半パートナー」とみられているのであろうか。「冷戦期に蓄積された諸問題の後始末が完全にはなされてはいない」要因はどこにあるのだろうか。その要因の一つはロシアの側にもある。すなわち、ロシアはいまだ国内改革の途上にあり、政治、社会両面において民主主義体制が根づいてはいない。帝政時代、社会主義体制時代を経て、二〇世紀末にロシアはようやく市民社会建設に着手したのである。冷戦の遺産を一掃し、ロシアがアメリカやヨーロッパの真のパートナーとなって国際社会との協調を進めるためには、ロシア自身も改革に向けてもっと努力する必要がある。

3　連邦国家としてのロシア

以上アントーノフ論文の評価を行ったが、ここでロシアが抱えるもう一つの重要な問題に言及する必要があろう。ロシアは八九の構成主体からなる連邦国家であり、また多民族国家である。その結果ロシア中央政府と連邦構成主体との関係、また民族間の関係においては、さまざまな問題が生じている。特にロシア連邦からの独立を要求するチェチェン共和国の動向は、今日ロシアが抱える大きな問題である。チェチェン問題を考える前提として、まずは連邦国家としてのロシアの特色を明らかにしておきたい。

一九九一年一二月、ソビエト社会主義共和国連邦は解体した。その結果ソ連を構成していた一五の共和国の一つであったロシア・ソビエト連邦社会主義共和国（ロシア共和国）は、従来の領土をそのまま維持して独立国家となった。さらにソ連を構成していた各連邦共和国の中の自治共和国、また自治構成体は、ソ連から独立した国家を構成する主体となる。要するにロシアは、その内部にチェチェンに代表される独立志向の強い民族地域を抱え込みつつ、公式には八九の連邦構成主体から成るロシア連邦として出発したのであった。

ところでゴルバチョフ政権末期にソ連邦構成主体の関係を調整し、連邦国家の再編を行うために、一九九〇年四月、「ソ連邦と連邦構成主体との権限分割についてのソ連邦の法律」が採択され、それに基づき一九九一年三月、「主権共和国連邦条約」草案に仮調印が行われた事実に言及する必要があろう。この法律は一五の連邦構成共和国のみならず、連邦構成共和国内のすべての自治共和国および自治構成体に対して、新しいソ連邦の構成主体として参加する権利を与えていた。その結果「主権共和国連邦条約」草案には、ロシア共和国内部の一六の自治共和国が仮調印を行い、その中にはチェチェン・イングーシ自治共和国（後述するように、一九九一年九月に両者は分離した）も含まれていたのである。すなわち「主権共和国連邦条約」が予定どおり正式に調印されていたならば、チェチェン・イングーシ自治共和国を初めとする一六の自治共和国はソ連邦を構成する主体として、ロシア共和国から独立する可能性もあったといえよう（上野、一九九九：九七―九九）。しかし、一九九一年八月「条約」調印を目前にして保守派のクーデターが勃発し、ソ連邦再編は実現することはなかった。ゴルバチョフ政権は完全に政権担当能力を失い、一九九一年一二月ソ連は解体する。

ソ連解体に先立ちすでに一九九〇年六月、ロシア共和国は「主権宣言」を採択し、合わせてロシア共和国内の構成主体による「連邦条約」調印に向け準備を開始していた。その後ソ連解体を経て一九九二年三月、ロシア政府と構成主体の間で連邦条約が調印されるが、対等な国家間関係に基づく条約調印を求めるタタールスタンとロシアからの分離独立を宣言したチェチェンは、連邦条約に調印しなかった。続いて一九九三年一二月、連邦制度の規程を含む憲法が採択され、国名も「ロシア連邦」と改められた。憲法第五条は、ロシア連邦が、ロシア連邦の同権の構成主体である共和国、地方、州、連邦的意義を有する市、自治州、自治管区によって構成されると述べる。

ロシアの連邦制度の特色は、以下の点にあろう。第一に、連邦構成主体の連邦からの離脱は認められていない。第二に、共和国のみが独自の憲法や法令を制定する権限を有している。つまり、連邦構成主体間の関係は不平等である。そして第三に、連邦と連邦構成主体の管轄および権限区分についての明確な規程はなく、その結果この問題は両者の間に調印される権限区分条約に委ねられることになった。エリツイン政権下、九二年三月に連邦条約調印を拒否したタタールスタンを皮切りに四六の連邦構成主体が権限区分条約に調印したが（兵頭、二〇〇〇：一四六）、各々の条約の内容には連邦政府と連邦構成主体の力関係が反映され、結果として連邦制度の空洞化を招くことになった。二〇〇〇年五月以降、プーチン大統領の下で、連邦の再編と連邦政府の権限強化に向けた動きが進んでいる。こうした状況の中で連邦制度の再編をめざすロシア政府にとって、最大の問題がチェチェン問題である。

4　チェチェン問題と国際政治

チェチェン共和国は、北海道とほぼ同じ緯度にあり、ロシア南部のコーカサス地方に位置している。一九九四年一二月以来約一〇年にわたって戦争が行われ、二〇〇三年の時点で人口七〇万から一〇〇万のチェチェンに対して一〇万人のロシア軍が侵攻し、独立を求めるチェチェン人との戦いが続いている（林・大富、二〇〇四：一九）。

チェチェンを含むコーカサス地方は一八世紀以来帝政ロシアの支配下にあった。二〇世紀にはいりロシア革命を経てソ連邦のもとでも、隣国のイングーシと共にロシア共和国を構成する自治共和国として扱われた。さらにスターリン体制下、第二次世界大戦中はドイツ軍との協力を疑われた結果、チェチェン人とイングーシ人は自治共和国を構成することも許されず、ともに中央アジアのカザフスタンに強制的に移住させられたのである。一九五六年二月、第二〇回ソ連共産党大会においてスターリン批判が行われ、チェチェン人とイングーシ人は名誉回復を果たし、自治共和国は復活した。しかし、ソ連及びロシア指導部に対する積年の鬱憤が晴れることはなかったといえよう。

すでに述べたように、ゴルバチョフ政権末期一九九一年三月、「主権共和国連邦条約」にチェチェン・イングーシ自治共和国も仮調印したが、この条約が正式に調印されることはないまま、ソ連は解体に向かう。その間一九九一年九月、イングーシがチェチェンからの分離を宣言し、一一月チェチェンは共和国として独立を宣言した。九二年三月、ロシア政府との連邦条約調印を拒否したことにより、独立を主張するチェチェン共和国とチェチェンをロシア連邦の構成主体とみなすロシア政府との対立は、決定的となったのである。

一九九四年一二月、エリツイン政権はチェチェン共和国における「秩序の回復」を理由に第一次軍事侵攻を開始した。九六年八月、両者は一度は停戦に合意したものの一九九九年九月から再び侵攻が始まった。二〇〇〇年五月のプーチン政権誕生以降、ロシア政府は連邦の再編と中央政府の権限強化をはかっており、チェチェンに対しても強硬な姿勢を崩そうとしていない。二〇〇三年三月、ロシア中央政府の主導によりチェチェン共和国において国民投票が実施され、憲法が制定されたが、それに対するチェチェン側の反発はかえって強まっている。二〇〇二年一〇月のモスクワにおける劇場占拠事件、また二〇〇四年二月の地下鉄爆破事件など、相次ぐテロ事件の発生にみられるように、問題解決の兆しはまったく見えていないといえよう。

チェチェン問題は一つ誤れば、重大な国際問題にも発展しかねない。ロシア政府は人権を重視する欧米諸国に、ロシアへの「内政干渉」の口実を与える事態となることを懸念し、チェチェン紛争に対する「国際イスラム・テロリズム勢力」による支援が行われていることを証明しようと試みて、この問題をめぐるロシアの立場への理解を求めてきたが、それは必ずしも容易ではなかった。しかし、二〇〇一年九月一一日、アメリカの同時多発テロ事件を契機に状況は大きく変化する。プーチン大統領はテロとの闘いにおいてアメリカに積極的に協力することを明示すると同時に、チェチェン問題が国際テロリズムとの闘いと切り離せないことを強くアピールした。皮肉な見方をすれば、チェチェン問題におけるロシアの立場について欧米諸国の理解を得たいプーチン政権にとって、九・一一事件は絶好のチャンスだったのである（角田、二〇〇二：二四—三〇）。

二〇〇四年五月、第二期目を迎えたプーチン政権がチェチェン問題に今後どのように取り組むかが注目されるところであるが、少なくとも二〇〇〇年五月から二〇〇四年三月までのプーチン政権第一期において、この問題が解決に向かうことはなかった。ロシア政府はさまざまな方法を通じてチェチェン共和国を連邦構成主体の枠組みの中に押しとどめようと試みてきたが、それは仮に一時成功したようにみえても、共和国内部の反発をおさえることはできず、かえってテロの温床を育てる結果を招いてきたといえよう。ロシア政府が国内におけるテロ勃発の根本的要因を取り除くことなく、強権発動と武力行使によってこの問題を解決しようとしても、テロを根絶することは不可能である。それはアメリカがテロに対抗してアフガニスタンやイラクを攻撃しても、国際社会におけるテロ発生の要因を根本的に解決しない限り、永遠にテロ事件が連鎖する恐れがあることと共通した問題がある。さらにもう一つ述べるならば、米ロ両国がテロ撲滅のための共同行動を主張するとき、力の行使によってのみそれを実現しようとするならば、二〇世紀に積み残された国際社会におけるさまざまな問題の解決がかえって先送りされる恐れすらある。

二一世紀にはいって、アメリカによる一極支配傾向が強まり、またアメリカの単独行動主義が顕著にみられるようになったことは事実であり、この点は国際社会にとって重大な脅威である。テロ、民族紛争、核兵器の拡散などの問題解決のためには、冷戦構造崩壊後に可能性が開けた国際政治の多極化を促進し、その中で問題解決に向けた国際協調の枠組みを創設していく必要があろう。そのような国際協調の枠組みを構築し、アメリカの単独行動主義に歯止めをかけるためには、ロシア自身も国際社会からの信頼をもっと勝取る努力が必要である。さらにそのためには、ロシア国内の改革の促進と政治社会体制の民主化の徹底が不可欠であると考える。

5　東アジア国際協力とロシア

一九九七年一二月にロシア政府が採択した「国家安全保障の概念」は、「ロシア連邦の国家安全保障上の脅威は、今日また近い将来軍事的性格のものではなく」、「ロシア国内に脅威が存在する」と述べる。すなわちロシアの連邦構成主体がロシアの領土の統一性や国家としての一体性を侵害するような行動をとっていること、言い換えれば、連邦構成主体の「分離主義」が最大の脅威なのである（小澤、二〇〇〇：一七〇―一七三）。この立場はプーチン政権においても同様である。プーチン大統領は、「国内の分離主義の問題を放置できない」ことを強調して、ロシアの内外政策におけるチェチェン問題の重要性を表明している（独立新聞、一九九九・一二・三〇）。

このように、ロシアにとって安全保障上の脅威は対外関係にではなく、国内的要因にある。また対外関係において依然として存在する潜在的脅威も、特定の国家や国家集団ではない。ロシアにとって最大の脅威は、ヨーロッパにおいてもアジアにおいても国際関係再編の動きから取り残されること、要するにロシアの国際的孤立に他ならない。だからこそロシアにとってヨーロッパではNATOやEUとの協力が、またアジアにおいてはARFやAPECへの参加が重要なのである。

さらに先に述べた「分離主義」との関連でいえば、ロシア極東の連邦構成主体により東アジア諸国との協力と連邦中央からの相対的自立を求める動きが一九九〇年代に現れたことに留意する必要があろう。ロシア極東の連邦構成主体の「分離主義」に歯止めをかけ、ロシア連邦の再編を進めるためには、ロシア中央政府にとっても東アジア諸国との協力は欠かせないものである（小澤、二〇〇〇：二〇八―二一六）。

東アジア諸国との協力において最も先行しているのは、中国との関係であろう。またロシアとの間に領土問題を抱える日本も、二〇〇三年一月小泉首相のロシア訪問と「日ロ行動計画」発表を契機に、特にエネルギー問題をめぐるロシアとの協力に積極的な姿勢を見せるようになった。九・一一テロ事件以後、エネルギー問題をめぐる国際協力とその中でのロシアの役割が注目を集め始めている。原油輸入の七〇パーセント以上を中東に依存するとされるアジア諸国と、エネルギー資源の宝庫ロシアとの間でエネルギー資源開発が進められるならば、東アジアの国際問題解決に好ましい条件が生み出され、東アジア各国、各地域の共生に向けた貴重な一歩となろう(1)。

注

1　ロシアと東アジア諸国との国際協力については、横手慎二編『現代東アジアと日本　五　東アジアのロシア』（慶應義塾大学出版会、二〇〇四年）に所収された各論文を参照されたい。

参考文献

上野俊彦、一九九九「ロシアの『連邦制』——中央・地方関係の政治力学」木村雅昭・廣岡正久編著『国家と民族を問いなおす』ミネルヴァ書房：八三—一一六。

小澤治子、二〇〇〇『ロシアの対外政策とアジア太平洋——脱イデオロギーの検証』有信堂。

角田安正、二〇〇三「チェチェンをめぐるロシアと外部世界の関係」『ロシア・東欧研究』第三一号：二〇—三七。

「新千年紀を迎えるロシア」『独立新聞』一九九九・一二・三〇（原文ロシア語）。

林克明・大富亮、二〇〇四『チェチェンで何が起こっているのか』高文研。

兵頭慎治、二〇〇〇「現代ロシアにおける中央と地方の関係——連邦中央から見た連邦構成主体の分離主義」『ロシア研究』第三〇号：一四三—一五七。

横手慎二編、二〇〇四『現代東アジアと日本　五　東アジアのロシア』慶應義塾大学出版会。

6 北朝鮮危機を考える

どう対処すべきか

ブライアン・ヘス

（矢口裕子訳）

1 自滅を避け宮殿に生きる独裁者たち

ブッシュ大統領が北朝鮮を（イラク、イランとともに）「悪の枢軸」であると言ったのは、「二〇〇二年度一般教書演説」の中であった。つまりこの、いまや悪名高きフレーズを彼が口走ったとき、その主たる聴衆はアメリカ国民だった。だが、この一つのフレーズが後に国際的騒動を巻き起こすことになるとブッシュのスピーチライターたちが知っていれば、それ以降公の場でその言葉をくり返していない事実に照らしても、彼らはこの「無骨な」フレーズから離れるよう舵取りをしたことだろう。だがそれでも、その言葉が伝えようとしたメッセージをわれわれは考えなければならない。ブッシュが言わんとしたのは、金正日やサダム・フセインやイランの法学者だけが世界の専制君主だということでも、彼らが緊密に結びついているということでもない。彼が言ったのは、一般的にこうした指導者、特にこれらの指導者は明確に今ある危険の元凶であるということだ。ブッシュ政権の九・一一以降の世界観において、独裁者はこれまでと同様、テロリストと並んで危険な存在である。アメリカの冷戦史家、ジョン・ルイス・ギャディスの言葉を使えば、独裁者は「自滅より生存をめざす」ものであり、「彼らのライフスタイルは洞穴より宮殿向き」だが、一方独裁者たちは国の資源を結集して、例えば大量破壊兵器を作ることができる。そしてひとたび作られれば、深い悪意を胸に秘めた専制君主は、実際に洞窟に隠れ、合衆国及び連合国に甚大な被害を与えるためなら自爆もいとわないテロリストに向け、そうした兵器を提供する可能性がある。あくまでも可能性だが。

ブッシュ政権の世界構想がどういうものか知るためには、「悪の枢軸」発言より、「アメリカ合衆国国家安全保障戦略」、通称ＮＳＳを読むといい。発行は二〇〇二年九月一七日、合衆国への九・一一攻撃の一周年からほんの六日後のことだ。ＮＳＳは三つの任務を掲げる。(1)「テロリストや独裁者と闘うことにより平和を守る」こと、(2)「大国間に友好な関係を築くことにより平和を保つ」こと、(3)「あらゆる大陸で自由で開かれた社会を促進することにより平和を拡張する」こと、である(1)。これらの目標は、クリントン政権が一九九九年一二月に出した最後のＮＳＳと著しい対照を示す。それは「アメリカの安全を高める。アメリカの経済的繁栄を支える。外国での民主主義と人権を促進する」（ギャディス）ことを旨としていた。ブッシュのＮＳＳは明らかにより力強く、行動的であろうとしている。合衆国外部のおおかたの者、国内でも少なからぬ者を不安にさせるのは、それが合衆国憲章第五一条を拡大解釈し、事実上先制攻撃を合法化しようとしている点だ。第五一条が承認するのは「国家は攻撃を仕掛けてくる緊急の危険がある勢力に対し、合法的防衛手段を講じうる前に攻撃を受けるには及ばない」ということだ。アメリカ先導のイラク戦争と現在のイラク占領に続き、合衆国が北朝鮮を先制攻撃するのではないか、という恐怖が存在する。この恐怖は誤りだ。くり返すが、「悪の枢軸」発言は世界構想を表したものだ。軍事上「すべきこと」のリストではない。

2　力と弱さ

一二〇万の北朝鮮軍のうち七〇%は南北朝鮮を分かつ非武装地帯（DMZ）に配備されている。北朝鮮は、八千門近くの大砲も非武装地帯に配置しているが、その大半はほんの四八キロ南にある韓国の首都ソウルを射程距離にして設置されている。世界の他の地域（例えばイラク）とちがい、朝鮮半島の地政学的位置、人口中心地の位置や大きさや密度、潜在的戦闘員の近接性を考えると、先制攻撃がなされ戦争が起きたらどうなるか、想像するだにおそろしい。約四万の在韓米軍総司令官ゲーリー・ラック将軍の試算によると、北朝鮮との戦争がもたらすものは、一〇〇万を下らない死者（大半は韓国の文民だが加えて八万から一〇万のアメリカ人）、一〇〇兆米ドルの軍事費、（三五兆米ドル近い年間世界経済のうち）一兆米ドル分の地域商業への損失だという。それでも、ブッシュ政権は北朝鮮に対し軍事的選択を優先するのではないかという噂が絶えない。なぜか？

ある賢明な人物が教えてくれたところによると、人が何を重要と考えているかを本当に知りたければ、その人の小切手帳と予定表をまず調べるべきだという。金と時間の使い方が意味するものは大きい。小林よしのりと西部邁は共著『反米という作法』（小学館、二〇〇二年）のなかで、合衆国は世界のどの国より防衛に金をかけていると指摘する。実際、合衆国の防衛費だけで全世界防衛費の三六％を占める。第二位のロシアは世界防衛費の六％に過ぎない。以降の内訳は次の通りである。日本、イギリス、フランスはそれぞれ世界防衛費の五％（合計一五％）、ドイツ四％、中国、サウジアラビア、イタリアがそれぞれ三％（合計九％）、インド、ブラジルがそれぞれ二％（合計四％）、韓国とイスラエルがそれぞれ一％（合計二％）(2)。二〇〇三年度合衆国防衛予算は三六九兆米ドル、それに、「イラク解放作戦」初期に合衆国議会を通過した八四兆米ドルの「追加戦争費用」の一部を加算しなければならない。さらに二〇〇四年度、ブッシュ政権は三九九兆米ドルの防衛費を要求した。これと比べて合衆国の二〇〇三年度外国援助予算は約一六兆米ドル、すなわち連邦政府支出総計の約〇・九％（一％未満）に過ぎない。

二〇〇二年に書かれた論稿、「力と弱さ」でアメリカの政治学者ロバート・ケーガンが主張するところによると、並ぶものなきアメリカの軍事力によって、合衆国はその力を用いて迅速かつ劇的な変化を得ようとし、また得ることができると考えるようになった。対照的に、軍隊がそれほど大きくなく、予算もなく、設備も整っていない他の国々（特に民主主義国）では、その「弱さ」が外交に依存する傾向を生み、こうした国々はしばしば慎重で穏やかな変化を求める。だがこのようなケーガンの意見とは異なり、軍事力を用いる能力、及び意志は、民主主義の諸原則と相容れないものではない。もしも、アジア太平洋地域選りすぐりの国々が相対的な力と慣行を駆使して対抗すれば、北朝鮮政府も耳を傾けざるをえないだろう。だが、北朝鮮問題でアジア太平洋地域の協力は起こりうるのだろうか？

3 アジア太平洋連合？

北朝鮮問題は、日本、合衆国、中国、韓国、ロシアほかアジア太平洋地域の国々に対し、これまで歴史と文化が阻んできたことを実行に移す強力な動機を与えている。すなわち、共通のゴールをめざして協力するということを。最も差し迫った共通のゴールといえば、北朝鮮の核の野望を阻止するということだ。

中国は以前から核のない朝鮮半島を望むと言明してきた。しかし、自ら指揮をとった米中韓三カ国協議で示唆したのは、米国政府が北朝鮮政府に対し、代替物を提示せずに核プログラムの解除を期待することはできないということだった。だが、機を見るに敏な中国の外交的圧力の意のままにさせじとばかり、北朝鮮高官は三カ国協議直後、朝鮮半島の核非武装を謳った韓国との合意を破棄すると軽率にも宣言した。そのようなタイミングでそうした発言をすることは、中国と北朝鮮のあいだに楔を打ち込むということに他ならない。このように、北における核の存在を自明とするかのような印象を与えれば、韓国・日本・台湾と合衆国の関係を一層緊密にするということを北朝鮮が理解しない、あるいは意に介さないかのようであるのを見て、中国は落胆した。それによって韓国・日本・台湾が、ミサイル防衛の盾とか自国の核武装といった考え、過去、中国の政策立案者たちを青ざめさせてきた考えを抱くこともありうるのだ。自主独立の精神に貫かれた「主体思想」の宣言があるとはいっても、北朝鮮にとって最大の支援者を孤立させることなどできるはずがない。推定では、中国は北朝鮮に対し、年間一〇〇万トンにのぼる小麦と米を提供している(3)。さらに、中国の石油は北朝鮮のエネルギー輸入量の七〇〜九〇%を占める。これは国内の生活必需品から工業製品まで、あらゆるものの生産に必要であり、ことに北朝鮮軍が機能するうえでなくてはならぬものだ。また、中国との貿易は北朝鮮の対外貿易全体の約二五%に当たる。それなしでは、今でさえ難しい消費財の確保はさらに困難になろう。現在、中国政府は二〇〇四年前半(正確な日付は不明)に行ったことを再び履行するのではないかという囁きが聞こえる。つまり、北朝鮮政府の好戦的大言壮語に不快感を表明するため、中国国境を越えて貧しい隣国に石油を運ぶパイプラインを閉鎖してしまうことも考えられる。

北朝鮮は、中国を挑発して南の隣人に少しでも強硬な姿勢をとらせたいのだと思われるが、韓国は対北政策においてほとんどブレを見せてこなかった。これまで韓国は、統一省の掲げる「太陽政策」を、核問題の解決をめぐる外交とは別個のものとみなしてきた。だからこそ、核の緊張に満ち引きがあっても、韓国は北朝鮮に米や肥料を供給することや南北交流に終始前向きだったのだ。盧武鉉、ジョージ・ブッシュ両大統領は二〇〇三年五月一四日の米韓サミットで会談した。その結果として、今後南北朝鮮の交流と協力は北朝鮮の核問題の進展を考慮に入れることになるだろう、という声明が出された。高建首相と丁世絃統一相はその後、韓国国民議会での演説で、韓国の新しい「統一政策」を再確認した。

北朝鮮の隣国の中では、日本が最も強力に北朝鮮への不快感を表明してきた。同年五月二四日、小泉純一郎首相とジョージ・ブッシュ大統領の間で開かれた日米サミットに先立ち、参議院は自衛隊が外国からの攻撃に応戦することを認める法律を通過させた。これは本質的に、騒乱解決の手段として軍隊の使用を禁じた日本国憲法第九条の再解釈にほかならない。しかも与党自由民主党は、日本から北朝鮮へ送られる年間何億米ドルにものぼる資金援助を凍結する法案を検討した。これは北朝鮮の歳出の約一〇％に等しいという試算がある。

ロシアですら、少しずつ、北朝鮮は方向転換すべしという政策的スタンスに傾いてきている。ウラジミール・プーチンロシア大統領は、胡錦涛中国共産党総書記とともに二〇〇三年五月下旬クレムリンで声明を発表し、ロシア・中国は「朝鮮半島の核のない状態を確実なものとすること、及び核不拡散体制の遵守を支持する」と述べた。一方の合衆国も「タカ派的関与」からは退いた。ブッシュ政権はもはや「われわれは脅しに従うべきでも対話を強いられるべきでもない。（北朝鮮を）打ち破るべきなのだ」と宣言したりはしない(4)。米国政府も今や、北朝鮮の核の野望を力で抑え込むのではなくそれを包含しようとする、幅広いアジア太平洋地域の一翼を担っていると主張する。

このように、北朝鮮の危機を緩和ないし解決することに直接の利害関係をもつほぼすべての国が対応を迫られている。程度の差はあれ、どの国も北朝鮮に対し不快感を表している点は変わりない。しかし結果として、目に見えないアジア太平洋連合が形成された可能性はある。だが、北朝鮮政府指導部の挑発的行動を考えると、そうした連合がどれほど効果的でありうるのか、という疑問は残る。

4　金正日の論理

金正日は狂ってはいるが、言うことの筋道は通っている、と主張する者たちがいる。一九九四年の米朝枠組み合意を例として――それを否定したことが今日の危機の核心にある――仮に金の心中を覗いてみると、以下のような論理が明らかになるかもしれない。

一九九四年の米朝枠組み合意に際し、北朝鮮は援助を受ける代わりに核開発をしないなどと言った憶えはない。そうではなく、北朝鮮が述べたのは（発電に用いられているに過ぎない）黒鉛減速原子炉を閉鎖するということであり、それは、われわれが原子炉の使用済み燃料から兵器級プルトニウムを抽出しているのではないか、という合衆国の懸念を和らげるためだった。その見返りとして合衆国は北朝鮮に対し、年間五〇万トンの重油供給、食料援助、われわれが蒙ったエネルギー生産の損失に見合うよう、発電所を二基建設するはずだったのだ(5)。

確かに北朝鮮は核兵器を保有している。だが、それらの兵器は一九九四年の枠組み合意に違反して作られたものではない。多くの国がこのわれわれの主張を否定するということ自体、北朝鮮が四面楚歌であることを示している。すでに述べたように、枠組み合意が問題にしたのはわれわれのエネルギー生産によって生じるプルトニウムである。現在われわれが保有する兵器は高度濃縮ウランを獲得することで作られた(6)。つまり、北朝鮮は最近まで、枠組み合意の核となる条項をすべて守っていたのだ。対照的にアメリカは、ブッシュ政権が北朝鮮に負う代価物の供給を恣意的に凍結した二〇〇一年三月以来合意に違反している。

合衆国は敵意に満ちた国だ。自分の都合で合意を無視し、力ずくで思い通りにならない国は侵略する。北朝鮮はアメリカの攻撃を防ぐため、核兵器開発という崇高な権利を行使することを選択したのだ。

もしこの論理がもっともらしく思えるというなら、合理的指導者や道理をわきまえた体制は、隣国の空域に予告なくミサイルを発射したり戦闘機を飛ばしたりしないということを思い出すべきだ(それぞれ北朝鮮が日本と韓国に対して行ったことである)。遠い海岸にスパイ船を上陸させたり(韓国)、スパイ船が発見されると銃撃戦を繰り広げたりすべきでもない(日本)。公海上域を飛行中の航空機を強制着陸させようとして戦闘機を用いることもない(合衆国)。わけても、大統領就任に際しては祝福あるいは黙認をもって応じ、ミサイル・テストで応酬するようなことはない(韓国)。むろん他国民を誘拐などしない(日本)。北朝鮮はこれらすべてのことを行ってきた。

前記に加え、北朝鮮は世界有数のミサイル・テクノロジー拡散国であり、パキスタン、イラン、リビア、シリアといった国々を相手に商売をしてきた。北朝鮮のノドン・ミサイルは射程距離一三〇〇キロ、テポドンⅠ・テポドンⅡが完全に開発されれば、一万キロかそれ以上の射程距離を備えることになるだろう。それはアジア太平洋地域全域を越える範囲、つまり西は朝鮮半島から英国、南はオーストラリア南岸、東は合衆国西海岸、そしてその間にあるすべての地点に到達しうるのだ。北朝鮮はまた、阿片生産量世界第三位、ヘロイン生産量第六位とみなされている。そして日本、ロシア、中国、台湾、南米との、非合法麻薬の取引・販売に従事していることが知られている。四月、オーストラリアは北朝鮮の船に手入れを行い、五千万米ドル以上の価値をもつヘロインを押収した。二〇〇二年の一年のみで、武器と非合法麻薬あわせて六億六千万米ドル近い利益が北朝鮮にもたらされたと考えられる。そして今や『エコノミスト』誌によれば北朝鮮は「すでに数基の核爆弾を保有し、さらなる生産に向け余念がなく、自らが望むやり方でそれを利用するつもりだと言い、引き金に指をかけてアメリカと世界を威嚇している」のだという。

さて、北朝鮮の核をめぐる野望は、力によらずに抑えることができるだろうか？ 問いを変えれば、北朝鮮に外交は有効か？ 見通しは明るくない。

5　世界の三つの圏域

著書『新しい中世』において田中明彦は、世界は三つの圏域に分けられると主張する。

第一の圏域に属するのは豊かな先進国で、経済的・政治的リベラリズムを標榜し、「国境は希薄になる一方」である。この圏域の国々は制度も成熟し、ものごとのやり方も確立しているので、たいていの困難に対処することができる。第二の圏域に属するのは中程度の歳入を持つ発展途上国で、経済的・政治的リベラリズムを標榜するか否かは場合により異なる。この国々は制度も未成熟なので、さまざまな困難に対するときナショナリズムが強力な力となることが多い。最後に第三の圏域に属する貧しい国々がある。第三圏域の多くの国は国《ネーション》（民）となることには成功したが――つまり国民が連帯感を持つようにはなったが――多くは自治を実現するために必要な制度や方法を備えた厳密な意味での「国家《ステート》」となるには至っていない。例としてはパレスチナがあげられる。また逆に、第三圏域の国のなかで、国家《ステート》となることには成功しても、しばしば厳密な意味で国《ネーション》（民）となりえていない場合も多い。これに関してはバルカン諸島やアフリカの国々がいくつも思い浮かぶ。田中は第三の圏域を「カオス圏」と呼ぶ。それを構成する国々が国際的危機の中心にある、またはその危機から最悪の影響を蒙ることが常態だからだ。

田中の指摘によれば、第一圏域の国々が争うのは往々にして競争心によってである。第一圏域にある国々が意見を異にするのは、一般に世俗的な事柄に関してである。仮に深刻なものだとしても、そのような対立は対話や確立した制度によってつねに解決しうる。意見の相違が継続することはまれであり、暴力的な結果に至ることは決してない。

それに比べ、第一圏域と第二圏域の国の間で争いが起こると、より対立的になるのが普通だ。例としては、マレーシア国民が西欧に「追いつく」ことに必死になると、マレーシア政府は国内の反対意見を抑えるため、EUの貿易差別を非難し、一方でたとえば「マレーシアの統一」に訴えかけるということがあるかもしれない。極端な場合、指導者たちが国家主義的声明を出し、マレーシアは旧宗主国の不正行為を打破しようとしている、と主張することもありうる。第一圏域と第二圏域にある国の意見の相違は、かなり深刻な事態にもなりうる。しかし、そうした齟齬はほとんどつねに（最終的には）対話や制度によって解決しうる。齟齬は長びくことも長びかないこともあるが、暴力的な結果に至ることはほとんどない。

最後に、第一と第三圏域の国の不和、または第一・第二圏域が一丸となって第三圏域諸国と争うと、非常に対立的なことになりがちである。なぜなら、第三圏域諸国の体制は、往々にして劣等性の問題に取り憑かれているからだ。その結果、田中の述べるところによれば、第三圏域諸国は極端な反応や過激な批判を行いがちであり、指導者はこぞってカルト的人格の確立に努め、自らを汎国家運動の長として表象しようとする。こうした傾向は、意見の相違が生じた際に選択肢を歪めたり限定したり否定したりすることにつながる。したがって、第三圏域諸国との意見の相違は、対話、制度により（最終的に）解決することはあるかもしれないが、ないかもしれない。意見の相違が長びくことはあるかもしれないし、ないかもしれない。何より重要なことだが、意見の相違は暴力に至ることがあるかもしれないということである。

北朝鮮の危機は、第一と第二勢力圏域の国々が典型的第三勢力圏域の国と抜き差しならない齟齬を生じている点にある。北朝鮮への軍事攻撃は当面除外するとしても、外交が機能しうるかどうかは定かでない。だがもし外交が機能しないとしたら、いったい何が有効なのか？　アジア太平洋「連合」が、北朝鮮の危機にいかに対処するかということに関して意見の一致をみるまでは、当該地域は不安定かつ不十分な「共生」を運命づけられることだろう。

注

1　法律上、すべての合衆国大統領は「国家安全保障戦略」を作成し議会に提出しなければならない。詳細については、一九八六年のゴールドウォーターとニコルスによる国防省再編法案を参照。

2　数値の出典はストックホルム国際平和研究所。

3　但し、食料援助を行うことは、飢えた北朝鮮国民が現在（年間およそ一〇万人）大量に中国へ越境してくることを防ぐ限りにおいて、中国の利益にも叶っている。だが、食料援助を受ければむろん北朝鮮政府も助かる。支援物資を分配するだけで、あたかも北朝鮮国民に食糧を供給しているかのような印象を与えうるからだ。

4　引用は、ジョージタウン大学外務学部助教授で韓国問題に関するブッシュ政権の顧問、ヴィクター・D・チャによる。コメントの全文は「北朝鮮の危機」『CQリサーチャー』二〇〇三年四月一一日、五頁を参照。

5　実際、韓国は発電所建設に要する四六億米ドルの七割、日本は二割を負担することに同意した。つまり韓国政府は枠組み合意のこの部分に関して最も中心的なプレイヤーだったのだ。

6　注目すべきはこれを指摘したフランク・チン氏が、一九九四年枠組み合意の核となる条項をめぐり、北朝鮮の解釈を説明しようとするのに加えて、北朝鮮は合意の周縁的条項のいくつかに違反した、と指摘していることだ。わけても、北朝鮮は核不拡散条約を維持するはずだったのであり、朝鮮半島の非核化をめぐる一九九二年南北共同宣言を履行するはずだったのだ。

東アジアの軍事経済

安藤　潤

東アジアで注目すべきは、経済のグローバル化が進展し、同地域における経済面でのつながりが緊密性を増す一方、中国の急速な軍事支出増加、北朝鮮（朝鮮民主主義人民共和国）の核兵器開発の動向、そして日本及び韓国と同盟を結んでいる米国の大きな軍事的プレゼンス、これらがいまだこの地域に軍事的緊張をもたらし続けていることである。

中国は一九九〇年代に沿岸部を中心に高度成長期に入り、高い経済成長率とそれに伴う税収の増加を背景に、軍事支出は大幅に増加し、「祖国統一」と米国との軍事力格差縮小という目標に向けて、軍事力の近代化を一層推進するであろう。政府による積極的な軍事支出増加は、一方で軍需産業を中心に総需要拡大効果と、技術力向上といった波及効果となり現れるであろう。また他方では、軍事支出の「拡大版リチャードソン・モデル」(1)が示すように、経済成長（税収の増加）と米国の軍事力が軍事支出を拡大させる要因となるであろう。中期的にはスパイラル的に経済成長が増収をもたらし、それが軍事支出の増加を可能にしてマクロ経済の需要サイドを刺激して経済成長をもたらすというサイクルが続くものと思われる(2)。さらには宇宙ビジネスにも積極的に参入するなど、開発された技術を両用技術として軍事面と非軍事面に巧みに使い分けるものと思われる。しかし、過度の軍事支出の増加は、それが非軍事資本ストックの増加（つまり、一般的なわれわれの経済活動に用いられる資本ストックの増加）に対する制約となって、長期的には大きな機会費用を発生させて経済成長の一部を喪失させる可能性も考えられる（長島、二〇〇〇）。

表1　2002年における軍事支出

（市場評価による為替レート）

順位	国・地域	軍事支出（10億ドル）
1	米国	335.7
2	日本	46.7
3	イギリス	36.0
4	フランス	33.6
5	中国	31.1
6	ドイツ	27.7
7	サウジ・アラビア	21.6
8	イタリア	21.1
9	イラン	17.5
10	韓国	13.5
11	インド	12.9
12	ロシア	11.4
13	トルコ	10.1
14	ブラジル	10.0
15	イスラエル	9.8

（注1）価格は2000年実質価格。
（注2）イランについては2001年のデータ。
（出所）SIPRI, “SIPRI Yearbook 2003”.

日本はいわゆる「平成バブル景気」が崩壊してからデフレ・低成長時代が続いている。このような状況下で日本の防衛関係費は、他国から直接攻撃を受けるといった特別な事情が生じない限り、しばらく「前年度並み」の横ばいが続くものと思われる。その理由として次の三点があげられる。第一に中央政府の財政事情の悪化である。歳入面では、長引く景気低迷を受けて税収不足が続いており、景気浮揚策として幾度と繰り返された公共事業の財源を国債発行に依存した結果、累積債務が巨額に上っている(3)。また、歳出面では、小泉内閣が緊縮財政というスタンスをとっていること、国債費が予算全体の約五分の一を占め、厳しい予算制約となっている。第二に、すでに撤廃されたとはいえ、「GNP比一％枠」(4)が一応の制約条件として有効に作用していることである。もし小泉内閣後の政権が積極財政を進める内閣となっても、短期的には近隣諸国・地域への配慮からこの枠を大幅に超えるとは考えづらい。第三に、米軍の世界的な再編が行われるとしても、在日米軍が完全撤退するとは考えられず、日本の防衛はかなりの程度在日米軍を中心とした米国の軍事力に依存できてしまう状況が続くと考えられることである。

ただし、以下の二点については注意が必要である。一つは、北朝鮮（朝鮮民主主義人民共和国）の核開発が中止されない場合、日本は常に安全保障上の脅威にさらされ、弾道ミサイルによる攻撃に備えるべく、ミサイル防衛（ＭＤ）システムに予算が傾斜配分され、増加圧力として作用するであろうということである。ＭＤについては二〇〇四年度予算では九二二億円が計上されているが、防衛庁では最大一兆円、日米で共同技術研究を行う新システムではその倍以上の費用がかかると言われている（日本経済新聞、二〇〇三・一二・一〇）。この共同研究により一部兵器が米国に輸出され、いわゆる「武器輸出三原則」[5]が一部放棄される可能性がある。もう一つは、正面装備については縮小・見直

表２　2002年における軍事支出

（購買力平価による為替レート）

順位	国・地域	軍事支出（10億ドル）
1	米国	335.7
2	中国	142.9
3	インド	66.5
4	ロシア	55.4
5	フランス	36.8
6	英国	34.0
7	日本	32.8
8	ドイツ	31.0
9	サウジ・アラビア	28.8
10	イタリア	26.9
11	韓国	24.3
12	トルコ	23.0
13	ブラジル	22.8
14	イラン	20.2
15	パキスタン	14.2

（注１）購買力平価は SIPRI が World Bank, “World Development Indicator 2002”. から算出。
（注２）イランについては2001年のデータ。
（出所）SIPRI, “SIPRI Yearbook 2003”.

しが行われているが、全般的にはその方向で進むとしても、その比重は対テロリズムへとシフトしていくものと考えられるということである。

韓国については、注意すべき点が三点ある。第一に、金大中政権以降、北朝鮮に対していわゆる「太陽政策」という民族宥和政策がとられており、南北間に若干の緊張緩和が見られることである。第二は、ブッシュ政権による世界的な米軍再編に伴い、在韓米軍縮小への動きが見られることである。そして第三に、このように北朝鮮との緊張関係は緩和されつつあるものの、少なくとも短期的に軍事的緊張関係が完全に消滅するものではなく、一定のレベルで持続するものと思われることである。朝鮮半島で今後、南北間の軍事的緊張が高まれば、たとえ戦争へと発展せずとも、海外への資本の逃避により韓国の実体経済悪化も考えられる。もし南北統一が平和裏に実現しても、経済援助など韓国が負わなければならないコストは相当高くなるものと予想される。

北朝鮮の軍事支出については同国政府が公表するデータがあるものの、その正確な動向は不明である。ただし、「強盛大国」をめざす「先軍政治」により、かなりの歪んだ資源配分が発生し、非軍事面での経済は一部を除き相当程度破たんしているものと思われる。カタストロフィ理論が示すように、過度の軍事支出が経済に大きな負担をこれ以上かけ続けるとすれば、最悪のシナリオとしてカタストロフィック・ジャンプ発生により同国政権内部で優勢となったタカ派が戦争を選択することも考えられないではないであろう(6)。

しかし、戦争勃発は、人命はもちろん、経済的繁栄の一部もしくは大部分の破壊、喪失を意味する。特

表3　1998−2002年主要通常兵器輸出金額

（単位：100万米ドル）

順位	通常兵器輸出国・地域	1998年	1999年	2000年	2001年	2002年	5年間合計
1	米国	12,795	9,996	6,086	4,905	3,941	37,723
2	ロシア	1,886	3,698	3,798	5,418	5,491	20,291
3	フランス	3,319	1,473	783	1,120	1,617	8,312
4	ドイツ	1,157	1,287	1,223	542	745	4,954
5	英国	1,041	970	1,106	975	719	4,811
6	ウクライナ	765	770	327	541	270	2,673
7	イタリア	360	426	214	297	490	1,787
8	中国	286	190	163	104	818	1,561
9	オランダ	537	318	195	210	260	1,520
10	ベラルーシ	75	481	253	333	—	1,142
…	…	…	…	…	…	…	…
19	韓国	31	—	6	198	22	257
…	…	…	…	…	…	…	…
35	北朝鮮	13	—	—	—	32	45
…	…	…	…	…	…	…	…
62	日本	—	—	—	—	—	—

（注1）金額は1990年固定価格米ドルにより表されたSIPRIのトレンド指標価値（trend-indicator value）である。
（注2）「—」は0ドルから50万ドルの間を示す。
（出所）SIPRI, "SIPRI Yearbook 2003".

にここまで急速な経済発展を遂げてきた韓国、高度成長期に入った中国はもちろん、グローバル経済の中で労働力、財・サービス、資本、企業がかつてないほどまでに国境の枠を越えて移動し、密接にリンクしている状況下で、それぞれがグローバル経済の恩恵を享受している日本、韓国、米国、ロシアがこの地域での戦争による大混乱を望むとは思えない。北朝鮮にとっても、在日・在韓米軍からの反撃が十分想定できる戦争にメリットはなく、実際には軍事的緊張が高まることはあっても、戦争にまでは発展しないものと考える。

表4　1998－2002年主要通常兵器輸入金額

（単位：100万米ドル）

順位	通常兵器輸入国・地域	1998年	1999年	2000年	2001年	2002年	5年間合計
1	中国	224	1,495	1,744	3,048	2,307	8,818
2	台湾	4,011	1,664	525	419	203	6,822
3	インド	548	1,059	580	969	1,668	4,824
4	トルコ	1,763	1,184	695	325	721	4,688
5	サウジ・アラビア	2,507	1,215	69	91	478	4,360
6	ギリシャ	1,451	557	686	697	567	3,958
7	韓国	964	1,117	735	400	229	3,445
8	エジプト	507	518	812	776	638	3,251
9	英国	379	98	847	1,217	575	3,116
10	イスラエル	1,295	1,178	283	51	226	3,033
…	…	…	…	…	…	…	…
12	日本	1,206	1,036	197	206	154	2,799
…	…	…	…	…	…	…	…
64	北朝鮮	3	173	12	22	3	213

（注）金額は1990年固定価格米ドルにより表されたSIPRIのトレンド指標価値（trend -indicator value）である。

（出所）SIPRI, “SIPRI Yearbook 2003”.

ロシアは冷戦の終焉を受け、国内民族問題及びテロ対策へ軸足はシフトしており、極東軍は今後徐々に縮小するか、あるいは現状維持程度にとどまるであろう。政府の財政事情も逼迫しており、インフレ上昇分を差し引いた実質的な軍事支出の伸びは抑制されるであろう。

最後に、東アジアにおける一九九八年から二〇〇二年までの通常兵器の輸出入の動向について簡潔にまとめておこう。

五年間の合計では米ロの輸出額が突出している。中でもロシアは米国が輸出額を減らす中、着実にその金額を増やし、単年で見れば二〇〇一年には米国を抜いて通常兵器輸出国第一位となっている。国内経済の停滞を通常兵器に対する外需で一部カバーしようとする姿が浮かび上

がってくる。このほか、中国の輸出金額が二〇〇二年に大幅に増加しており、東南アジアの一部の国がそ

表５　1998－2002年主要通常兵器移転金額

（単位：1990年米ドル固定価格）

輸入国・地域	上位10輸出国・地域											
	米国	ロシア	フランス	ドイツ	英国	ウクライナ	イタリア	中国	オランダ	ベラルーシ	その他	合計
〈アジア〉	11,622	14,261	3,560	556	1,184	1,511	663	1,251	312	52	1,937	36,904
バングラデシュ	48	331					14	41	16		161	611
中国	31	8,220	48		26	410	14				69	8,818
インド		3,917	73	88	36	103	22		191		934	4,824
日本	2,767		16	2	9		5					2,799
マレーシア		102	7		567		274		19		170	1,139
ミャンマー		310				23		283			27	643
パキスタン	28	99	880			860	167	817	19	52	70	2,992
シンガポール	1,342	32	3		1		53				403	1,834
韓国	2,225	71	494	283	195		5		51		121	3,445
台湾	4,870		1,922								30	6,822
タイ	202			132	12		109	25			97	577
その他	109	1,179	117	51	338	115		85	16		395	2,401

（注）金額は1990年固定価格米ドルにより表されたSIPRIのトレンド指標価値（trend-indicator value）である。
（出所）SIPRI, "SIPRI Yearbook 2003".

の輸出対象国となっていることは注目に値するであろう。

輸入面では特徴を三点あげることができる。第一に、中国の輸入金額が非常に大きく、そのほとんどをロシアに依存していることである。第二に、台湾も減少傾向にあるとは言え、五年間の合計では中国に次ぐ規模となっており、両者の緊張関係を浮き彫りにしていることである。第三に、日本、韓国、台湾という米国と政治的に非常に密接な関係を有する国・地域が、米国から巨額の通常兵器を輸入しているということである。

東アジアは米国、中国、ロシアにとって格好の通常兵器需要者としてその受け皿の役割を果たしているのである。東アジア以外に目を転じても、例えばインドとパキスタン両国における領土問題とそれに端を発した核開発競争などを抱えるなど、冷戦構造が崩壊した今も軍事的緊張は続いている。

東アジアに限らず、より広い視点でアジア全体における軍事的緊張を根本的に解かない限りにおいては、兵器輸出国政府とその軍需産業を喜ばせるだけである。

注

1　軍事支出のリチャードソン・モデルとは、二国間の建艦競争をベースとする軍事支出需要関数の軍拡モデル（作用・反作用モデル）である。つまり、両国ともに安全保障上潜在的に脅威を感じている相手国の軍事支出の動向を自国の軍事支出を決定する重要な要因とし、軍拡が軍拡を呼ぶモデルである。「拡大版」には、この基本モデルに物価の変動やGNPあるいはGDPといった国民所得概念などを説明変数として加えるモデルである。OECD諸国の実証分析を行っているのが小坂弘行（『グローバル・システムのモデル分析　モデル分析の可能性への挑戦』有斐閣、一九九四年）であり、そこで示されている分析結果は、いくつかの国においてＧＮＰの拡大が軍事支出の拡大をもたらすことを明らかにしている。

2　軍事支出がマクロ経済の成長にどのような影響を及ぼすのかについての実証分析が多くの研究者によってさまざまな経済理論をベースとして行われ、その結論は以下のように大別できるであろう。プラスの影響を及ぼすとする主張としては、軍事支出の増大が短期的な総需要拡大効果となってマクロ経済にプラスの影響を及ぼすとする「軍事主義的ケインズ主義」、あるいは、軍事部門での研究開発の結果生まれた技術が長期的な時間の経過を伴っていずれ非軍事部門に利用され、それが電子機器部門などを中心として産業の国際競争力を高めるとするものがある。前者の具体的な例としては、民間企業の設備投資が落ち込む中、二〇〇一年九月一一日に発生した「米国中枢同時多発テロ」後の軍事支出増大が景気を支えた米国経済をあげることができ、逆にマイナスの影響を及ぼすとする主張としては、長期にわたって予算面において歪んだ（つまり、あまりにも軍事部門に重きを置き続けるような）資源配分を行えばマクロ経済の供給サイド強化や非軍事部門の発展を妨げる。

また、金融緩和政策の余裕がない状況で大量の国債発行による軍事支出の資金調達を行うことで市場金利が上昇し、民間投資が、そして最終的には国民所得が一部相殺されるというクラウディング・アウトが発生するとするものがある。この具体的な例としてしばしばあげられるのが第一期レーガン政権下の米国経済である。その他、軍事部門で開発された技術は非軍事部門で用いられるまでに時間がかかりすぎ、一部の研究者が主張するほど効果はないとする否定的な見解もあれば、実証分析の結果から軍事支出それ自体だけではクラウディング・アウトを導くことはないとの見解もある。著者も含め、多くの研究者が一国経済を軍事部門経済と非軍事部門経済に分け、前者から後者への外部性効果（externality effect）を実証的に検証することで、軍事支出の拡大が非軍事部門のマクロ経済に対してプラスの効果を与えるのかマイナスの効果を与えるのかを分析している。ただし、国や推定期間により、その効果には大きな差が生じることがわかっている。

3　二〇〇三年度末時点で中央政府の累積財政赤字は約四〇〇兆円に達している。

4　防衛関係費当初予算に関するいわゆる「GNP比一％枠」は一九七六年一一月に閣議決定され、一九七七年度以降この原則は守られてきた。しかし一九八六年一二月の閣議でその後この原則を適用しないことを決定し、一九八七年度当初予算ではわずかながら一％の枠を超えることとなった。現在の日本ではGNPではなくGDP（国内総生産）が用いられているが、防衛関連費予算の対GDP比は一％をわずかに下回っている。井堀利宏『要説：日本の財政・税制』（税務経理協会、二〇〇二年）などを参照。

5　「武器輸出三原則」については、防衛庁編『平成一六年版　日本の防衛―防衛白書―』三八七頁を参照。

6　カタストロフィ・モデルとは、二国間の軍事行動を「楔（cups）」と「蝶（butterfly）」の二種類のカタストロフィ効用関数から説明するもので、分裂要因及び正常要因を介在させて軍縮あるいは軍拡という劇的変化（カタストロフィック・ジャンプ）がどのような状況のもとで発生するのか、あるいは発生しないのかを記述する。小坂（注1参照）は分裂要因を財政赤字の対GNP比に依存するよう内生化し、正常要因として敵国の軍事支出を組み込むことで楔のカタストロフィ効用関数を応用した軍事支出関数を推定し、そこから導出される分岐線を求めて冷戦期の米ソにおけるハト派、中間派、タカ派優勢基準を推計している。

参考文献

井堀利宏、二〇〇二『要説　日本の財政・税制』税務経理協会。

小坂弘行、一九九四『グローバル・システムのモデル分析　モデル分析の可能性への挑戦』有斐閣。

長島直樹、二〇〇〇「公共投資と防衛費支出」『FRI Review Vol.4 No.2, Apri l2000』富士通総研経済研究所：六六―七七。

日本経済新聞、二〇〇三・一二・二〇、朝刊。

防衛庁編、二〇〇四『平成一六年版　日本の防衛―防衛白書―』国立印刷局：三八七。

7 九・一一とアメリカ的なものについて

ヘス論文への応答

越智敏夫

1　国家による殺人の正当化

太古の昔、地上に人が満ちあふれ始めた。彼らが重くなりすぎたため、やがて地母神は地面を支えるのに苦労するようになった。それを見たゼウスは人口を減らすために人間界に戦争を起こそうとした……という話をつくったのは他でもない人間自身である。同種の話はギリシャ神話に限らず他の多くの神話にも登場する。このことから明らかなように古来、人間は他人を殺すのにも神を必要としてきた。何かの言い訳がなければ人が人を殺すことはむずかしい。その殺人の言い訳や根拠が時代や場所によって異なるだけだ。このギリシャ神話のように神による陰謀を根拠とする場合もあれば、正義を根拠とするときもあるだろう。それが経済的利益の場合もあれば、個人的な怨恨の場合もあっただろう。
時はくだり、現代社会において暴力は国家によって独占された。合法的に人を殺すことができるのは現在の地球上では主体としての国家のみである。しかし国家も人を殺す言い訳を必要とする。死刑制度をいまだに保持している国家においては自国内の治安維持を名目として死刑という殺人行為が続けられている(1)。その国家主体が他国の人民を殺そうとする場合、この言い訳の作り方はいっそう巧妙複雑なものにならざるをえない。国家間戦争の大義である。

本稿では二〇〇一年九月一一日の同時多発テロ以降に広く展開された、国家による殺人行為の正当化に関する言説を論じる。その正当化の論理がどのような相貌を見せているかを、特に政治に関する認識と理論の観点から考察する。そうすることにより、私たちの日常性と統治制度としての国家との関係の一端が明らかになり、その地点からデモクラシーの現在的可能性が構想されうるからである(2)。

国家が主体となって他国の人間を殺す場合、その根拠として「自国の利益」が根拠にされることもあれば、「他国からの侵略の脅威」や「国の誇り」が語られることもある。それらは人殺しの理由としてはわかりやすい。しかし「民主主義」や「人権」「正義」といった政治学に特有の観念が人殺しの根拠として使用された場合、事態はいっそう複雑な外観を取りはじめる。

それらの主張が正当性をもつかどうか、その問題に関わるすべての人々が同一の理解に達することはありえない。殺す側と殺される側で同じ考え方にいたることがないのは当然だとしても、殺人の根拠とされた諸観念も時代によって評価が異なるからだ。ある時代のある人々によって正義の行為とされたものが、幾時代かを経て狂気の沙汰とされた例は限りない。

近代社会における暴力の正当化のなかで最大のものは植民地形成をめぐる言説である。より正確には植民地形成という暴力こそが近代を形成してきたと言えるだろう。ポスト・コロニアルな言説がつねに価値体系のラディカルな問い直しを近代社会全体に向けるのは、それが無謀な企てだからではなく、植民地形成に関わる圧倒的な暴力性が現代社会のすみずみにまで行きわたっているためである。ただしそうした暴力性もすべての人によって批判的に認識されているわけではない。それらの暴力性がさまざまな言説によって飾り立てられ、語りなおされ、肯定されてきたからである。

例えば一七世紀から二〇世紀にかけて英国は海外植民地において考えられる限りの暴虐をつくしていたと言ってよい。しかし英国人は自国内において文明を（彼らの自称によれば）「進展」させながら、その文明と暴力を無媒介に結びつけつつ後者を正当化してきた。「自分たちは文明人であるからこそ、他の野蛮な人々を植民地化する権利をもつ」という論理は、そのソーシャル・ダーウィニズム的残虐性を近代的理性とキリスト教的恩顧主義によって覆い隠しながら世界中に拡大適用させたといえよう。

その論理をアジア的条件に合わせつつ再解釈、微調整したのが、明治維新以降の日本政府およびその政策を肯定してきた人々の行為である。さらに言えば、そうした日本人の残虐性は維新期以降すべての時代にあてはまるのではなく、一九三〇年から一九四五年のあいだのあたかも「例外的な」一五年間に限定されるものであり、それらの時間においてのみ日本人は残虐だったと述べることによって、日本国籍人の歴史的責任をいまだに拒否しつづけようとする言説も現代日本にはあふれている。

満州事変から第二次世界大戦の敗戦にいたる一五年間のみを反省し、その他の時期の日本はすべて「良心的」だったかのような主張である。その代表的論者の一人である司馬遼太郎をはじめとして、そうした言説を展開し支持することの無責任性は批判されるべきだろう(3)。なぜならそれらの言説によって守られるものの実体にこそ問題があり、その実体とは日本国籍人によってなされた暴力を含む近代日本総体の肯定へと連関するからである。

2 同時多発テロ以降の暴力連鎖

現在、私たちの眼前にあるのは「九・一一」以降の暴力の集積である。ニューヨークの国際貿易センタービル崩壊を含む同時多発テロからアフガニスタン攻撃、イラク戦争、その後のイラクにおける秩序崩壊という暴力の連鎖は何によって正当化され、それはどのように語られているのか。それらの言説の総体を問題にすることは不可能である。しかしこの言説の群れは「九・一一」以前の「アメリカ」「民主主義」「平和」といった用語によって喚起されていた意味内容をドラスティックに変更させた一方で、それらを含む概念体系の表面的な虚像をはぎとり、その政治性を直截に現出させたともいえよう。

例えば国際貿易センタービルの瓦礫に埋まって死んだ人々と、ファルージャでアメリカ軍のヘリコプターから放たれたミサイルによって死んだ人々、その二つの死の意味を分けるものを考えたときにそうした政治性は問題となる。双方とも本人たちの予期しない理不尽な事故死でありながら、彼らの死を語る言葉には圧倒的な差がある。その差異の意味を考える責任は私たちにある。同じ人の死として同義であるはずの複数の死が、その災厄をこうむる人の帰属する国家によって圧倒的に差異化されてゆく。そのメカニズムはどのようなものか。

したがって批判されるべきは、たんにアメリカ政府の暴力を肯定する論理だけではない。人間の死と国境や国籍との関係をどのように認識するかという政治の一般論が問題にされなければならない。たしかに現在の地球上の地政学を考えれば、問題となるのはアメリカを中心とした権力構造の不平等のように見える。

しかしこれは誰か一人の「悪人」によるものではない。アメリカのリベラル左派の一部はG・W・ブッシュ大統領を退陣させれば問題は解決するかのように語る。しかしそれは問題の矮小化でしかない。確かにネグリとハートのいう〈帝国〉がどのように形成されつつあるのかということを、〈帝国〉においてブッシュ政権がもつ特権的地位から演繹することも必要だろう。しかし本来的に問題とすべきなのはアメリカ、ブッシュといった「個の悪」という諸相ではなく、そうした「悪」を存在可能にする言説空間が日本を含む大きなレベルで形成されつつあるということだ。その共犯性や共同性を考慮せずに現行のグローバリゼーションを議論することは「インターネットが世界をつなぐ」的な無責任な言説へと直結するだけだろう。

例えばフセイン政権下のイラクに大量破壊兵器が存在するという証拠はいまだに私たちには示されていない。他人にも見せられず、それによって誰も説得されてないものを「証拠」だと言いつづけたブッシュ大統領をはじめ、ブレア首相や小泉首相といった同盟国の指導者もそれらの証拠があると国民に説いてきた。しかしそれらが何であるのか、彼らはまったく説明してこなかった。そして今や大量破壊兵器が存在しなかったことは、すでにアメリカ政府当局者によってさえ認められている。

こうしてアメリカによる大量殺人を正当化するための唯一の根拠が失われた現在となっても、ブッシュ大統領の政治家としての不適格性はもちろん、イラク戦争の不当性さえアメリカ政治においてはまともに議論されていない。この点に関する小泉首相の政治責任も国会でほとんど議論されていない。

こうした状況が生じたのは、それが単に日米の両国首脳の十全な連携の結果というよりも、政府の権能をチェックすべきマスメディアや野党といった集団がそれほどまでに各国において機能不全に陥っていることを示している。さらにはマスメディアを通じて連続して流される政治における無責任な言説によって、一般の人々が政府や政治家らの言説を批判する能力も低下する。当然のことながら批判されるべきものには政治学をはじめとする知識人の言説も含まれる(4)。しかしそうした知識人の言説という広範な問題はここでは省略し、アメリカによる暴力をめぐる議論へと焦点を移したい。

3 「アメリカ的なもの」の罠

二〇〇三年春のイラクへの先制攻撃を正当化する論理ほど極端で容易に認知しやすいものではないにしろ、これまでアメリカ合衆国の政治体制は多くの暴力を基礎として形成されてきた。それらのなかで最大のものはネイティブ・アメリカンとアフリカン・アメリカンへの長期的で暴虐な圧制である。しかしその自分たちが行使した暴力とは関係なく、また歴史的実態や日常的な実践は別として、大きな歴史的枠組みとしてはアメリカ合衆国は英国による北アメリカ植民地への抑圧的支配に抵抗しながら独立したことになっている。

以上の歴史的経緯から必然的に求められたこととして、アメリカ合衆国は海外植民地の保有を永久に自らに禁じることとなった。合衆国憲法制定直前の一七八七年に制定された北西部条令 Northwest Ordinance は、合衆国が独立後に獲得した領土に新たに設立する政府形態を規定している。この条例は新しい準州議会および州議会を設置する際の人口についての条件などを定めているが、この条例の歴史的意義のひとつはアメリカ合衆国は独立後、恒久的植民地はいっさい保持しないという原則をここで明確に規定した点にある。

しかし一八八〇年代の経済不況やフロンティアの消滅などから、アメリカの国内市場が飽和状態に至ったことが明らかとなったため、アメリカ政府はそれまで堅持していたモンロー主義を一九世紀末に転換し、海外領土の獲得へと外交の基本政策を変更した。そのためアメリカ国内における議論はそれらの実質的な海外植民地を「植民地」と呼ばないために複雑な外観をとりはじめる。他の多くの帝国主義的発展を遂げた国家は海外植民地を確保、拡大しようとしていたのに比べて、アメリカ合衆国は植民地を法的には保持できなかったからである。こうしてアメリカに利益をもたらす海外の地理的空間は確保されたにもかかわらず、それらは「植民地」とは呼ばれず、そのかわりに「公正な海外市場」あるいは「委任統治領」などとなったのである(5)。

このような歴史的経緯は、近代世界全体を深く規定してきた植民地化の動きに対する批判をアメリカ政府当局が回避することを容易にしただけでなく、アメリカの外交政策は他国の植民地化に対抗するものだとアメリカ当局者が主張することさえ可能にした(6)。第二次世界大戦後、ヨーロッパ列強が植民地政策の転換を余儀なくされていくなかで、アメリカのみが対外的な拡大政策を推進したのは、冷戦という東西対立の構造のためだけではない。ソビエト体制という対抗勢力を認めながら、「状況によっては正当化されうる海外への拡大主義」が対外政策として継続的に形成されていったといえよう。

この延長線上に現在のG・W・ブッシュ大統領の外交政策もあると指摘できるが、より重要なのはそのような拡大主義が肯定されつづけてきた状況論理とは何かということである。現実的にはその拡大主義を可能にしてきたのはアメリカの軍事力であり、経済力、政治力だった。それらはほとんど同語重複の関係にあるといえるだろう。こうした議論においてはまるでアメリカ合衆国を中心とした不可視の「帝国」という自動機械が動いているような印象さえ受ける。しかしそのような理解にいたるのも無理はない。というのもアメリカ外交を担当している当事者さえ何のために自分たちは政策を作成しているのか、その理由を明確には認識していないように見えるからである。

この政府内の思考停止ともよべる状況はハンナ・アーレントがそれを批判したベトナム戦争の時代から変わっていないようだ。アーレントによれば、北ベトナムへの爆撃を立案、主張した政府スタッフにとって重要だったのは、どのような外交政策がアメリカに利益をもたらすかということではなく「世界の国々にアメリカがどう見られているか」ということのみだった。つまり政策立案者にとってはアメリカの自意識としての「イメージそれ自体が目標となった」のである（アーレント、二〇〇〇：一六）。ましてやアジアの安定やベトナムの人々の幸福などということは事態の当初より彼らの念頭にはなかった。

そこで以下の部分ではこの集団的な自意識としての「アメリカ的なもの」について考えたい。そのことがアメリカの対外的な行動を支える意識の構造の一端を示し、そのうえでアメリカと日本をはじめとする他国との奇妙な関係を理解するための視点が得られると考えられるからである。

「九・一一」以降、アフガニスタン、イラク両国を攻撃しようとするブッシュ大統領を批判する市民運動はアメリカの都市部を中心に隆盛をきわめた。それがどれほどブッシュ政権内部の新保守主義者に影響を与えたか、あるいはどれほど大手マスメディアに無視されたかという点は別にして、それらの運動に参加した人数は膨大な数になるだろう。しかしそうしたブッシュを批判するアメリカの左翼活動家のなかにも「ブッシュはアメリカ的でない」という発言もある(7)。また二〇〇四年四月に発覚した米兵によるイラク兵捕虜への拷問についてラムズフェルド国防長官は「そういう例外的な悪質な兵隊はアメリカ的ではない」という。しかし、もしアメリカ大統領やアメリカ兵がアメリカ的でないとしたら、いったい何がアメリカ的なのだろうか。

このような議論において指摘しておくべきなのは次の点である。つまりブッシュ大統領への批判に限らず、およそ「アメリカ的なもの」が発話される場合、アメリカ社会における思想や精神の総体的な布置が確認されるのではなく、各論者によって「アメリカ的なもの」が恣意的に構想、選択され、それらがあたかも実体をもったアメリカ精神として再構成されてゆくという点である。それはかつて丸山眞男が批判した一九四五年以前の日本における「日本精神史」研究のあり方に共通するものがある（丸山、一九六一：三）。戦前において日本精神史研究は、日本の「精神史」を研究するものから、「日本精神」という実体のないものの追求、さらには「日本とは何か」という空虚な問いへと転化し、存在するはずのない「解答」を求める行為へと邁進していったのである。

「アメリカ的なもの」が語られるのは、そのアメリカ的なものを称揚するためではない。先にあげたような例のひとつでも想起すれば容易に理解されるが、「アメリカ的なもの」が語られるのは「非アメリカ的なもの」を批判、否定するためである(8)。そして「アメリカ的でないもの」は、それが対外関係において語られる場合、具体的には敵対国を指示し、自国の政策に反対する国家を指示することになる。国内の論理で語られる場合には、相対的に新たに流入しはじめた移民や少数民族出身者が「アメリカ的でない」とされる。

サイードも述べているように「アメリカ人らしさ」の規定に根拠はない。ましてや憲法に定められているものでもない。「ブッシュやラムズフェルドでさえも、もともとはどこかよその場所から移民としてアメリカの海岸にたどり着いた」ことを考えると、現在アメリカで議論されているアメリカ的なもののすべてが人為的に構成されてきたということが明らかになる（サイード、二〇〇二：一七五）。それらを根拠にアメリカ的なものによって差別が再生産されつづけている。

アメリカ的なものが語られるから差別が生じると同時に、差別を容認することがアメリカ的なものを称揚することも意味する。先述したイラク戦争での捕虜への拷問をめぐる議論においても、自国の兵による拷問は「例外的」だといいつつ、他国の兵の同様な行為は「体制そのもの腐敗」を示しているという。そうしたダブル・スタンダードがアメリカに許されるのは、ただアメリカが強大な権力と暴力装置を世界政治において維持しているからでしかない(9)。そしてそのダブル・スタンダードはアメリカから国外へ向けられた視線の非対称性によって構成された世界認識によって、いっそう外部の批判から隔離され強化される。

ここで前掲のヘス氏の論考を例にしてこの問題を考えてみたい。ヘス氏は北朝鮮の核開発疑惑について、それを「核の野望」と表現する。ある国家の核開発を「国際秩序の維持のための正当な行為」と呼ぶか、あるいは「野望」と呼ぶか。しかしそれらを分けているのは実際の国際政治の力学のみである。なぜヘス氏は北朝鮮の核疑惑のみを「野望」と呼んだのか。この核開発についての非対称的で政治的な認識はヘス氏個人のものというより、アメリカ外交政策における特質というべきかもしれない。アメリカ政府は自国に不利益を与える可能性があれば、それらをどのような論理によっても否定し、国際政治における公平性という観念や国際法の意義はまったく考慮しない(10)。

イスラエルによる核開発疑惑をアメリカ政府は否定し、国際社会においてイスラエル政府を擁護しつづけている。この事例以外にもパキスタンとインドは国際世論を無視する形で核兵器を開発してきたにもかかわらず、現在のところアメリカからの先制攻撃は受けていない。これはインドとパキスタン間の紛争がアメリカに脅威を与える可能性が低いというよりも、アメリカの利害関係にほとんど無関係だということを表しているに過ぎない。核開発に関する議論においても自国の利益を唯一の基準として、その問題を恣意的に構成している。

この点において重要なのは、「東アジア」や「核疑惑」を語る際の根拠となるアメリカによる自国中心の対外認識こそが国際協力を阻む要因になっているという点である。アメリカ政府当局者は豊かで安定した国から不安定で貧しい国まで、それらをまるで国家間の競争の結果生じたヒエラルキーのように語る。そうした単線的で単純な論理では、ある国が不安定になり貧しくなったことが、豊かな国の発生とは無縁なことのように認識される。北朝鮮が現在の体制になったこととアメリカ合衆国が朝鮮戦争を遂行したことは関係がないのだろうか。南米諸国の不安定な政治状況とキッシンジャーの対外政策は無縁なのだろうか。そうした事態を覆い隠すにはアメリカ的世界認識は非常に有効だろう。そしてそれらはさらなる不安定要因を地球規模で生みつづける。

他者を知るということではなく、他者の存在さえ認識しようとしない政治主体は暴力以外に依拠するものを知らない。しかし無知が暴力によって増幅されることは単なるナショナリズムの暴発とは異なる。たしかにそれらは結びついており、政治的他者の抹殺はアメリカのナショナリズムを強化するだろう。しかし重要なことはこうしてイラク戦争のような外交政策においてアメリカ的なものが語られることによって、そのアメリカ的なものが外交の主体である国家によって代表され、その結果「国家権力のみが諸問題を解決する主体であり、それに異議を申し立てる者は社会を『誤解』している不逞分子である」という国家観が蔓延することだ。さらに絶対的に正しい国家権力と絶対的に正しくない国家権力が世界政治のレベルで選別されるという原理主義が展開しはじめる。自己の政治信条と宗教的信仰を根拠に他者の存在を抹殺する。それは各自の信条や信仰を相互に確認しながら共通のルールを作ることからは極端に遠い。

4　非常事態によるデモクラシー形成は可能か

アメリカ社会に顕著に現れているこうした国家機能の肥大化は現代国家には共通して見られる現象かもしれない。しかしそれが極端かつわかりやすい形で現れているのが現在のアメリカ社会である。それらの動きは管理社会化、軍事国家化などと表現できるだろう。二〇〇二年のアフガニスタン戦争に続く、イラク攻撃以降、アメリカ合衆国は「ならず者国家」という仮想敵への攻撃を継続的に行う戦闘国家としての体裁を以前にも増して整えはじめている。しかしそれは人々を言度に管理しはじめることと同時進行であった。自由主義体制は「テロを空想する自由」をも保障する体制だと認めざるをえないのは、極論というよりは論理の必然的な帰結である。個人がどれほど危険な考えをもっていようが、それが頭の中の思念である以上はとがめられることはなく、各自の行動は本来的に自由なものとされ、その行為の結果に対してのみ個人は責任を負うというのが近代自由主義国家の根本理念である。ここに個人の思想の自由が成立する。その意味で現実のアメリカは自由主義国家からは逸脱しはじめているといえよう。

例えば現在のアメリカにおいては大学や高等学校といった教育機関でさえ軍隊の情報部によって監視されはじめている（Block and Fields, 2004）。さらにそうした管理社会化が新たな局面を迎えているといえる。

二〇〇四年一月からアメリカ合衆国政府は入国審査の方法を変更した。従来は入国係官によってパスポート、ビザ、渡航理由の確認がなされるだけだった。しかし新制度においては顔写真のデジタル撮影と指紋のデジタル採取が強制される。当初はその対象から免除されていたビザ免除国からの短期滞在者に対しても、顔写真と指紋の採取が二〇〇四年九月三〇日以降に強制実施されるようになった。

これらの管理は従来議論されてきたような管理社会観を一挙に「進化」させるものである。たしかにすでに私たちは多くの情報を管理されている。クレジット・カードや各種のポイント・カードによって私たちの経済活動は記録され、鉄道会社のプリペイド・カードや携帯電話のGPS、高速道路のETCなどによって私たちの地理的移動も記録される。そうした電子情報をもとに国家は個人のあらゆる日常を知ることができるだろう。しかし二〇〇四年からアメリカが導入する入国管理法は私たちのデータを処理して管理するだけでなく、身体そのものを国家が管理しようとするものである(11)。

顔写真や指紋の採取といった「バイオメトリクス biometrics 生体識別検査」の対象は今後、一般のアメリカ市民にまで及ぶ可能性があり、連邦政府は人々の指紋と網膜の記録をデータベース化することさえ計画している(12)。このように私たちの身体にまで直接的な管理が入り込むことを、ジョルジョ・アガンベンは「生政治的刺青 tatouage biopolitique」と象徴的に呼んで批判している(13)。これらは日本における戸籍や住民票、あるいはアメリカにおけるソーシャル・セキュリティ・カードなどによる従来の管理とはまったく異質なものだ。

人間の行為の記録を電子情報化し管理するだけではなく、私たちの身体を直接的に管理するという新たな管理の次元が現れている。そして「国家の危機」や「非常事態」を国家が一方的に喧伝することによってこうした新しい管理が一挙に進行する。「異常事態」に対応するための「例外的」な「超法規的」措置が恒常化していく。ある措置を一回限りにおいて認め、それを前例としないという合意が政治の世界で本当に機能することはありえない。そしてさらには、その例外的措置は例外的だからこそ、その効果や帰結が検討されないままであるという事態が容易に出現する。

ではこうした事態を何によって打開すればよいのか。「非常時」を恒常化しつつ国家機能は私たちの身体にまでおよぶ。しかし非常時に生起してきたことは国家による管理の強化だけではない。各時代の新たな政治の構想は、非常時に発令される政府からの命令に反対することで構想されてきたのも事実である。その意味で非常時にこそ市民的希望があるという逆説を指摘することもできる。非常時に自らが属する集団の特性を批判的に再検討し、現体制を形成している政治原理の革新を喚起してきた事例は多く存在する。

例えばアメリカで合法的に認められていた奴隷制度に対抗して市民的不服従を主張したソローに「アメリカ的なもの」はどのように映っていたのだろうか。また黒人の市民権を侵害することを法が認め、FBIでさえもその侵害に協力していた一九六〇年代のアメリカ社会において「アメリカ的なもの」が果たす機能はマーティン・ルーサー・キング・ジュニアにとってどのように感じられたのか。非常時に彼らによって感得されたそれらの違和感をもとに、アメリカ的政治制度にはいくたびかの再検討や修正が加えられてきたのである。非常時においてこそ市民的不服従は制度化されたといえるだろう。

それらの軌跡を「アメリカ的なもの」と一般化することなく個別の事例を検討した結果、そうした再検討や修正は既存のアメリカ憲法だけを絶対視することのない「新しい法の概念」に基づいていると指摘したのはハンナ・アーレントである。アーレントは「アメリカの共和政が少なくとも――おそらく制定法に則ってではなく、法の精神に則って――この問題を処理できるチャンスをもつ唯一の政府」だと述べている（アーレント、二〇〇〇：七六）。しかし、この「チャンス」は現在のアメリカ社会において生かされているようには見えない。

アーレントがロックを引用して述べているように、非常時を利用して「人民は鎖につながれないように『予防』する権利を手に入れ」たことは確かである（アーレント、二〇〇〇：八〇）。しかしその権利が常に容易に行使されてきたわけではない。非常時を市民的自由の契機とするか、また国家の管理強化の根拠に還元するのか。

イギリス憲法体制からの独立という非常時のアメリカにおいては市民的不服従がその権利行使として想定されていた。そしてアーレントが述べるように市民的不服従は個人的な良心の問題ではなく、純粋にその不服従に同意する人々の自発的結社の問題である。自発的結社が組織されてはじめて市民の不服従が成立するからである。しかし「自発的結社は、制度の失敗、人間のあてにならなさ、未来の不確実な性格にたいするアメリカ独特の救済策でありつづけてきた」と無条件に主張できるほど現在のアメリカにおいてそうした自発的結社は機能していない（アーレント、二〇〇〇：九五）。

では非常事態においてそうした自発的結社を機能させるための条件は何だろうか。そのためには、第一に自発的結社の存在理由となっている対抗権力としての上位集団の構成原理が批判されなければならない。

つまりアメリカ、日本といった統治機構としての国家構造において「私たち」という集団性が無自覚に語られる場が批判されるべきだろう。そしてそれらの発話行為とナショナリズムの動態の関連を批判的に問い直すことが必要である。その最初期の行動としては、実体がないにもかかわらず「日本的伝統」や「アメリカン・デモクラシー」などを仮想しつつ、日本的なもの、アメリカ的なものを日常的に称揚することをやめることから始めなければならない。そうすることがイラク戦争後、どのようなものであれ親米的な政権さえ樹立すればイラク民主化の成功だと主張するアメリカ合衆国政府高官が「戦後占領の成功例」として頻繁に言及するこの同盟国の市民としての最低限の責務である。

注

1 ナチスによるユダヤ人虐殺にせよ、スターリン体制下の粛清にせよ、それらは多様な見地から批判されるべき行為である。しかしそれらが批判されるべき理由のひとつは、その残虐な行為が「無法者の逸脱行為」によるものではなく、各体制下での「合法的」執行だったという点にある。そうした残虐な行為を可能にするための法整備が各体制下でなされたという事実は看過されるべきではない。現在、地球上の国民国家レベルで数えてみれば少数の国家のみが維持している死刑制度と、ヒトラーやスターリンによる行為を合法性という観点からのみ比較すれば、その差異は小さいと言わざるを得ない。

2 本稿は本書収録のヘス論文に逐次的に対応しているものではない。しかし基本的な問題関心は共通しており、ヘス氏の論考に触発された箇所もある。

3 例えば、司馬遼太郎『明治という国家』日本放送出版協会、一九八九年を参照。

4　現代日本の政治学の転機は一九四五年八月一五日である。満州事変から太平洋戦争終了にいたる一五年間だけでなく、その前後の時期も含めて総体としての近代日本社会は圧倒的な暴力を行使しつづけてきた。その行使の対象は中国や朝鮮などの他国籍人のみならず、日本国籍人にもおよんだ。その暴力行使全体の意味を批判的に検討することから日本の戦後政治学は始まっていたはずである。その自己批判は戦後民主主義という理念と密接に結びついていた。ところが現在、日本の政治学者の一部は同盟国アメリカのイラク攻撃という暴力を正当化するために「民主主義」という言葉を使用している。こうした言葉の使用法の変化こそがグローバリゼーションの一過程として議論されるべきだが、それはまたアメリカの大学院出身者によって日本の政治学研究者の多くが占められるようになってきた現状とも関連する。

5　例えば米西戦争の結果、一九〇二年にキューバは独立する。しかしその直前の一九〇一年にアメリカ合衆国議会が採択した「プラット修正（Platt Amendment）」のため、キューバの「独立」は実質的にはアメリカの植民地的保護領となることが決定されていたのである。同様なことはフィリピンに対しても行われた。ちなみにこのプラット修正は、一九三三年に就任したF・D・ローズベルト大統領のいわゆる「善隣外交」政策のもと、キューバの「三三年革命」を経て一九三四年に合衆国議会によって撤回される。しかしそれはすでに第二次世界大戦直前という国際政治の緊張期であり、その後もキューバをはじめとするラテン・アメリカ諸国への干渉は継続され、カストロ革命においてアメリカの干渉はいっそう直接的な暴力をともなったものとなっていく。

6　このアメリカの論理と日本によるアジアの植民地化の正当化の論理の類似性は指摘しうる。ヨーロッパによる植民地化に対抗する「大アジア主義」や「大東亜共栄圏」といった概念が、その字義的な主張とはまったく正反対に、暴力によるアジアの植民地化しか意味しなかったことはアメリカに支配された二〇世紀前半のキューバやフィリピンの状況と相似的である。

7　例えば Helen Thomas, "Bush's War Drums Unamerican", The Bostonchannel.com (http://www.thebostonchannel.com/helenthomas/1715730/detail.html access date: Apr. 22, 2004.)。同様な視点を海外から示していると議論されたものとして『ロンドン・エコノミスト』の以下の社説がある。Opinion, "Unjust, Unwise, UnAmerican," *The Economist* (July10th 2003).

8　政治文化理論におけるこの問題については、拙稿「政治文化」（内山秀夫編『講座政治学第一巻　政治理論』三嶺書房、一九九九年、所収）を参照のこと。

9　イラク兵による行為を「拷問」と表現していた日本のマスメディアは、アメリカ兵による行為を表現する際には「虐待」と表現している。正規兵による非人道的行為という点に変わりはない。両者の行為のあいだに残虐さの程度の差を認めるのもむずかしい。私たちは五分間の殴打の末に殺すことと五分間の電気ショックの末に殺すことを残虐性という観点から比較できない。しかし日本のメディアは、意識的か無意識的かは不明だが、両者の行為についての表現を慎重に使い分けている。そうしたことを考えれば、日本のメディアもかれら自身が保持していると自認しているであろう「中立性」とはまったく反対に、アメリカのイラク占領を強く支持していると言わざるをえない。

10　アメリカがこうした国際協調や公平性を無視した対外政策を遂行する原因として、連邦政府の中心部に巨大企業の元経営者が多いという事実が指摘されうる。議員内閣制ではなく大統領制をとるアメリカにおいては、上下両院とも国会議員は大統領政府の閣僚にならず、大統領選挙などにおいて個人的に寄与したものが入閣する。その結果、巨大企業の経営者たちが閣僚となる。ところが彼らは自分のものとは異なる価値観を持つ人間と共通のルールを作り上げ、それを遵守するという意識が低い。簡単に言えば国際市場において「他者を出し抜き、利益を得る」ことに能力を発揮してきた人々であり、近年のアメリカにおけるエンロンやアーサー・アンダーセン、日本におけるＣＩＴＩバンクによるスキャンダルの実態をみても、そうした行動規範そのものを問題だと思ってないことは明らかである。

11　身体性への管理はアメリカだけの話ではない。例えば、東京都教育委員会が二〇〇四年春に行った都立学校の卒業式における「君が代」斉唱の強制も、それが目的とするところは「何を考えているのか」という思想レベルの問題を「誰が立たないのか」という行為の問題に置換することにある以上、身体性による管理といえる。思想が身体性によって判断されている。身体が特定の行為を実行するか否かによって「国民存在」が明確に可視化され、誰が「国民」で誰が「非国民」かという視覚的な線引きが容易に実行される。

またこうした身体性について考えるときに想起されるのは、アフガニスタン攻撃からイラク戦争にいたる期間、日本のマスメディアがもっとも時間を割いていた報道対象のひとつが都市部の河川に迷い込んだ一匹のアザラシだったということである。「かわいらしさ」という身体性のみが強調された報道がこの時期に集中的になされたというのは何ら偶然ではないと思われる。限られた放送時間のなかで何かを報道するということは別の何かを報道しないことを意味する。アザラシを異常なほど多量のテレビ番組や新聞記事に露出させることによって、マスメディアは何を報道したくなかったのか。

さらに信じられないことに当該河川を管理する自治体はそのアザラシに「住民票」を発行した。帰化申請を拒否され差別されつづけている外国籍住民が日本には数多く存在する。アザラシに容易に住民票を出しながら外国籍の人間を差別しつづける自治体にそうした人々の一部が異議を申し立てたが完全に無視された。この事件は日本の地方自治体が人間の身体をどのように選別、差異化、差別しようとしているかも物語っている。

12　かつての日本における在日外国人の指紋押捺問題に比べると、こうしたアメリカ政府のバイオメトリクスに対する批判的議論は日本においては少ない。「九・一一」以降、どのように私たちの言説空間が変容したか、その一端を知ることができる。

13 Giorgio Agamben, "Non au tatouage biopolitique," *Le Monde*, le11 Janvier 2004 (translated from Italian to French by Martin Rueff), cf. Giorgio Agamben, "No to Bio-Political Tattooing", http : //truthout.org/docs_04/011304H.shtml, access date : Apr. 22. 2004, (translated from French to English by Leslie Thatcher).

参考文献

Giorgio Agamben, 2004, "Non au tatouage biopolitique," *Le Monde*, le11 Janvier.

Opinion, 2003, "Unjust, Unwise, UnAmerican," *The Economist*, July 10th.

Robert Block and Gary Fields, 2004, "Is Military Creeping Into Domestic Law Enforcement?," *The Wall Street Journal,* Mar. 9.

アラン・ジョクス、二〇〇三『〈帝国〉と〈共和国〉』（逸見龍生訳）青土社。

アルフレード・ヴァラダン、二〇〇〇『自由の帝国――アメリカン・システムの世紀』（伊藤剛・村島雄一郎・都留康子訳）ＮＴＴ出版。

アルンダティ・ロイ、二〇〇三『帝国を壊すために――戦争と正義をめぐるエッセイ』（本橋哲也訳）岩波書店。

アントニオ・ネグリ、マイケル・ハート、二〇〇三『〈帝国〉――グローバル化の世界秩序とマルチチュードの可能性』（水嶋一憲・酒井隆史・浜邦彦・吉田俊実訳）以文社。

エドワード・サイード、二〇〇二「アメリカを考える」（早尾貴紀訳）『現代思想』六月臨時増刊号、青土社。

エマニュエル・トッド、二〇〇三『帝国以後――アメリカ・システムの崩壊』（石崎晴己訳）藤原書店。

シーモア・Ｍ・リプセット、一九九九『アメリカ例外論――日欧とも異質な超大国の論理とは』（上坂昇・金重紘訳）明石書店。

司馬遼太郎、一九八九『明治という国家』日本放送出版協会。

スラヴォイ・ジジェク、二〇〇四『イラク――ユートピアへの葬送』（松本潤一郎・白井聡・比嘉徹徳訳）河出書房新社。

チャールズ・カプチャン、二〇〇三『アメリカ時代の終わり（上・下）』（坪内淳訳）日本放送出版協会。

ツヴェタン・トドロフ、二〇〇四『イラク戦争と明日の世界』（大谷尚文訳）法政大学出版局。

ハンナ・アーレント、二〇〇〇「政治における嘘――国防総省秘密報告書についての省察」『暴力について――共和国の危機』（山田正行訳）みすず書房。

藤原帰一編、二〇〇二『テロ後――世界はどう変わったか』岩波書店。

ブライアン・ヘス、二〇〇六「北朝鮮危機を考える――どう対処すべきか」（矢口裕子訳）本書所収。

ベンジャミン・R・バーバー、二〇〇四『予防戦争という論理――アメリカはなぜテロとの戦いで苦戦するのか』（鈴木主税・浅岡政子訳）阪急コミュニケーションズ。

丸山眞男、一九六一『日本の思想』岩波新書。

越智敏夫、一九九九「政治文化」内山秀夫編『講座政治学第一巻　政治理論』三嶺書房。

越智敏夫、二〇〇三「なぜ市民社会は少数者を必要とするのか：出生と移動の再理論化」高畠通敏編『現代市民政治論』世織書房。

環境問題としてのアジアの原発

澤口晋一

1　原子力発電——世界の趨勢とアジア

二〇〇三年一二月三一日現在、稼動中の原子力発電所は世界三一カ国に四三六基（合計出力三億七三七二・七キロワット）ある。そのうちの六八％にあたる二九五基（合計出力二億七二〇五万キロワット）は米国、フランス、日本、ロシア、ドイツ、英国の六カ国に集中している。しかしこれらの発電所のうち八八％にあたる二六〇基までが一九七〇〜一九八〇年代からそれ以前に建設されたものであり、一九九〇年以降に関しては、日本を除けば、九〇年代前半に米国、ロシア、フランス、英国で計一二基、二〇〇〇年に入ってからは仏で四基が新たに運転を始めたにすぎず（表参照）、今後に至ってこれらの国々には建設計画すらない。このことは、戦後原子力開発を牽引してきた欧米において原発の時代が既に終わったことを示しているといっても過言ではない。

一方、建設中の原子力発電所は、二〇〇三年末時点で日本を含め世界に三六基（一一カ国）あるが、このうち二〇基は東アジアを中心としたアジア五カ国（日本、韓国、中国、北朝鮮、インド）および台湾(1)に

表　年代別にみた主要国の原子力発電運転基数

国＼年	1940	1950	1960	1970	1980	1990	2000	計画中	運転中
米国	0	1 1	20 18	59 9	46	5	0	0	103
フランス	0	1 1	7 7	8 2	43	6	4	0	59
イギリス	0	7	20 13	7 1	10	1	0	0	31
ロシア	1 1	8 8	9 5	9 1	15	2	1 (3)	0	30
ドイツ	0	0	7 6	16 9	13 2	1 1	0	0	19
カナダ	0	0	2 2	1 1	10	4	0	0	14
スウェーデン	0	0	1 1	6 1	6	0	0	0	11
日本	0	0	1 1	21	16	15	1 (4)	6	53
韓国	0	0	0	1	8	6	2 (2)	6	18
中国	0	0	0	0	0	3	3 (5)	—	6
台湾	0	0	0	2	4	0	0 (3)	0	6

（注１）　上段の数値はその年代に運転を始めた原発の基数を、下段の数値はその中で閉鎖した原発の基数を示す。例えば、米国では1960年代には20基の原発が運転を始めたが、そのうち18基が既に閉鎖している。
（注２）　（　）内の数値は建設中の原発基数。
（注３）　中国の計画中原発基数についての具体的数値は不明である。
（出所）　日本原子力産業会議編『世界の原子力発電開発の動向』2003年度版より作成。

集中し、世界の原発建設はまさに東アジアを中心に進行している状況が明らかである（表参照）。これにインドネシア、タイ、フィリピン、ベトナムなど今後建設を検討している国々を加えると、その合計容量は欧米の既存の設備容量合計をも上回るものとなる（宮島、一九九六）。資金の面からみて、今後こうした計画がすべて実現する可能性は低いにしても、欧米の原発がこれから廃炉の時代を迎え、次第に炉数を減じていくことを考えれば、近い将来、東アジア地域を中心にアジアは文字通り世界最大の原発立地地域となる。

2　アジアの電力事情と原発

一九九〇年代以降、東アジアや東南アジア諸国では工業生産が急増し、それにともなって電力需要・消費とも急激に増大してきた。既に電力不足に陥り、供給体制の強化を急務としている国も多い。しかし、国際的には、二酸化炭素排出削減の動きが広がり、直接削減義務を負わないアジア諸国（日本を除く）にとっても、二酸化炭素排出量の多い火力発電所を無制限に建設することは次第に難しくなりつつある。

一方、この時期は自国での原発建設受注のほとんどなくなった米国、仏、カナダ、日本などの各メーカーが自国以外に活路を見出し始めた時でもあった。つまり、アジアにおける原発建設は、工業化の進展によって増大する電力需要への対応を迫られるアジア諸国と、自国での原発建設が困難になり、他国に活路を見出さざるを得なくなった欧米・日本の原発メーカーとの思惑が一致した結果、活発化してきたとみることができる。このことは、米国、加、仏といった国外のメーカーによって建設された原発が韓国では一八基中一二基、中国では八基中五基を占め、台湾に至っては六基ある原発すべてが米国製であることによく現れている。なお、韓国の場合一九九〇年以降建設された九基の原発のうち六基は韓国重工業による国産原発である（日本原子力産業会議、二〇〇三）。中国も国産化の推進を基本政策としていたが、原発開発には巨額の費用が必要なこともあって、実際には、国産化はほとんど進んでいない。逆にフランス、カナダなどのメーカーが自国の政府系金融機関の借款を利用して長期低金利で資金を提供することで原発建設を進めるケースが多くなってきている。

しかし、このように原発導入にあたって資金調達を優先し、複数の国から技術体系の異なった原子炉を導入することは、原発の運転、保守・管理に必要な技術的蓄積や炉形に対する十分な習熟が成されず、最も重要視されるべき原発の安全性に深刻な問題の生じる可能性が指摘されている（宮島、一九九六）。原発建設計画を有しながら、自国内での資金調達の難しいインドネシア、タイ、フィリピン、ベトナムといった国々も今後似たような状況となる可能性は高いと考えられる。なお、わが国がアジアにおいてこれまで行ってきた原子力分野での国際協力の内容（資源エネルギー庁、一九九五）をみると、中国を含めてこれら東南アジア諸国の原発建設とそれに附随する周辺整備は日本が中心となって展開していく可能性も高い。

3　環境問題から原発を捉える視点の必要性

日本政府は、原子力発電が火力発電に比べて二酸化炭素排出量が各段に少なく（石油火力発電の約三二分の一、石炭火力の約四一分の一）、地球温暖化防止に有効な手段であることを多様な媒体を通じてくり返し説き、今後、核然サイクルを基軸に原子力発電をさらに推進するという姿勢を堅持している（資源エネルギー庁、二〇〇二）。

一方で、巨額を投じ原子力開発に早くから取り組んできた欧米には、既に脱原発に向けて動き始めている国もある。それは、スリーマイル島、チェルノブイリといった大規模な事故や日常的に生じる小規模な事故・トラブルなどによって、原発が安全面、技術面だけでなく、経済的にも成り立たないものであるという共通認識が市民の間に浸透してきたからに他ならない。原発の危険性とは言うまでもなく、「放射線被曝」である。原子力発電ではその燃料となるウランの採掘から始まり、燃料加工、原子炉での核分裂、原子炉の保守管理、使用済み燃料の再処理あるいはその処分に至るまでほぼすべての過程に放射線被曝の危険がついてまわる。その危険は、大事故（レベル六、七）(2)の際に発生する放射性物質や放射線の環境中への大量放出、原発労働者の日常的被曝、さらには放射性廃棄物からの放射線・放射性物質漏洩の可能性に至るまできわめて広範囲にわたる。特に、放射性廃棄物の処分に関しては、廃炉によって発生する廃棄物も含めて、その量の膨大さと、しかも数万年にわたって強い放射線を出しつづける性質を考えるとき、それが人類に与える影響の大きさは計り知れない。

地球環境問題とは、人類の生存にとって環境が不都合な方向に向かうことについての問題であって、地球それ自体の問題では決してない。地球環境問題の主体は、地球ではなく、あくまで人類である。したがって、既に日常語となった感のある「地球（環境）にやさしい」という言い方は本来意味をなすものではない。にもかかわらず、日本政府や電力会社あるいは原発推進者はこの言葉を巧みに利用し、地球環境問題をあたかも地球それ自体の問題であるかのごとく説く。そして、本質であるべき人類の生存環境の維持と保全において最大級の障害ともなり得る放射線被曝に関する問題を「二酸化炭素」と「温暖化問題」にすり替え環境問題の枠組みから切り離している。放射線被曝こそ最大級の環境問題ではないのか。原発を環境問題の視点から捉える必要性はまさにここにある。

もちろん、エネルギーの安定的確保はその国にとっての最重要課題であることは論を待たない。しかし、そのことによって人類の生存環境が損なわれるような本末転倒だけは避けなければならない。

4　アジアに原発が集中することの意味

原発を「安全」で「地球にやさしいクリーンエネルギー」だと強弁し、さらにそれをさまざまな形でアジアへ普及させようとしている（宮島、一九九六）日本の責任はきわめて重い。最近では韓国、中国までもが日本の主張そのままにクリーンエネルギーとして原子力政策を推進し始めている。

アジアは世界最大の人口稠密地域であるとともに、変動帯に位置し、大きな地震の頻発する地域も多い。このような社会・自然条件は、前述した使用済み燃料や放射性廃棄物の処分に対してもさまざまな問題を投げかける。さらに、仮にレベル七級の大事故が東アジアの原発で発生した場合の被害の深刻さは、チェルノブイリの原発事故による被害の到底及ぶところではない（図参照）。チェルノブイリ原発事故の際に放出されたセシウム一三七による汚染は、チェルノブイリを中心に断続的に直径三〇〇キロメートル以上にもわたった（原子力資料情報室、二〇〇四）。これは例えば、新潟の相崎・刈羽原発で同様の事故が起きた場

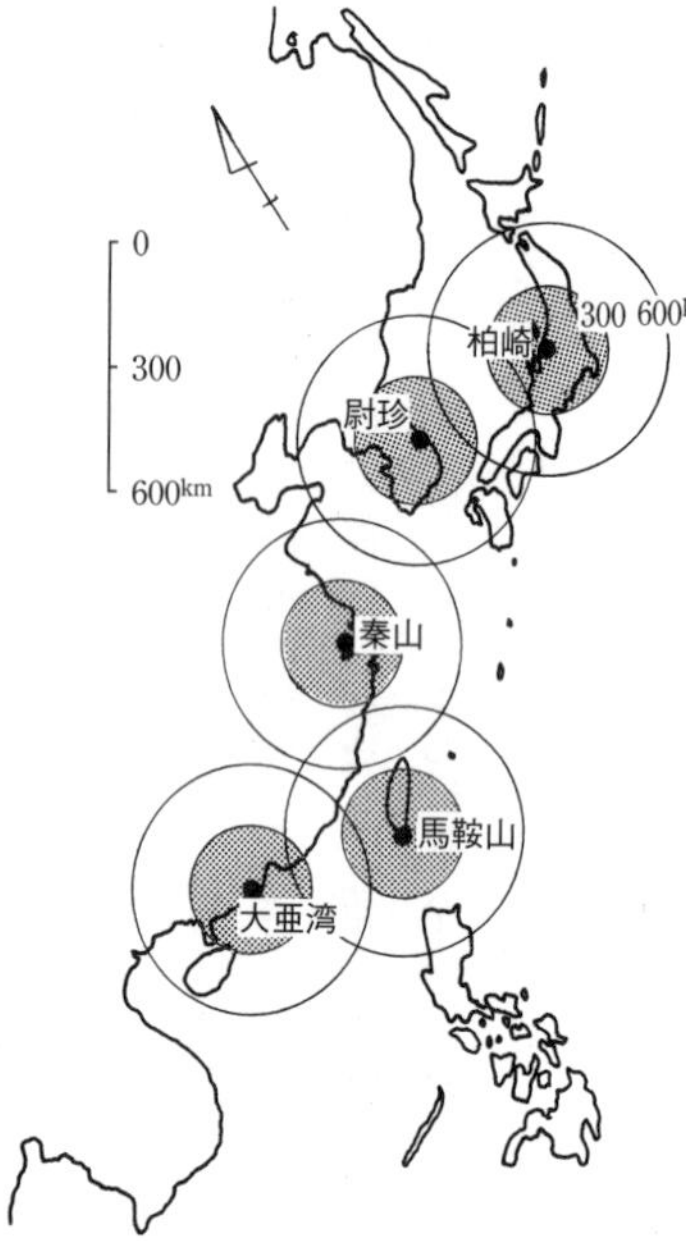

合、首都圏はもちろん、北海道南部から四国・中国地方の半分までが覆われる広さに相当する。同様に、中国の泰山原発では上海を始めとした中国東部の人口集中地域がほぼ入ってしまう。

いずれにせよ、日本を始めとしたアジアの国々が環境保全の名のもとに今後原子力発電所を建設していくことは、事故の危険率を上昇させるだけでなく、膨大な放射性物質の蓄積を通じて、人類にとってはほとんど永遠ともいえる時間にわたって続く放射線被曝の危険を、未来の世代に有無を言わさず押し付けることになる。

そして何より、原子力政策を推進することは「核」という脅威と常に向き合っていかなければならない社会をアジアにつくることでもある。唯一の被爆国として核廃絶に真摯に取り組まなければいけないわが国が、逆に核兵器の拡散につながる原発（池内、一九九九）をアジアに普及させることだけは避けなければならない。原子力は、東アジアそしてアジア共生のための手段には決してならないし、またしてはならない。

注

1　二〇〇三年六月に台湾の陳水篇総統は「二〇〜三〇年間の電力生産のために何十万年にわたる核廃棄物を残すことはモラルに反する」と指摘し、台湾が脱原発に向かって歩み始めることを明言している（原子力資料情報室通信三五〇号）。

2　原子力発電所の事故の国際評価尺度では、レベル七が最も高く「深刻な事故」となっている。過去の事例としては八六年のチェルノブイリ原発事故がある（原子力資料情報室編、二〇〇三）。

参考文献

池内了、一九九九「二一世紀の科学・技術と平和」坂本義和編『核と人間Ⅱ核を超える世界へ』岩波書店：一六七〜二二七。

原子力資料情報室編、二〇〇三『原子力市民年鑑二〇〇三』七ツ森書館：二一九。

資源エネルギー庁編、一九九五『総合エネルギー調査会原子力部会中間報告書　原子力発電の安全確保に向けて――近隣アジア地域の国際協調――』ERC出版：一四一。

資源エネルギー庁、二〇〇二『核燃料サイクルのエネルギー政策上の必要性』資源エネルギー庁。

日本原子力産業会議編、二〇〇三『世界の原子力発電開発の動向二〇〇三年度版』日本原子力産業会議：一九五。

宮島信夫編、一九九六『原発大国へ向かうアジア』平原社：二五四。

第III編

東アジア地域協力の展望

第III編

東アジア地域協力の展望

8 ＡＳＥＡＮが主導する東アジア地域協力と日本

高橋正樹

冷戦崩壊後、東北アジアと東南アジアを合わせた東アジア地域をイデオロギー的、軍事的対立によって分断する状況は減少した。その意味で妥協の余地のない絶対的敵対関係が大幅に後退する一方で、東アジア地域の経済社会的な関係が深まっている。しかし、いまだ地域全体を包括する制度的な地域協力の枠組みは成熟しておらず、中国、日本、アメリカといった大国が不安定な勢力均衡関係を演じている。そのような状況のなかで、近年、東南アジア諸国を始め各国から「東アジア共同体」の構築が叫ばれるようになった。その萌芽は東南アジア諸国連合（ＡＳＥＡＮ）のイニチアティブによるいくつかの地域協力体制に現れており、とくに、一九九七年七月の「金融危機」以後、東アジア経済の一体感が再認識され地域協力への動きが加速されている。しかし、この東アジア地域協力に水を差しているのが、日米同盟に囚われるあまり東アジア地域協力に向けて積極的なアジア外交を展開できないでいる日本政府である。

本章においては、東アジア共生の条件は何かを、地域統合を主導するＡＳＥＡＮの動きに焦点をあわせつつ、それを日本の日米同盟優先政策と関係付けながら論じていく。その結論として、日米同盟優先政策が日本政府の東アジア地域協力への消極姿勢をもたらし、さらに日本国内の保守的傾向と一体化していることを示し、東アジアの共生の条件として、冷戦崩壊後に再定義された日米同盟を再検討する必要があることを指摘する。

以下では二〇〇〇年一二月までの動きを中心に、第一に、冷戦崩壊後の外交及び安全保障面でのアメリカ、日本、中国を中心とした同盟と勢力均衡原理が支配する二国間関係と、東アジア経済の急速な統合を考察する。第二に、東アジアの地域協力の枠組みをめぐって、そこにアメリカを含むか否かの対立と、中国と日本との東アジアにおける影響力をめぐる競争とを考察する。第三に、ＡＳＥＡＮが主導するアジア太平洋地域の安全保障の枠組み形成である「ＡＳＥＡＮ地域フォーラム（ＡＲＦ）」と東アジア諸国によるより包括的な枠組みである「ＡＳＥＡＮプラス三（ＡＰＴ）」を検討する。最後に、日本政府の対応を中心に東アジア共同体への発展の可能性を分析して、ＡＳＥＡＮから提示する東アジア共生の道を提示したい。

1　冷戦崩壊後の不安定な東アジア国際関係と経済統合

東アジアの国際関係（国家間関係）は、日米同盟政策、アメリカと中国の覇権的政策、そして日米と中国との勢力均衡政策が基本的な特徴である一方で、経済面では急速に統合が進んでいる。

1　日米安全保障の再定義

日本政府は、冷戦崩壊後も日米安全保障体制に基づく日米同盟を外交と安全保障政策の最優先方針としている。冷戦時代、日米安保体制は、日本は自国だけを防衛するという「個別的自衛権」の原則と、極東地域の安全のために駐留する米軍の活動を支援する「間接的支援体制」をもつことによって、実質的にグローバルな西側共同防衛の不可欠な要素となっていた。すなわち、日本が自国に対する「ソ連の脅威」に対応することで、日本の防衛と極東の防衛と西側陣営の防衛が達成されるという国際関係の特徴があった。ところが、この「冷戦日米安保」体制は、一九九一年にソ連が崩壊すると日本防衛を目的とする軍事同盟としてはほとんど意味がなくなった。そこで米軍は、日米安保を極東への脅威に対応する機能をもたせることによって、アジア太平洋でのアメリカの覇権を確保し、日本の自立化・軍事化を阻止し、さらに米軍のコストを抑えようと考えた。この方針は、一九九五年二月にジョセフ・ナイ米国防次官補による「東アジア戦略報告」に具体的に示された。そこで、日米安保体制を堅持することと、アジア太平洋に一〇万人の米軍プレゼンスを維持することが明確にされた。

その結果、日米両政府は一九九六年四月、「日米安保共同宣言」を行い、冷戦後の新たな状況で安保体制がアメリカの戦略を補完できるようにその目的を変えた。すなわち、日本防衛を目的として結ばれたはずの日米安保条約は、「アジア太平洋の平和と安全のための同盟関係」と再定義され、その観点からガイドラインを見直すことになった。そして、一九九七年九月にそのガイドラインの合意が発表され、そこで、「周辺事態」の際に、物資の輸送補給など米軍に対する後方支援や民間の港湾・空港の新たな提供などを確認した（室山、一九九七：一二七、一三二―一三三・阿部、一九九七：六六―六八）。そして、一九九九年五月には周辺事態法を成立させ、日米共同で周辺事態に対処する方針を打ち出したことは、その「周辺」の意味する範囲をめぐって中国などの反発を招いた。

2　中国外交

冷戦崩壊後の中国外交には、覇権的外交と全方位外交のふたつの側面がある。覇権的外交として、中国は軍事力増強を背景にアジア地域での影響力や主導権の確立をめざし、日米同盟への牽制を行っている。他方、全方位外交では、中国は現実容認と経済発展を最優先の国益として、経済協力と周辺地域の平和環境の確保を求めて国際社会との協調をめざしている。ここでは覇権的外交を中心に論じ、地域協力をめざす全方位外交に関しては後述したい。

覇権的外交の側面としては、冷戦崩壊後、中国は東南アジア諸国と南シナ海の島々の領有権をめぐって対立しており、そのために東南アジア諸国の間に「中国脅威論」が発生した（図1参照）。この覇権的外交の背景には、ソ連の崩壊によって、域外大国の干渉の可能性がなくなるという国際環境の変化（力の空白）と、急激な経済成長により石油需要が急増するという中国の経済事情があった。南シナ海の島をめぐっての武力衝突は、すでに一九七四年一月に、当時の南ベトナムと中国との間に、パラセル（西沙）群島の領有権をめぐって発生していた。その紛争は、一九八八年三月のスプラトリー（南沙）群島の領有権をめぐる中国とベトナムの武力衝突によって再燃した。さらに、一九九五年にはフィリピンが領有権を主張するスプラトリー諸島のミスチーフ環礁に中国が建造物を作り、フィリピンと衝突した（第一次ミスチーフ環礁事件）。この事件は中国の南進化政策を示し、ＡＳＥＡＮ諸国に深刻な衝撃を与え、中国脅威論を広げることになった。一九九七年以降、アジア通貨危機や中国の台湾問題への専念などによって東南アジアの中国脅威論は一時後退した。しかし、一九九八年に中国が再び、ミスチーフ環礁の建造物の補強をして、実効支配を着々と進めていることから、フィリピンは強く反発した（第二次ミスチーフ環礁事件）。その一方で中国は、タイと一九九九年二月に二国間関係の枠組みで、軍事交流、安全保障のための対話を確立するという「行動計画」に調印するなど、ＡＳＥＡＮ諸国の分断化を狙っている（佐藤、二〇〇一：一七九―一九六・高

図１

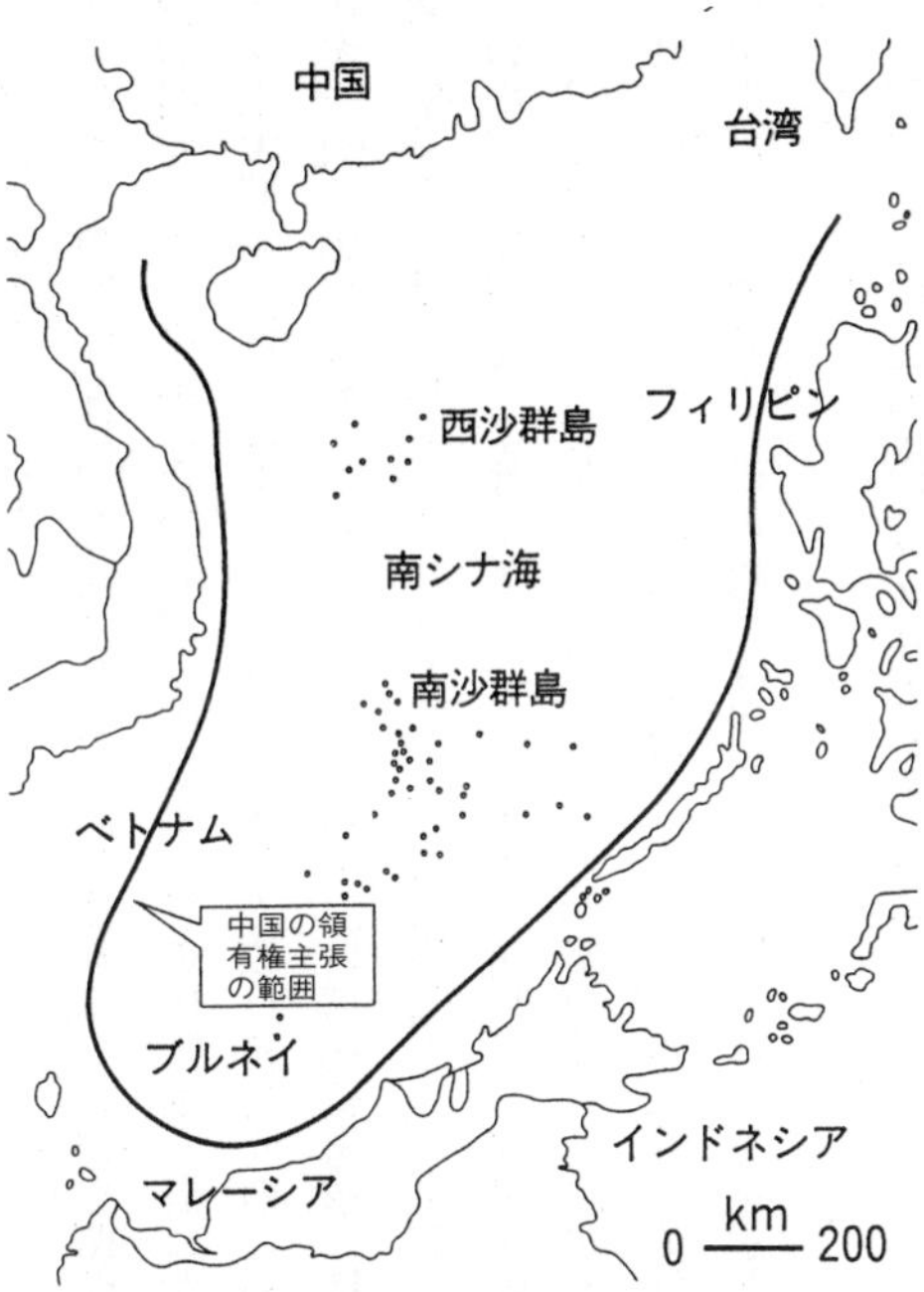

（出所）『ポスト冷戦のアジア太平洋』221頁を一部修正。

埜、二〇〇一：一六四―一六五）。

アメリカとの関係では、悪化と修復の間を揺れる不安定な関係が続いている。米中間の不安定要因である台湾問題では、中国は台湾の主権国家としての国際的承認に強く反対している。一九九五年五月、クリントン米大統領が台湾の李登輝総統のアメリカの母校訪問のための私的訪問を認めたことによって、米中関係が一気に悪化した。さらに、一九九六年の台湾総統選挙に抗議して、中国が台湾近海でミサイル発射演習を実施し、それに対してアメリカが空母を派遣したために中米関係は緊張した。その後、ユーゴスラビアの中国大使館爆撃事件やアメリカと中国の軍用機の接触事件で、米中関係は悪化することになった。しかし、経済成長に必要な良好な国際関係を外交の最優先課題とする中国政府は、アメリカとの関係を修復させていった。さらに、北朝鮮問題では二〇〇三年八月に開催された六カ国協議で、中国は米朝間の仲介役を果たし、朝鮮半島の危機管理に積極的に関わる姿勢を示した（木宮、二〇〇四：四三）。

3 「九・一一」事件後のアメリカと東アジア

アメリカのブッシュ政権は、二〇〇一年九月一一日の「九・一一」事件以降、政権内部の新保守派（ネオコン）の思想を強く反映させた「対テロ戦争」を始めた。ネオコンの影響により、ブッシュ政権は外交交渉や国際法よりは威嚇や軍事行動を、国際協調や多国間協議よりは単独行動を、そして国際社会の利益よりは自国の利益を優先する姿勢を鮮明にした。したがって、アメリカは「対テロ戦争」のためには国際社会の協力を必要とするが、その外交原則はあくまで単独行動主義的傾向が強い。すなわち、「アラカルト多国間主義」と呼ばれるような、アメリカの国益を基準にしてアメリカに都合の良い問題は多国間協議や国際的合意に従うが、アメリカに都合の悪い国際的合意は従わないという態度を一層、強くしている(田島、二〇〇二：一〇八―一〇九)。さらに、イラク戦争をめぐって独仏との同盟関係が揺らいでいるように、同盟関係も争点毎に構築し直すという冷戦崩壊後の不安定な国際関係を反映している。

このような状況に対して、日本の小泉政権は九・一一事件以降も、日米同盟を最優先とする立場から対米協力を他に優先させている。すなわち、アメリカによるアフガニスタンのタリバン政権攻撃を支援するために、「テロ対策特別措置法」を二〇〇一年一〇月に成立させ、一一月に自衛隊をインド洋に派遣した。これによって日本は世界で展開する米軍の軍事活動を後方支援することが可能になり、日米同盟は大きく変化することになった。さらに、二〇〇三年三月二〇日に米軍がイラクへの攻撃を開始すると、小泉政権はただちに攻撃を支持し、同年七月に「イラク復興支援特別措置法」を成立させ、二〇〇四年二月には自衛隊の本体をイラクに派遣し、アメリカのイラク戦争支援を鮮明にした。そして、小泉首相は二〇〇四年一二月、大量破壊兵器が存在しないなどイラク戦争の正当性に大きな疑問があり、自衛隊のイラク派遣延長に世論調査で六〇％が反対しているにもかかわらず、対米配慮から一年間延長を決定した。

他方、中国政府にとって、アメリカの対テロ戦争は二律背反的な意味をもっていた。すなわち、国内にイスラム過激派をかかえる中国は、アメリカの対テロ戦争を支持することで自国での反政府活動を弾圧しやすくなるし、また、ユーゴスラビアの中国大使館爆撃事件や米中軍用機接触事件で冷えてしまったアメリカと関係修復の好機でもあった。とくに経済成長を優先させたい中国は、アメリカとの関係がいま不安定になることを望んでいない。これに対して、アメリカのブッシュ政権は北朝鮮の不測の事態を避け、中国との関係を深めたい。その姿勢が、台湾の陳水扁政権の「台湾独立」方針への反対となって表れている（本田、二〇〇四：二九三―二九四）。他方で、中国は、アメリカが対テロ対策を東北アジア、東南アジアや中央アジアでの軍事的影響力を強化する方便にしているのではないかと懸念する。さらに、イラク戦争でアメリカが「体制転覆」を目的にしたことは、中国の現体制にとって警戒すべき点である。このような、アメリカとの不安定な関係を反映して、中国は東南アジアやインド、韓国などの周辺国との良好な関係を重視している（Ba, 2003 : 644-645）。

4　東アジア経済の成長

東アジアではその不安定な大国間関係に比べ、経済面では一層の統合が進んでいる。東アジアの経済統合は各国政府の地域協力によって促進されたというよりは、市場主導型であり、むしろ各国の企業が自由に経済を拡大することによって地域経済の統合を深めている。

その「雁行型発展モデル」といわれる東アジア経済の発展過程には、日本の経済発展がアジア新興工業国（ＮＩＥｓ）の経済発展を促し、さらにＮＩＥｓの経済発展がＡＳＥＡＮ諸国と中国の経済発展を促進させるという東アジア域内の発展ダイナミズムがあった。歴史的経緯を見るならば、一九七〇年代中期と一九八〇年前後の二つの石油危機を乗り越えた日本が次第に貿易黒字を拡大していき、その黒字を削減すべく、一九八五年九月のプラザ合意によって円高を余儀なくされた。円高によって輸出競争力を失った日本企業は、生産コストの安いＮＩＥｓ・ＡＳＥＡＮ諸国へと生産拠点をシフトさせていき、これらの地域の経済を刺激した。ところが、そのＮＩＥｓも経済が好調ゆえに通貨切り上げと賃金の上昇をもたらし、とくに労働集約的産業はＡＳＥＡＮ諸国そして中国に工場を移転していった。その結果、一九九〇年代に入ってからのＮＩＥｓからＡＳＥＡＮ諸国や中国への直接投資は、日米からのそれを凌いでいる。さらに、日本企業は日本の基幹産業であった家電・電子部品産業、自動車産業までも東アジアに移転し、そこで東アジア域内市場向けに生産を始めている。この過程を通じて、東アジア地域は相互に密接に依存しあった経済圏を形成しつつ、その経済成長を促進させてきている。

具体的な数字を見るなら、日本の東アジア（ＮＩＥｓ・ＡＳＥＡＮ諸国・中国）からの輸入額は一九八〇年の二二・二％から一九九五年には三七・〇％へと東アジアとの相互依存関係を高めてきた（渡辺、一九九六：五八―六二）。さらに、二〇〇三年には、中国からの輸入が日本の輸入総額の約二〇％を占めており、アメリカからの輸入を抜き、東アジア全体からの輸入は日本の輸入総額の四三・八％に達している。他方、二〇〇三年の日本の最大の輸出相手国はアメリカで日本の総輸出の約四分の一を占めているが、日本の東アジア（ＡＳＥＡＮ諸国・中国・韓国・香港・台湾）への輸出は四五・五％にのぼり、アメリカ、ＥＵへの輸出をはるかに越え、日本の輸出が東アジアに集中してきている。すでに、東アジア諸国は日本にとって最も重要な貿易相手国となっているのである（谷口、二〇〇四：八八―八九）。

2 ASEANと東アジア地域協力

東南アジアの地域協力組織として発展したASEANは、冷戦崩壊とともに東南アジア全地域を包括すると同時に、東アジア地域協力の中核としての役割を担うようになった。

1 国家安定のためのASEAN

ASEAN結成の目的は加盟国間関係の安定であったので、加盟国のコンセンサスと内政不干渉を基本原則にする「ASEANウェイ」が不可欠であった。ASEANは、一九六七年八月、タイ・インドネシア・マレーシア・シンガポール・フィリピンの五カ国によって結成された。その主たる目的は、国家建設間もない国内の安定のために、域内の構成国間が互いに領土保全と主権を尊重することであった。そもそもASEAN結成の背景には、かつてのイギリス植民地の領域を基盤に独立しようとするマレーシアと、それは植民地秩序をそのまま国際秩序に反映させる新植民地主義だとして、強く反発する隣接のフィリピンやインドネシアがあった。その結果、島嶼部東南アジアの紛争は激化したが、強硬政策をとっていたインドネシアのスカルノ大統領失脚などを経て沈静化した。その過程で、この地域の国家関係の安定化をめざして結成されたのがASEANであった（山影、一九九七：三四―三六）。すなわち、ASEANは脱植民地化の結果、誕生した東南アジアの新たな国際秩序を定着させるための信頼醸成のための組織であった。

したがって、その組織運営の特徴はＡＳＥＡＮウェイと呼ばれる、長い討議をかけてのコンセンサスを尊重し、内政不干渉の原則を守り各国の主権を優先させることであった（Haacke, 2003b : 80-81）。

その特徴は、一九七一年の「東南アジア平和・自由・中立地帯宣言（ＺＯＰＦＡＮ）」にも表れている。これによって、ＡＳＥＡＮ諸国は紛争に巻き込まれず互いの友好関係を促進して、自国の経済建設に専念することをめざした。さらに、一九七五年のベトナム戦争終結後、一九七六年にＡＳＥＡＮ諸国は、「東南アジア友好協力条約（ＴＡＣ）」によって「ひとつの東南アジア」政策を打ち出し、東南アジアという地域的枠組みにインドシナ諸国も加えようと試みた。これによって、インドシナ諸国に既存の東南アジア国際関係の尊重を求めたのである。しかし、一九七八年末のベトナムのカンボジア侵攻以降、インドシナ諸国とＡＳＥＡＮ諸国はとくにタイとベトナムを中心に対立した（高橋、一九九三：九二―一〇〇）。一九八〇年代後半以降、ＡＳＥＡＮはカンボジア紛争解決に積極的に役割を果たし、ついに一九九一年一〇月、カンボジア紛争に関するパリ協定が締結され、国連（ＵＮＴＡＣ）の主導によって九三年にカンボジアの総選挙が実施された。カンボジア紛争の解決によって、カンボジアをめぐるＡＳＥＡＮ諸国とベトナムの対立がなくなると、一九九二年のＡＳＥＡＮ外相会議に、ベトナムとラオスがオブザーバーとして招待され、一九九五年にはベトナムが、一九九七年にはビルマ（ミャンマー）とラオスがＡＳＥＡＮの正式な加盟国になった。さらに、カンボジアが一九九九年に加盟し、これによって東南アジア一〇カ国を包含する組織になった。

2　ＡＳＥＡＮの拡大の背景

ＡＳＥＡＮは東南アジア国際関係の安定化のために、東チモールをのぞく全東南アジア諸国にその構成国を拡大した。しかし、ＡＳＥＡＮが拡大したことで、経済構造や経済レベルの大きな相違、さらに政治体制の相違による「ＡＳＥＡＮディバイド」といわれる弱体化をもたらすことが懸念されている。

それにもかかわらずＡＳＥＡＮを拡大させた最大の理由は何か。なぜ、先発加盟国間での域内協力関係を盤石にすることを優先しないのだろうか。このことを理解することが、ＡＳＥＡＮの組織原理を理解し、さらに域外外交の特徴を理解することに繋がる。その第一の理由は、東南アジアが加盟国と非加盟国とに分裂するのを避けて、「東南アジアをＡＳＥＡＮ化」することで、主権と領土保全を相互に保障しあえる範囲を東南アジア全域に広げるためである。インドシナ戦争の頃のように隣国同士が対立し、近隣敵対国による反政府勢力への支援などは避けたかった。そのために、これらの近隣諸国をＡＳＥＡＮの枠組みの中に包摂して、国際関係規範を共有し信頼醸成を図ることがこの地域の国際関係の安定化にとって不可欠である。

第二に、東南アジア諸国がＡＳＥＡＮの枠組みの下に連帯することで、域外の大国の東南アジアへの介入を阻止する必要があった。先発加盟国にとっては、ビルマ（ミャンマー）やカンボジアへの中国の影響力が拡大することによって東南アジアが分断されて、これら隣国との関係が不安定になることを避ける必要があった(1)。さらに、中国と歴史的に対立してきたベトナムは、ＡＳＥＡＮ諸国と協力することで中国を牽制しようとした。ただし、このことは拡大ＡＳＥＡＮが「反中国連合」であることを意味するのかといえばそうではない。つぎにふれるようにＡＳＥＡＮ地域フォーラム（ＡＲＦ）やＡＳＥＡＮプラス三（ＡＰＴ）という域外大国との地域協力によって、中国を「内部化」させることでＡＳＥＡＮ諸国と中国との関係の安定化を図ろうとしているのである（黒柳、二〇〇三：一四六・小笠原、二〇〇一：九三―九四・山影、二〇〇一：三）。

このように、ＡＳＥＡＮ諸国にとって、東南アジア域内の安定と域外関係の安定は自国の安定と不可分な関係にあった。ＡＳＥＡＮはまさにその対内的脆弱さ故に拡大したのであって、その論理はさらに域外協力への熱意になって現れている。

3　東アジアの地域経済協力の枠組み

経済成長が著しい東アジアにおいて、地域経済協力の体制作りの模索が続いている。そこでは、枠組みを北米やオセアニアを含む「アジア太平洋」にするか、それともそれらを除いた「東アジア」にするかで揺れてきた。その背景には、東アジアに影響力を維持しようとするアメリカとそれに同調する日本と、東アジア独自の経済協力の枠組みを構築したいＡＳＥＡＮや中国の動きがある。それらの動きは、単なる経済的な動機によるものではなく、東アジア経済の主導権をめぐった極めて政治的な駆け引きを反映している。

東アジア統合への動きとして、一九九〇年一二月、マレーシアのマハティール首相が同国を訪問した中国の李鵬首相に対して、「欧米の経済ブロックに対抗するためのアジア太平洋諸国のブロック形成構想」

を明らかにした。この構想は「ブロック」という言葉が排他的だという反発を招くとして「東アジア経済グループ（ＥＡＥＧ）」に、さらに一九九一年一〇月のＡＳＥＡＮ経済閣僚会議ではフォーラム形式の「東アジア経済会議（EAEC=East Asia Economic Caucus）」に修正された。その構想の骨子は、構成国を東南アジア諸国と日本、中国、韓国の東アジア諸国に限定し、欧米の外圧に対する東アジアの集団的発言権の強化をめざし、さらに日本と中国と韓国の取り込みを狙おうというものであった。これに対して、アメリカがこれは反米的色彩が強いとして反発し、日韓両国にもこの構想に乗らないように圧力をかけた。日本はアメリカへの配慮によって消極的な姿勢を示した。さらに、事前に根回しのなかったインドネシアのスハルノ大統領もこれに反対した。

その代わりに東アジア諸国が選択した経済協力の枠組みは、「アジア太平洋」であった。一九八九年一一月に、第一回アジア太平洋経済協力会議（ＡＰＥＣ）がオーストラリアで開催された。アメリカはＡＰＥＣに対して、発足した当初はあまり積極的な姿勢は見せなかった。しかし、マハティール首相がＥＡＥＣ構想を打ち出すと、アメリカはアジアの繁栄から排除される危惧を抱いた。一九九三年の第五回ＡＰＥＣ閣僚会議の主催国になったアメリカは、「新太平洋共同体」構想を打ち出し、自らの主導の下にこれを組織化、制度化して、アジア太平洋を経済共同体化することに積極的になったが、アジア諸国はＡＰＥＣの制度化には消極的であった。一九九〇年代後半になるとアメリカとアジア諸国との制度化の是非をめぐる対立が鮮明になり、ＡＰＥＣは地域主義の枠組みとしては形骸化していった。また、一九九七年七月のアジア通貨危機に対して、ＡＰＥＣは何ら有効な対応をすることはなかった（大庭、二〇〇一：二七九―二八〇・伊、二〇〇一：二三八―二三九）。そして、後述するように、一九九七年のアジア通貨危機を契機に、東アジアを中心にした経済的地域主義の動きが再び活発化した。

4 ASEAN地域フォーラム（ARF）

ＡＳＥＡＮは域外国際環境を安定化させるために、地域安全保障の枠組みであるＡＳＥＡＮ地域フォーラム（ＡＲＦ）の結成を主導した。

一九七〇年代からＡＳＥＡＮは主要国との定期的な交渉を重ねており、一九七九年にはカンボジア紛争解決のために西側先進国の支援を引き出すことをひとつの目的にして、日本、アメリカ、オーストラリア、ニュージーランド、ＥＣとの拡大外相会議（ＡＳＥＡＮ―ＰＭＣ）を設立した。このような実績を土台にして、冷戦終結後の一九九二年に開催されたシンガポールでの首脳会議で、拡大外相会議を安全保障問題を検討するフォーラムとして活用することが合意された。さらに一九九三年にＡＲＦの設立が合意され、一九九四年に第一回ＡＲＦ会議がバンコクで開催された。一九九五年のブルネイでの第二回ＡＲＦ会議では、南シナ海の領有問題、北朝鮮の核開発問題、カンボジア和平、東南アジア非核兵器地帯化などが討議された。さらに、「ＡＲＦプロセス」という信頼醸成、予防外交、紛争対処という三段階に従ってＡＲＦを発展させていくことが確認された。当面は、第一段階が主な目的であるが紛争対処という実効的な行動をＡＲＦに含めるかどうかは今後の検討に委ねられた。ここで、ＡＲＦは参加国相互の理解と信頼を醸成することを目的としたフォーラムであることが確認された。また、その運営もＡＳＥＡＮウェイに準じた十分な協議を通じた全会一致のコンセンサスに基づく柔らかい地域主義という性格をもつことになった（山影、一九九七：三〇二）。ジャカルタでの第三回会合で、ＡＲＦの地理的対象範囲は東南アジアと東北アジアを含む東アジアとオセアニア地域であることが確認された。二〇〇〇年現在の参加国は、ＡＳＥＡＮ一〇カ国に日本、オーストラリア、カナダ、アメリカ、中国、インド、ニュージーランド、ロシア、韓国、ＥＵ、パプアニューギニア、北朝鮮である。

このような安全保障の枠組みは協調的安全保障の萌芽と考えられる。協調的安全保障とは、対立的な国も含めて域内のすべての国が体制に参加したうえで、安全保障対話や政治対話などの包括的な方法によって相互の信頼醸成措置を重視し、諸国の協調によって体制内の武力衝突を予防しようとする安全保障の形態である（神谷、一九九七：一五一―一五二）。

ＡＳＥＡＮは、なぜその主権と領土の保全を相互に保障するために地域協力を実現するという原理を、ＡＲＦ結成によってさらにＡＳＥＡＮ域外に拡大する必要があったのか。それは、国家の安定のためには、東南アジアに域外大国が介入して域内国際関係を不安定にすることを防ぐことが必要条件であるからである。すなわち、ＡＳＥＡＮ諸国にとって、自らの国家の安定とＡＳＥＡＮの安定と域外関係の安定という三つのレベルの安定が不可分な関係として認識されている。それは冷戦時代に、中国やアメリカやソ連の介入が東南アジアを不安定にして、さらに各国家が外国勢力に支援を受けた反体制勢力に苦しんだことが教訓となっているからであろう。冷戦崩壊後は、南シナ海領有問題による「中国の脅威」が東南アジア諸国に迫っていた。小国であるＡＳＥＡＮ諸国にとって、中国の脅威を地域協力の枠組みで解決することが急務であった。また、ＡＳＥＡＮ諸国は、東アジアで中国、アメリカ、日本のどの一国でも突出して影響力を行使することを警戒している。したがって、ＡＳＥＡＮ諸国にとって潜在的な脅威となり兼ねないこれらの大国を取込んだ広域安全保障体制の形成に積極的なのである（山影、一九九七：三〇八）。

では、域外の諸国はなぜ、ＡＳＥＡＮ主導の東アジア地域多国間安全保障の枠組みを受け入れたのか。その理由は、冷戦崩壊後の東アジアをめぐる国際環境の変化に由来する。第一に、東アジアでは、ソ連の解体で米ソ対立、中ソ対立が解消されたことがあげられる。この冷戦構造の崩壊によって、アジア太平洋では大国間の明確な友敵関係は消滅し、それだけ大国間の勢力均衡政策は多角的かつ不安定になった。しかし、裏を返せば、それはこれらの地域を包括する安全保障体制の構築の可能性が高まったことを意味する。第二に、とくに中国が、⑴アメリカ主導の日本、韓国などとの二国間同盟による中国封じ込め戦略を阻止し、⑵地域的安全保障の枠組みに参加してそこでの中国の発言力を高め、⑶中国脅威論を叫ぶＡＳＥＡＮ諸国との関係修復を図ることを目的にして積極的に参加したことがあげられる（Haacke, 2003a : 116）。そして、これが中国に対抗する日米等の参加を促す結果になった。第三に、この地域のどの国も、小国の地域組織であるＡＳＥＡＮのイニシアティブを警戒する必要がなかったからである。その背景には、地域の大国である中国と日本、あるいは韓国の間に互いの覇権に対する警戒心や歴史問題等の障害があり、これら日中韓いずれの国のイニシアティブも受け入れられ難い状況があった。第四に、対象範囲がアジア太平洋であったために、ＥＡＥＣ構想で生じたアメリカとアジアの対立が顕在化しなかったからである。そして、第五は、ＡＳＥＡＮウェイに基づく緩やかなフォーラムであったから、各国が気軽に参加できたことがあげられよう。

ＡＲＦの評価として、安全保障体制として効果はあまりないのではないかという批判がある。確かに、ＡＳＥＡＮがＡＲＦ設立の最大の目的とした中国による南シナ海領有問題の解決には至っていない。ましてや、北朝鮮問題や台湾問題についてもＡＲＦがうまく機能しているとは言い難い。これはＡＲＦがＡＳＥＡＮウェイ、すなわち対話を通じたコンセンサスによる信頼醸成を目的とするからであり、当初から紛争解決を目的としていないところに理由がある。この限界を乗り越えるための解決策として、非ＡＳＥＡＮ諸国とも運営責任を共有し、常設事務局設置を含む制度化を推進し、さらに、ＡＲＦ参加国が地域的秩序形成の代償として主権の一部譲渡を決意すべきだという指摘がＡＳＥＡＮ以外から出されている（黒柳、二〇〇三：一一七―一一九）。

しかし、この指摘はアジア太平洋地域の国際環境の現実を無視している。少なくとも現状において、アジア太平洋地域では、多国間の地域安全保障の枠組みとしてはＡＲＦのような緩やかなフォーラム以外の組織の成立は困難であろう。そこにおいては、加盟各国の脅威対象は共通ではなく多角的多重的であるし、日本・韓国・中国の間にはいまだ信頼関係が定着していない。また、東南アジア諸国の中国に対する警戒心も強い。このような国際環境において、ＡＳＥＡＮという小国の集団が地域安全保障協力の枠組みの第一歩を構築した点をむしろ何よりも評価すべきであろう（佐藤、二〇〇三：一六〇）。

さらに、ＡＳＥＡ諸国はＡＳＥＡＮ創設以来、加盟国間で武力紛争を経験していない。アジア太平洋全域でＡＳＥＡＮ型の多国間による協議とコンセンサスの慣行、相互内政不干渉の原則、非対決的な交渉姿勢（紛争問題の凍結）を実践し定着させれば、少なくともこの地域における武力紛争は回避できる。高埜がいうように、これこそがＡＳＥＡＮがＡＲＦを通じて加盟国に訴えかけているメッセージではないか（高埜、二〇〇三：八三―八四）。

3　東アジア地域協力の動きと日本外交

一九九七年七月のアジア通貨危機をきっかけに東アジアをひとつのまとまりとする東アジア地域統合への動きが活発になってきた。これに対して、日本政府は日米同盟関係を最優先とする外交を基本として、中国との対抗という受身的な対応に終始している。

1　ASEANプラス三（APT）

一九九七年七月のアジア通貨危機がＡＳＥＡＮプラス三（ＡＰＴ）という地域協力の枠組みを一挙に促進させている。冷戦後、前述のように、東アジアの地域協力の枠組みをめぐって、アジア諸国に構成国を限定するかアメリカやオセアニアを含むかで対立していた。日米同盟を外交及び安全保障の軸にする日本政府は、東アジア経済から排除されることを警戒するアメリカの圧力にあい、マハティール首相のＥＡＥＣ構想には反対であった。その後もＡＳＥＡＮ諸国と日本・中国・韓国を交えた閣僚会議に、日本はアメリカへの配慮からきわめて慎重であった。ところが、一九九六年三月のバンコクでの第一回「アジア欧州会議（ASEM=Asia-Europe Meeting）」の開催において、ＡＳＥＡＮの熱心な働きかけを背景にして、ＡＳＥＡＮ諸国と日中韓の首脳の参集が実現した。この時は、欧州という第三者があったこともありアメリカの表立った反対はなかった。しかし、一九九七年一月の段階でも日本政府は依然としてＡＳＥＡＮと日中韓による地域枠組みを拒み、日本とＡＳＥＡＮ諸国だけの定期的首脳会議の開催を提案していた。ところが、同年一二月にクアラルンプールで開催されたＡＳＥＡＮ非公式首脳会議に、日本は中国、韓国と共に招かれ、結果的にＡＳＥＡＮ主導の下にＡＰＴの枠組みに組み込まれたのである（高埜、二〇〇一：一六六—一六七）。

一九九八年一二月のハノイでの第二回ＡＰＴ会合以来、ＡＰＴの首脳会議は定例化され、地域統合への行程を模索してきた。すなわち、第一段階では、第三回ＡＰＴサミットに際して発表された「東アジア協力に関する共同声明」で、経済・社会分野のみならず政治・安全保障分野にも及ぶ広域協力の推進が確認された。第二段階は、二〇〇一年一〇月の第五回ＡＰＴサミットに提出された報告書「東アジア共同体に向けて——平和・繁栄・進歩の地域」に象徴される。この報告書は、東アジア共同体の構築に向けての総合的な指針と具体的な計画を提示している。そこでは東アジア共同体は、当初から「経済、金融、政治、安全保障、環境・エネルギー、社会・文化・教育」といった五つの分野にまたがる包括的協力メカニズムとして想定されている。さらに、ＡＰＴから東アジア共同体への展開に関して「地域対話の制度化」を勧告している。これまで制度化を避けてきたＡＳＥＡＮにとって一歩踏み込んだ提言である。第三段階は、二〇〇二年一一月の第六回ＡＰＴサミットである。この時に「東アジア研究グループ最終報告」が提出された。これは第五回サミットでの報告書で示された勧告案の妥当性・現実性・有効性を検討し、「東アジアサミット」に向けてのシナリオを策定することであった（黒柳、二〇〇三：一六四―一六六）。

ＡＰＴの具体的な地域経済協力として注目されるものにチェンマイ・イニシアティブがある。二〇〇〇年五月にタイのチェンマイで開催された第二回ＡＰＴ蔵相会議において、ＡＳＥＡＮ諸国と日本・中国・韓国の間でスワップ取決めを実現するチェンマイ・イニシアティブが合意された（大庭、二〇〇三：一五七）。これは日本が通貨危機直後に提案したアジア通貨基金（ＡＭＦ）構想を継承したものであり、アジア諸国が独自の資金協力ネットワークを構築しつつあることを意味する。この構想は、アジア経済圏の自立を嫌うアメリカと、日本の主導的役割を嫌う中国の反対に会い挫折したものであった。

一九九七年一二月にＡＰＴが実現した背景には、同年七月のアジア通貨危機があった。そこで、ＡＳＥＡＮはちょうど直面していた通貨危機への対応を日本に求める姿勢を示していた。その背景には、アメリカやＡＰＥＣやＩＭＦが一九九七年七月のアジア通貨危機に十分な対応をしていないという不満があった。他方、日本を始めとして東アジア諸国が経済的に協力した背景には、相互依存的な密接な経済関係がこの地域に形成されており、そのためにアジア通貨危機がタイからインドネシア、韓国など東アジア諸国に次々に伝播していったことがあげられる。すなわち、背景としての相互依存関係があり、これが危機の同時発生をもたらし運命共同体としての認識を共有し、これへの対策がさらに地域の経済的関係を深めたといえる。

とくに、「外部」からのショックが東アジア経済に深刻な打撃を与えたという認識は、グローバリゼーションに対抗するために東アジア地域主義を高め、ＡＳＥＡＮ諸国と日本、中国、韓国から構成される東アジアという集合的アイデンティティが形成されようとしつつあるという指摘がある（Nabers, 2003 :130―131)。

2　地域協力への日本政府の消極姿勢

日本政府の東アジア地域協力政策は、これまでのところ中国の積極的な地域協力への対抗政策としての性格が強く、主体性はあまり感じられない。例えば、小泉首相は、二〇〇二年一一月、東南アジアを歴訪し、シンガポールで「東アジア・コミュニティ」構想を打ち出したが、その枠組みとしてＡＰＴの枠組みにさらにオーストラリアとニュージーランドを加えた。この二カ国を含む理由として民主主義と市場主義の価値観の共有を強調していたが、これは民主主義的に立ち遅れている中国への牽制という見方もある。しかし、中国に対する対抗勢力としてこの二カ国を抑えることを、中国やＡＳＥＡＮ諸国が支持していない以上、日本政府がこの構想に本気で取り組んでいるとは言いがたい。

さらに、日本政府はＡＳＥＡＮ諸国に対する中国の積極外交に押されるように、二〇〇三年一二月一一日・一二日にＡＳＥＡＮ一〇カ国の首脳を東京に招いて「日本ＡＳＥＡＮ特別首脳会談」を開催した。会談での「東京宣言」では、ＡＲＦ等の地域協力の枠組を推進することを謳ったほか、日本とＡＳＥＡＮ諸国が経済面のみならず、政治や安全保障面でも協力及びパートナーシップを強化することを打ち出した。さらにそこで、東アジア・コミュニティに向けた協力では、ＡＰＴを重要な経路として位置づけた。そこでは、東アジア・コミュニティの創設に向けて日本とＡＳＥＡＮが中核になって協力することが謳われているが、中国と韓国について一言も言及がなかった。東アジア・コミュニティは、中国と韓国の協力がないと実現不可能であることが明らかであるのであるから、これは単なる政治的スローガンであると批判されても仕方がない（谷口、二〇〇四：三九）。

また、この日本ＡＳＥＡＮ特別首脳会談で、東南アジア友好協力条約（ＴＡＣ）への日本の加盟を表明した。しかし、それまで日本政府はＴＡＣに消極的であった。例えば、一九九八年のＡＳＥＡＮ外相会議で、日中韓、インドなどアジアの域外大国にＴＡＣへの加盟を呼びかけたのに対して中国とインドがそれに応じたが、日本は直ちに応じなかった。その理由は、アメリカ抜きの政治的枠組みに参加するのは日米安保体制に悪影響を与えるからというものであった。しかし、東アジアで中国の影響力が大きくなり過ぎるのを嫌うＡＳＥＡＮは、二〇〇三年一〇月のバリでの会議でも日本に強く要請したため、渋る日本政府はついに東京での特別首脳会談を成功させるために署名を表明したのであった（『朝日新聞』二〇〇三年一二月一一日・一二日・一三日）。

この中国への対抗措置としての地域協力の姿勢は、ＡＳＥＡＮ諸国との自由貿易協定（ＦＴＡ）締結交渉にも表れている。日本政府は二〇〇五年から交渉に入り二〇一二年に締結をめざすことで二〇〇三年一〇月にＡＳＥＡＮと合意している。それまで消極的であった日本がＦＴＡ交渉に積極的になったきっかけは、二〇〇一年一一月に中国ＡＳＥＡＮ首脳会議での両者のＦＴＡ締結合意である。これにより、中国の東アジアにおける存在感の増大、政治的影響力の拡大を印象付けることになったのである。日本はこの中国の積極的なＦＴＡ締結に危機感をもち、ようやく締結交渉に乗り出したといえる（大庭、二〇〇三：一七六・Nabers, 2003 : 128）。

3　日米同盟と日中関係

日本政府の東アジア地域協力への消極姿勢の背景には、日米同盟と呼応する国内の保守的な政治の動きがある。小泉首相の靖国神社公式参拝問題と「新防衛大綱」はその動きを如実に示している。まず第一に、小泉首相は二〇〇一年の首相就任以来、毎年、靖国神社を公式参拝しているが、中国や韓国の反発を招いている。すなわち、首相は「不戦の誓いをするということで靖国神社を参拝している」としているが、中国政府は「Ａ級戦犯を祀っている神社に参拝することは戦争を肯定することにつながる」としてこれに強く反発している。その結果、両国首脳の公式訪問は途絶えたままである。二〇〇四年一一月のサンティアゴでの小泉首相と胡錦涛主席との会談でも、胡錦涛主席は小泉首相に中止を強く求め、両者の関係は改善の兆しが見られない（『朝日新聞』二〇〇四年一一月二三日）。他方、韓国も最近の日本における韓国ブームの「韓流」現象にもかかわらず、「靖国神社公式参拝」には抵抗が強い。例えば、韓国の盧武鉉大統領は、中国の覇権主義(2)とともに日本の歴史問題を指摘している（『朝日新聞』二〇〇四年一二月八日）。

小泉首相の靖国神社公式参拝が個人的な心情だけによるのか、遺族会という支持母体の圧力によるのか、あるいは日中、日韓が対立することに利益を見出すアメリカの意向を汲んでのことかわからないが、それが中国政府のみならず中国国民の日本に対する反発を強め、両国民の対立感情を刺激していることは事実である。あるいは、小泉首相は世論の反中国感情を煽ることで、自分の公式参拝さらにはその先にある日米同盟堅持への国民からの支持を狙っているとの解釈も成り立つ。

第二に、二〇〇四年一二月に決定された「新防衛計画大綱」は、日米同盟を機軸としアメリカの世界戦略と日本の外交戦略との一体化と、その延長としての中国の仮想敵国視を基調としている。そこでは、東アジアにおける多国間安全保障の枠組みは完全に無視されている。すなわち、新大綱の第一の特徴は、自衛隊の任務を日米同盟に基づき世界に拡大している点である。新大綱は「国際的な安全保障環境を改善し、我が国に脅威が及ばないようにする」ことを安全保障の目標としている。この国際的な安全保障環境の改善とは、アメリカとの緊密な協力関係を充実させつつ、「不安定の弧」と呼ばれる中東から東アジアに至る地域の安定が日本の安保にとっても重要であるということである（図2参照）。しかし、これは自衛隊の海外出動を任務化し、日本の安全保障政策をアメリカの世界戦略に従属させ、自衛隊を米軍と一体化させることを意味する（前田、二〇〇四：八一―八二）。そして、これまで堅持されてきた専守防衛もしくは日本防衛を大きく踏み出すことを意味する。もともと、日米安保条約の目的は、「極東条項」に示されているように、日本防衛と「極東地域」の安全であった。それが一九九五年大綱では「周辺事態」への対応が明記され、

図2

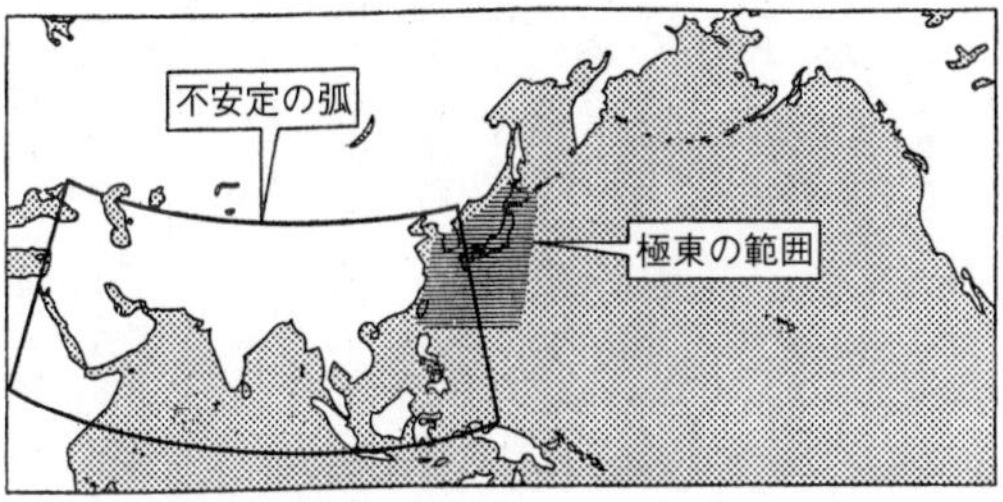

（出所）『世界』2004年12月号、82頁。

その「周辺」概念が問題になり、中国の批判に対して曖昧な定義に止めておいたが、今回はそのような配慮はなく、アメリカ軍にしたがって世界中で兵力を展開することになり兼ねない。

さらに、「国際的安全保障環境を改善」するといっても、それは軍事的に解決される問題ではない。テロに代表される二一世紀型の「新たな脅威」は、貧困や抑圧といった経済、政治的な要因が大きく、非軍事的な対応こそが本質的課題である。その意味で、まだ改善の余地はあるが外務省の「人間の安全保障」を強力に実践すべきであるが、それはまったく無視されている。

第二に、中国と北朝鮮を名指しして日本にとっての「脅威」であると規定した。このように国名を具体的にあげて脅威であるいうことはこれまでになかったことである。これは、官邸の反対を押し切って、防衛庁が強力に要求した結果である。その背景には、二〇〇四年一〇月に来日したアーミテージ米国務副長官が政府関係者に、「中国を脅威とする認識を共有する必要がある」とアメリカの意向を示したことが影響したといわれる（『新潟日報』二〇〇四年一二月二〇日）。これに対して、中国政府は強く反発したことはいうまでもない。このようにアメリカ政府の脅威感とそれへの対応をそのまま日本政府の政策とする姿勢に、独自に東アジアの平和を構築しようという発想は見られない。

4　冷戦後日米同盟と東アジア

戦後の日本政府の外交と安全保障政策は日米同盟に大きく拘束されてきた。しかし、とくに「冷戦後日米同盟」は、むしろ四つの点で大きな問題がある。第一に、二国間安全保障の枠組みである日米同盟は、

ＡＲＦのような東アジアの多国間安全保障体制と対立する可能性が高い。とりわけ、中国を仮想敵国にする戦域ミサイル防衛（TMD=Theater Missile Defense）が日本に配備されれば、それに対応しようとする中国の軍拡をもたらし、東アジアの安定を著しく損ねることになるだろう（Ikenberry and Tsuchiyama, 2002 : 86-87）。第二に、すでに見たように中国と日本の経済的な関係が密接であり、経済的な観点からすれば日中、米中の軍事的な対立は政策としては不合理であるという点である。第三に、アメリカの世界戦略にしたがって自衛隊の世界的な展開が推し進められることになる。それによって、戦後の日本の非軍事的な国際政策という基本方針が大きく変更させられている。第四に、日米安保体制は日本政治の保守化を背景として、「歴史認識」を後退させ、日本のアジア侵略の歴史的事実から日本国民の眼を背けさせようとする動きと連動する傾向が強い。この勢力は、憲法九条改正等の民族主義的、国家主義的側面を強めている。

言うまでもなく、日本とアメリカとの友好的な関係はアジア・太平洋の安全にとって不可欠である。しかし、もし冷戦後の日米同盟関係が、自衛隊を世界に引っ張り出し、日中関係を常に不安定にし、日本国民のアジア諸国への歴史認識を後退させ国家主義的側面を強化し、東アジア諸国との地域協力関係を阻害するのであれば、冷戦後に拡大された日米同盟定義を再び解釈し直す必要があるのではないか。その際の外交政策のオールタナティブを提供しているのが、東アジア地域主義である(3)。

むすび

東アジアでは、日米中の大国が安全保障や経済協力で主導権を争う勢力均衡関係と、ＡＲＦ等に見られる多国間の協調的安全保障やＡＳＥＡＮプラス三のような包括的な地域協力の枠組みが並存している。さらに、その多国間の地域協力は、大国間の勢力均衡関係と不可分に結びついている側面がある。例えば、域外大国がＡＳＥＡＮの取り込みを逆手に取り、実質的に自らの勢力均衡政策に利用するという状況があり、中国は対米、対日政策としてＡＲＦに係わり、日米は対中政策の一貫としてＡＲＦに関与する。確かに、現段階の東アジアでは、この勢力均衡政策と地域協力が矛盾しないどころか相互補完的な状況であるとの解釈も成り立ちうるが（Acharya, 2001:181）、それは東アジアの国際秩序をつねに不安定にする可能性を孕んでいる。とくに、日米同盟と日中・米中の対抗関係が東アジア地域協力の深化の障害になることは本文で明らかにしたとおりである。したがって、東アジア地域の勢力均衡的な不安定さが地域協力を芽生えさせた要因だとしても、つぎのステップはそれを克服することであろう。そのためには、日本政府は日米同盟を唯一の外交戦略の枠組みとせず、日米同盟関係を東アジア地域協力と調和させるかたちで修正しつつ、ＡＳＥＡＮを中核とする東アジア地域協力を積極的に進めていくことが望まれる。それが東アジア共生の条件である。

谷口の言葉を借りれば、ＡＳＥＡＮによる通貨危機を契機とした地域統合へのイニシアティブが第一段ロケットであるとするならば、中国のイニシアティブは第二段ロケットであるといってよい。そして、日本がアメリカとの同盟関係を唯一のものとせず、もう一方の東アジアの地域協力の重要さを認識して、「東アジア共同体」構想を具体化すれば、それは日本による東アジアの地域統合の第三ロケットとして大きな役割を果たすであろう（谷口、二〇〇四：iv、xi）。

注

1　一九八八年以降のビルマ（ミャンマー）軍事政権による民主化弾圧に対して、欧米や日本が経済制裁を加えると、中国は軍事援助や経済援助をすることによってビルマ（ミャンマー）への影響力を増してきた。

2　中国と韓国の間で、二〇〇三年に「高句麗論争」と呼ばれる問題が発生した。中国が古代高句麗の歴史を中国の地方勢力の歴史として捉えようとしたことに対して、韓国が「中国による高句麗史の略奪」だとして反発を強めている。李成市「高句麗論争・東アジアの『共生』構想を」『朝日新聞』二〇〇四年一二月一一日。

3　退官後のアーミテージは、東アジア共同体構想はアメリカをアジアから排除しようとするもので「深刻な誤りだ」と批判した（『朝日新聞』二〇〇五年五月一日）。

参考文献
●日本語文献
阿部純一、一九九七「アメリカ――岐路に立つ東アジア戦略」小此木政夫・小島朋之編『東アジア・危機の構図』東洋経済新報社。

伊春志、二〇〇一「グローバリズムのなかの東アジア地域主義——円圏構想と東アジア共同体の可能性」平川均・石川幸一編著『新・東アジア経済論——グローバル化と模索する東アジア』ミネルヴァ書房。

大庭三枝、二〇〇一「地域主義と日本の選択——日本はパートナーをどう選んできたか」末廣昭・山影進編『アジア政治経済論——アジアの中の日本をめざして』NTT出版。

大庭三枝、二〇〇三「通貨・金融協力とFTAにみる日本の東アジア地域形成戦略」山影進編『東アジア地域主義と日本外交』日本国際問題研究所。

小笠原高雪、二〇〇一「ベトナムにとってのASEAN——伝統的機能への期待」山影進編『転換期のASEAN——新たな課題への挑戦』日本国際問題研究所。

神谷万丈、一九九七「アジア太平洋における重層的安全保障構造に向かって——多国間協調体制の限界と日米安保体制の役割」日本国際政治学会編『国際政治』一一五。

木宮正史、二〇〇四「ブッシュ政権の対北朝鮮政策——北朝鮮強硬論と多国間枠組みの狭間で」『国際問題』五二六。

黒柳米司、二〇〇三『ASEAN三五年の軌跡——〝ASEAN Way〟の効用と限界』有信堂。

佐藤考一、二〇〇一「地域紛争とASEANの機能——南シナ海をめぐる協調と対立」山影進編『転換期のASEAN——新たな課題への挑戦』日本国際問題研究所。

佐藤考一、二〇〇三『ASEANレジーム——ASEANにおける会議外交の発展と課題』勁草書房。

高埜健、二〇〇一「ASEANの域外大国関係——地域秩序へのイニシアチブと限界」山影進編『転換期のASEAN——新たな課題への挑戦』日本国際問題研究所。

高埜健、二〇〇三「東南アジアにおける多国間主義——地域安全保障の観点から」日本国際政治学会編『国際政治』一三三。

高橋正樹、一九九三「カンボジア紛争とタイ外交（一九七八—八二年）——東南アジア国際関係と前線国家外交」中央大学企業研究所年報第一四（Ⅱ）。

田島晃、二〇〇二「俯瞰する帝国」藤原帰一編『テロ後——世界はどう変わったか』岩波書店。

谷口誠、二〇〇四『東アジア共同体——経済統合のゆくえと日本』岩波書店。

本田義彦、二〇〇四「米中接近、六者協議と台湾」『世界』第七二二号、岩波書店。

前田哲夫、二〇〇四「安全保障政策の大転換がはじまった」『世界』第七二三号、岩波書店。

室山義正、一九九七「冷戦後の日米安保体制——『冷戦安保』から『再定義安保』へ」日本国際政治学会編『国際政治』一一五。

山影進、二〇〇一「転換期のＡＳＥＡＮ——拡大、深化、新たな課題」山影進編『転換期のＡＳＥＡＮ——新たな課題への挑戦』日本国際問題研究所。

山影進、一九九七『ＡＳＥＡＮパワー——アジア太平洋の中核へ』東京大学出版会。

渡辺利夫、一九九六「東アジアの中に溶けゆく日本」『アステイオン』四二。

●新聞

『朝日新聞』二〇〇三年一二月一一日・一二日・一三日・一八日、二〇〇四年一一月二三日・一二月一八日。

『新潟日報』二〇〇四年一二月二〇日。

●英語文献

Acharya, Amitav, 2001, *Constructing a Security Community in Southeast Asia : ASEAN and the Problem of Regional Order*, London and New York : Routledge.
Ba, Alice D., 2003, “China and ASEAN : Renavigating Relations for a 21st-Century Asia”, *Asian Survey*, Vol.XLIII, No.4.

Haacke, Jürgen, 2003a, *ASEAN's Diplomatic and Security Culture : Origins, Development and Prospects,* New York : Routledge Curzon.

Haacke, Jürgen, 2003b, "ASEAN's Diplomatic and Security Culture : a Constructivist Assessment", *International Relations of the Asia-Pacific,* Vol.3, No.1.

Ikenberry, John and Tsuchiyama Jitsuo, 2002, "Between Balance of Power and Community : the Future of Multilateral Security Co-operation in the Asia-Pacific", *International Relations of the Asia-Pacific,* Vol.2, No.1.

Nabers, Dirk, 2003, "The Social Construction of International Institutions : the Case of ASEAN+3", *International Relations of the Asia-Pacific,* Vol.3, No.1.

人の移動と東アジアの共生

長坂　格

1　東アジアにおける人の移動

ＩＬＯの推計によると、現在、国境を越えて就労する外国人労働者及びその家族の総数は八〇〇〇万人から九七〇〇万人とされ、その数は二一世紀においてさらに増加すると予測されている（ＩＬＯ、二〇〇二）。日本においても、特に一九八〇年代以降、多数の外国人労働者が就労するようになった。出入国管理法が改正されて日系人の単純労働が可能となった一九九〇年以降も、様々な在留資格で日本に居住する外国人登録者数は増加し続けている（図１）。本コラム執筆時点では、日本政府とフィリピン、タイ、マレーシア、韓国政府との間で、労働力の移動を新たに一部認める内容を含んだ自由貿易協定（ＦＴＡ）の交渉が進められている。特にフィリピンとの間では、看護師と介護士の小規模な条件付「受け入れ」が合意に達しており、今後、日本における外国人労働者の職種が多様化していくことが予測される（「迫られる『労働開国』」『朝日新聞』二〇〇四・一一・一八、朝刊）。

日本以外の東アジアについてみれば、一九八〇年代以降、急速な経済発展を達成したＮＩＥＳ諸国に、

図1　外国人登録者数
（総数及び主要国出身者別）

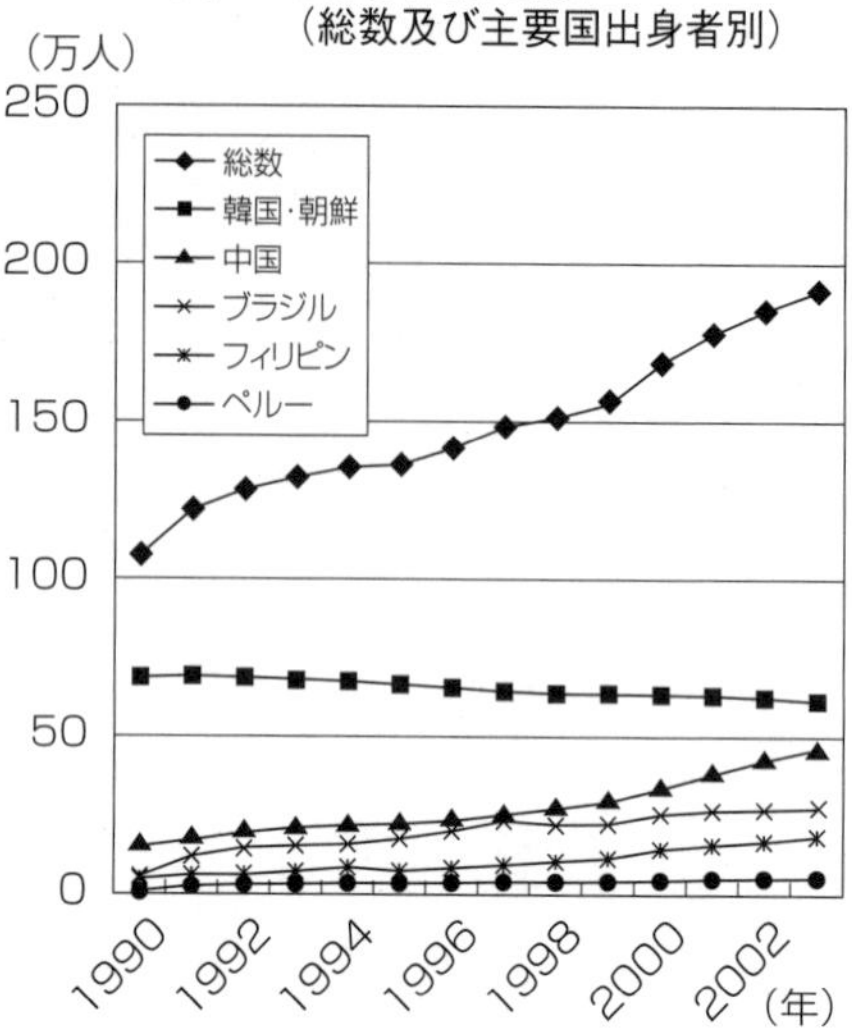

（出所）法務省大臣官房司法法制部編『出入国管理統計年報』各年版より作成。

表1　2002年香港における外国人家事労働者数

国	人
フィリピン	148,390
インドネシア	78,170
タイ	6,670
その他	3,880
合計	237,110

（出所）Asian Migrant Centre, 2003 : 135.

近隣の地域や国から、多くの人々が就労の機会を求めて移動してくるようになった。例えば香港では、フィリピン、インドネシアなどから多くの人々が家事労働者として就労しているし（表1）、台湾では、工場労働者、建設労働者、介護・家事労働者を中心に、タイ、インドネシア、フィリピンなどからの約三〇万人の労働者が就労している（表2）。

こうした世界中で進行する大規模な人の流れは、当然のことながら、移動者たちの出身地社会、そして移動者たちを「受け入れる」社会にさまざまな影響を及ぼす。

以下では、私がこれまで約一〇年間にわたって調査を行ってきたフィリピンのある村の人々の移動の経験を取り上げることによって、このような現代世界における人の移動の増大による出身地社会・受け入れ

表2　台湾における職種別外国人契約労働者（2001年）

職種＼国	タイ	インドネシア	フィリピン	ベトナム	総数
工場労働者	91,896	11,637	46,465	7,023	157,055
建設労働者	31,664	269	949	475	33,367
介護・家事労働者	4,158	78,678	24,875	5,221	112,934
漁業労働者	14	548	490	197	1,249
合計	127,732	92,132	72,779	12,916	304,605

（出所）Asian Migrant Centre, 2003 : 257.

社会双方の変化が、本論集のテーマである「東アジアの共生」という課題にとってどのような意味を持つのかを考えてみたい。

2　フィリピンの一村落の移住史

フィリピンは、一九七四年以来、労働力の輸出を国家政策として推進してきており、海外へ多数の移住者を送り出してきた。一九九〇年代には、当時の人口の一割弱に相当する、約六〇〇〇万人のフィリピン出身者が外国で暮らしているという推計がなされている（Gonzalez, 1998 : 36）。このようなフィリピン全体の傾向の中にあって、私が継続的に調査を行ってきたフィリピン北部のある村も、これまで多くの海外移住労働者を送り出してきた。

村からの海外移動の歴史は、まず二〇世紀初頭に、多くの男性がハワイの砂糖きびプランテーションの労働者として移住したことから始まった。これらの男性は、国内での就労では到底貯めることができない金額を携えて、数年から数十年のアメリカ滞在を経て村に帰ってきた。彼らは持ち帰ったドルで、村の中に立派な家を建てたり、農地を購入したりした。彼らのそうした派手な消費行為は、「外国で働くこと」の意味を村人に強く印象づけることになった。

一九三〇年代以降は村から海外への人の移動はほとんどなかったが、一九六〇年代後半以降は、アメリカ政府の移民政策の転換をきっかけに、再びアメリカへ移住する村人が出てきた。さらにフィリピン政府が労働力輸出を政策として採用した一九七〇年代以降は、イタリア、その他の国へ行く者が徐々に増加するようになった（表3）。

表3　調査村からの60年代以降の海外移住先（1999年まで）[a]

（人）

移住先	男	女	計
米国[b]	44	47	91
イタリア	34	51	85
香港	0	10	10
台湾	2	6	8
シンガポール	1	5	6
サウジ・アラビア	2	3	5
クウェイト	2	2	4
カナダ	0	2	2
オーストラリア	0	1	1
オランダ	0	1	1
リビア	0	1	1
ブルネイ	0	1	1
マレーシア	0	1	1

（注）aは移住当時S村在住かS村出身者。複数の国に移住した者はそれぞれの国で数えられている。bは両親に連れられた子どもを含む。

（出所）筆者調査。

私がこれまで主に調べてきたイタリアへの村人の移動について説明すると、一九八〇年頃にこの村から最初にイタリアに行った数名は、ハワイに働きに行った親族を持つ、村の中の比較的裕福な世帯の者であった。これら最初にイタリアに移動した人たちは、非正規の家事労働者として働くことによってイタリア行きにかかった借金を返済してから、兄弟姉妹やイトコなどに、イタリア行きにかかる費用を送金した。ハワイ帰りの豊かな生活を記憶に残す村人は、こうした親族からの援助に積極的に応じてイタリアに移住した。また村人の方からも、イタリア行きを助けてくれる親族を自分から探すようになった。こうして最初の村人がイタリアに行ってからわずか一〇年足らずの間に、イタリアは村人にとって「たくさんの親族の住むところ」として言及されるようになった。

図2は、調査村及びその近隣の村からのイタリアへの移住者数を、移住年別に集計したものである。一九九〇年代に入って、イタリア政府の入国管理強化によって移住者数が減少しているが、いずれの時期においても、先に移住した親族が後続する親族を資金面や仕事の斡旋などで援助することによって移住が拡大してきた。このような親族間の援助の積み重ねの結果、人口五五〇人程度の村で、八〇名以上の村人がイタリアへ移住するに至ったのである（長坂、二〇〇一）。

図2　調査村一帯からイタリアへの移住者数（移住年別）

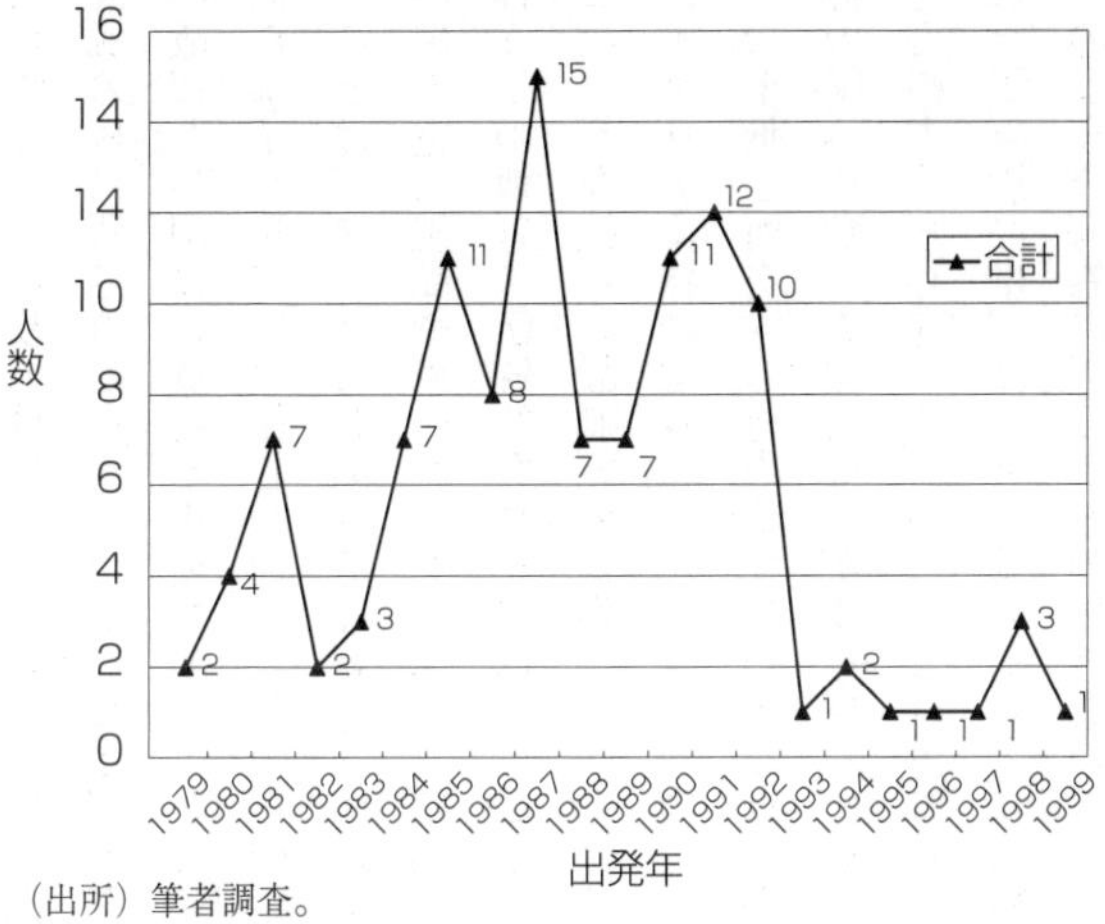

（出所）筆者調査。

3　村の中の海外移住者

彼らはイタリアへ移住した後も、村とのつながりを大切にし続けた。こうした彼らによる故郷とのつながりの維持の背景には、もちろん「故郷が一番」というような彼らの故郷に対する思いがある。しかし同時に、彼らがイタリアにおいて家事労働という社会的に劣位とされている職種に集中しているうえに、イタリア国籍の取得も困難であるため、イタリア社会に溶け込み、社会的上昇を果たすことが容易ではないこと、さらに、夫婦共に家事労働者として働いているため多くの場合子どもを故郷の村に残さざるをえないことなど、イタリアで就労する彼らを取り巻く政治的、経済的条件が、彼らの故郷との関係の維持を重要なものとしていることも見逃してはならない。

彼らはイタリアに移住した後、二年から四年に一度、帰郷を繰り返すようになる。彼らが帰郷した時に行うことは、フィリピン国内での就労では建てることのできないような豪華な家を建てること、その家に外国製の電気製品や車やバイクを購入して置くこと、農地を購入すること、そして時に数百人の人が共食を行うこの地方の伝統的な宴を主催することである。

このような彼らの故郷での行為は、この村の拡大する格差をよく示している。すでに述べたように、最初にイタリアに移動することができたのは、かつてのハワイなどへの移動経験者の子孫、あるいは比較的広めの土地を所有する村内部でも裕福な世帯の者であった。その後、親族間の援助によって、イタリアその他の国へ移動する機会は広がりを見せたものの、依然として村の中には、海外に行くことのできないたくさんの人々が存在する。彼らの家は海外移住者の家とは異なり質素なつくりであり、また彼らの家に置かれた電気製品は、海外移住者のそれとに比べれば格段に少ない。

このような海外に行くことのできない人々の日常生活を、あえて単純化すれば次のようになる。海外移住者及びその親族が相続、購入した農地で働き、時に海外移住者が新築する家屋の建設労働や、海外移住者の子どもがいる世帯の家事労働に従事することによって少ない農業収入を補うというように、すべてではないにしろ、多くの部分が海外移住者とその家族に依存する生活形態である。つまり、一九七〇年代以降の海外移住の拡大の中で、海外とのつながりを持つ人と持たない人という村落における新しい階級関係が、その輪郭を徐々に明確にしつつあるのである（cf. Aguilar, 2003 : 154）。

もちろんこうした村落内部の格差は、二〇世紀初頭のハワイへの移動経験者による土地集積の歴史など、一九七〇年代以前にも見られたものであり、必ずしもまったく新しいということはできない。また、海外移住者の送金や故郷での顕示的消費は、車や農業機械への投資などを通じて海外に行かなかった者にも新たなビジネスの機会を提供することがあるし、家屋の新築や家畜の購入などを通じて、村内部の貧困層が現金を獲得する機会を広げていることも事実である。しかし一九七〇年代に比較的裕福であった世帯を中心に広がった、海外への移動・就労という機会に応じることができた人々と応じることができなかった人々の格差は、先に見たような海外移住者の生活とそれ以外の人々の生活との比較からも、確実に拡大しているということができるだろう。

4　イタリアの中の村人

それでは、そのように故郷で豊かな生活を送っているイタリアへ移住した人々のイタリアでの生活はどのようなものであろうか。すでに述べたように、彼らのほとんどはイタリアで家事労働者として就労している。一九六〇年代以前のイタリアにおける家事労働は、イタリア国内における貧しい農村部出身の独身女性の結婚前の一時的な仕事であった。しかし劣位なイメージがある家事労働は、女性の他の就業機会の拡大と共にイタリア人には敬遠されるようになり、一九七〇年代以降、徐々に外国人に取って代られるようになった。村人もイタリア社会のこのような変化の中で、男女共に家事労働者として職を得てきた。しかしながら、結婚して仕事を離れたり、他の就職口を見つけて家事労働をやめていったかつてのイタリア人家事労働者とは異なり、少なくとも移民第一世代である彼らにとっては、家事労働は決してその場しのぎの一時的な仕事ではなく、イタリアにおいてはそれ以外の選択肢が存在しない唯一の職といってもよいほどのものである。

イタリアへ行った村人の半数近くは、大学や短大、専門学校で教育を受けている。また彼らの中にはフィリピンで教員や公務員を経験した者も少なくない。しかしイタリアではそのような経験は考慮されることはなく、フィリピン人、あるいは「外国人」のための仕事というイメージが定着しつつある家事労働に従事することになり、またそれ以外の職種に就くチャンスはほとんどない。このようにイタリアにおいて社会的に低く位置づけられている家事労働に、「外国人」として「閉じ込められた」彼らは、イタリア社会において周縁的な地位に追いやられた存在であり続けているのである。

しかしここで注意しておきたいのは、外国人家事労働者としてのこのようなイタリア社会における彼らの周縁的な地位は、必ずしもすべての外国人家事労働者に同様に経験されているわけではないということである。イタリアで彼らと暮らしているとき、私は「フィリピン人が働いている家は金持ちだ」という言葉を頻繁に聞いた。イタリアではフィリピン人のみならず、南アジア、南米やアフリカからも多くの外国人が家事労働に従事している。イタリアの家事労働者に関する研究によると、フィリピン人は家事労働者としてはイタリア国内で高く評価されているため、その他の外国人よりも相対的に高い給料を得ており、さらにその給料は出身国によって微妙に異なっているという（Parreñas, 2001 : 176）。「金持ちのお手伝いさんはフィリピン人」という言葉は、こうしたイタリアの家事労働市場における、アフリカ系や南米系、南アジア系からの移住者と比較した場合の、フィリピン人の高い地位を現しているのである。このことは、一見「外国人家事労働者」というイタリア社会における周縁的な地位を共有しているように見えるさまざまな国の人々の労働経験が、出身国や「人種」の差異によって微妙に異なった形で構成されていることを示している。

5　人の移動と東アジアの共生

こうしたフィリピンの人々の例に端的に示されるように、人の移動は、移動する人々と移動しない人々との間、そして移動する人々の間のさまざまな格差を作り出し、拡大強化する。通常、国外からの移住者は、「外国人労働者」、あるいは単に「外国人」として、労働市場及び受け入れ社会において、受け入れ社会のメンバーからは差異化される。しかしそのことは、非熟練の外国人労働者というような一つの利害関心を共有するような集団、あるいは集合的アイデンティティが形成されることを必ずしも意味するわけではない。確かにさまざまな国の出身者たちは、グローバルな労働市場において低い地位にあること、受け入れ社会の「完全な」メンバーとはみなされないことなど、同じ外国人労働者としてある程度共有しうる経験を持っている。しかしこのコラムで素描したように、たとえ彼らが同じ国で同じような仕事をしていたとしても、彼らは出身国の違いによって、労働市場の中で絶えず差異化されていく可能性がある。また、ここでは詳しくふれることができなかったが、同じ国で働く同じ国出身の同じ職種につく者同士であっても、合法／非合法という区分によって、あるいは出身地での出身階級の違いによって、移住先社会で組織化される同郷集団への関わり方が異なっていたり、当該国出身者の中での力関係が生じたりすることはさほど珍しいことではない。さらに出身地社会では、既に見たように、海外とのつながりの有無によって、村人の間の格差が確実に拡大している現状がある。

こうしてみてくると、本書の主題である「東アジアの共生」という目標は、増大する人の移動によって、新たに形成され、そして拡大強化される複雑な格差の連鎖を視野に収めたうえで構想される必要があることがわかるだろう。つまり、市民／非市民という区分や南北間格差などの比較的見えやすい分断だけでなく、人の移動によって創出、あるいは再編成される複雑な格差の連鎖の中で、さまざまに分化した経験を持つ人々と共生していくことはいかにして可能かという観点が求められるのである。

しかしながら、このような人の移動によって生じる格差の連鎖を充分に見極めることは容易なことではない。私がつい最近、同じ村で別のテーマの調査を行っていたときのことである。私はこの村から数キロはなれた村出身の男性に、調査中のやりとりを書きとめてもらうために同行を依頼した。村の全世帯をまわった際、彼は「X村（私の調査村）にはイタリアやアメリカに行ってお金持ちになった人ばかりが住んでいると思っていたが、貧乏な人がたくさんいるので驚いた」という感想を私に漏らした。同じ町の中の、わずか数キロ離れた村出身の彼のこの言葉は、先に述べた格差の連鎖がいかに見えにくいものであるかということを示している。

私たちが東アジアの共生を構想する際には、これまで述べてきた、増大する人の移動によって新たに形成され、拡大強化される、複雑な、そして見えにくい格差の連鎖を何とか視野に収めていくという困難な課題に取り組む必要があるのである。

参考文献

Aguilar, Filomeno V., 2003, "Global Migrations, Old Forms of Labor, and New Transborder Class Relations," *Southeast Asian Studies*, 41(2) : 137-161.

Asian Migrant Centre and Migrant Forum in Asia, 2003, *Asian Migrant Yearbook 2002-2003 : Migration Facts, Analysis and Issues in 2001-2002*, Hong Kong : Asian Migrant Centre.

Gonzalez Joaquin L. III, 1998, *Philippine Labour Migration : Critical Dimension of Public Policy*, Manila : De La Salle University Press.

ILO (International Labor Organization), 2002, "About Migration," (http : //www.ilo.org/public/english/protection/migrant/about/index.htm, Accessed Nov.20,2004).

長坂格、二〇〇一「故郷で養育される移住者の子供達：フィリピンからイタリアへの移住における家族ネットワーク」『民族学研究』六六(1)：二六―四八。

Parreñas, Rhacel S., 2001, *Servants of Globalization : Women, Migration and Domestic Work*, Stanford : Stanford University Press.

9 大学間地域協力の展望
教育の果たす役割

安 栄 洙
（申銀珠訳）

1 東アジア地域における教育協力の必要性

世界は益々一日生活圏になりつつある。特に東アジアの場合はすでにそれが実現しているといっても過言ではない。交通手段の発達によって時間と空間の壁が画期的に縮まっていて、通信情報機器の目覚しい発達は私たちの想像力の壁を打ち崩している。これまでまさか実現可能だとは思えなかったことが、次から次へと現実化している。

しかし、世界は果たして美しい方向へ向かっているといえるだろうか。発展は美しいものなのかという問いに対する答えが必ずしも「イエス」でないのは、悲しい事実である。世界の物理的な距離は確かに縮まっていることは間違いないが、心理的な距離はむしろ広がり、世界中で葛藤が高まっている。葛藤の原因はさまざまだが、根本的には理解の不足、意思疎通の不足が文化的葛藤をもたらしている。文化間の意思疎通は相互理解を基とするものであり、このような相互理解において、教育の果たす役割は大きい。従って、国際化を念頭においた教育とは、文化間の意思疎通を目標とするものに他ならない。このような教育を国際理解教育という。

近年のアメリカとイラク間の戦争は、政治的、外交的、経済的にさまざまな理由があるが、そのもっとも重要な原因の一つが宗教間の葛藤であることは疑う余地がないだろう。アメリカ国民の中でイスラムを理解している人は少なく、むしろ多くの人々は、「イラク」「アルカイダ」「パレスチナ人」「九・一一テロ」などのもっぱら否定的な面ばかりをそれに結びつけて受け入れてしまっているように見える。これは、宗教的な問題が人間の様々な葛藤の中でも大きな問題になりうることを物語っている。

一方、北朝鮮とアメリカの問題は、諸々の問題の中でもイデオロギーの葛藤が重要な要素となっていることを表している。二〇世紀半ば以降、冷戦時代をもたらした主要因でもあるイデオロギー問題は、人と人との理解をさらに困難なものにしてしまう要因となっている。九〇年代以降、共産主義と資本主義の関係は発展的に変化してきてはいるが、閉鎖的な北朝鮮の場合、外部との意思疎通がうまく行われていない。意思疎通の断絶による最悪の例が北朝鮮である。一方、北朝鮮に対して、それを正確に理解しようとする周辺国の人々も非常に少ないように見える。

このように意思疎通の断絶と理解の不足は、戦争や内戦という極端な状況をもたらしうるという点で非常に危険なものと言わざるを得ない。特に世界がヨーロッパ、北米、ＡＳＥＡＮのようにブロック化していく現状において、地域間の理解と協力は、いくら強調してもしすぎることはない。東アジアの理解と協力は、今後この地域の共存と発展のためにも非常に大切である。

国家間、文化間の理解と意思疎通は、何を通して行われるのか。本論ではその基本的な手掛かりを教育のあり方にみていきたい。従って東アジア地域間の協力を論じる際、教育をその出発点とし、教育機関の相互協力を積極的に模索していかなければならない。特に社会人を養成することになる大学においては、このような責務がもっとも大きい。

2　アジア教育交流を発展させるために

東アジアの大学は国際化を重要な教育目標としながら、主にヨーロッパや北米地域との協調を主要な目的としてきた側面がある。西洋の歴史や芸術についてはは詳しく知っていながら、近くの国々の歴史や文化について無関心だったのは、教育の誤謬と言わざるを得ない。このことは、教育が理解を増進させるのではなく、逆に偏見を助長させるものになりうることを示している。

それゆえ、国際化の始まりには、最重要課題として東アジア地域との交流を優先すべきであろう。これらの地域間の交流を発展させていくための提案を、ここでは「大学間の交流」「留学生の拡大」「言語・文化学習の機会の増進」「韓国語・日本語・中国語講座の拡大」「予備教育機関としての大学の役割の拡大」

等、いくつかの側面に分けて考えてみたい。

1　大学間の交流

東アジア教育交流のためには大学が交流の中心にならなければならない。早い時期に国際化を経験するという意味で、初・中・高等学校の交流も重要ではあるが、専攻間の交流、単位交換などの条件を考えると、大学間の交流が適切な条件を揃えていると言える。大学間の交流を活性化するためには、次のような努力をしなければならない。

① 形式だけの交流でない、実質的な交流——多くの大学と姉妹校協定を締結してはいるものの、実質的な交流が行われない場合が多い。交流の質は決して協定校の数で決まるものではない。

② 留学前教育のための講座の拡大——留学する学生が増える一方、留学の失敗者も増えている。その原因としてさまざまな問題点が考えられるが、その一つとして事前教育の不備をあげることができる。従ってその対策として事前教育の拡大をあげることができる。

③ 単位認定のためのシステムの構築——留学制度を効率的に拡大していくためには、安定したシステムの構築が重要である。特に単位は卒業時期とも関係があるため、これを認定する体系の構築が必要である。

④ 留学生の拡大——留学を希望する国の中に中国、日本、韓国が含まれていることは互いに大きな励みになる。しかしまだ西洋、特にアメリカ偏重的な留学の傾向があるし、このような問題点を解決す

るためにも、東アジア地域への留学の拡大を促進する必要がある。

⑤　教員交換の拡大――学生の交流ばかりではなく、教員の交流も必要である。一人の教員の交流によって学生百人の交流と同じような効果をあげることができる。教員一人ひとりの東アジア地域に対するさらなる理解が不可欠である。

⑥　学術共同研究――教員交流の拡大は必然的に共同研究に繋がることになる。共に行う研究を通して新しいパラダイムを作ることができるし、国際理解のための基礎が固まることも期待できる。

2　言語・文化学習の機会の増進

言語と文化は意思疎通のための基本的な道具である。異文化間、異言語間のコミュニケーションがうまく行われてはじめて、東アジアの教育交流の目標が達成される。韓国と日本と中国は互いに文化的類似性を有しているが、しかし実際には異質なところもたくさん見られる。このような違いに対する認識と理解こそが交流の基礎となるだろう。

言語・文化学習の機会を増進させるためには、次のような努力をしなければならない。

①　韓国語・日本語・中国語講座の拡大――言語教育は文化教育といわれるほど、異文化理解は、言語教育の要である。優れた言語上達者だけを養成するのではなく、文化理解者を養成するという目標を持たなければならない。

②　東アジア文化比較講座の開設――前述したように、韓国、日本、中国はお互いをあまりにも知らな

いし、関心も低い。従って互いに相手の文化を理解するために、文化比較講座を開設することが必要である。

③　交流プログラムの拡大――短期間でも長期間でも三つの国を共に訪問し、学生たちと直接交流ができるようなプログラムの拡大が重要である。聞くだけよりは行って見ることが、理解を深めるのに役に立つことは言うまでもない。

④　大学内で言語・文化を体験できる空間の設置――慶熙大学校の場合、毎週、日本語、中国語、英語だけを使う「言語の広場（Language Garden）」という空間を提供している。このような空間を通して該当言語とより親密になり、留学で習得した言語及び知識を活用していくことができる。

3　予備教育機関としての大学の役割の拡大

東アジア地域において国際教育を通じた交流の核心の一つは、それが単に在学生の派遣交流だけを意味するのではない、という点にある。すなわち、東アジア地域の学生たちを自校に招き、大学内における国際化の経験が深められるようにしなければならない。そのために何より大切なことは、大学が国際化のための予備大学の機能をどのように果たせるのか、そのための研究と努力、システムの開発などである。具体的には次のような努力が要求される。

①　専門的な言語教育機関の運営――教師の質が教育の質を左右すると言われるように、教師の専門的な能力が非常に大切である。言語教育の専門家が参加した教材開発及び教科課程の開発は、専門的な

言語教育機関の必須の条件であろう。

② 予備大学課程の開発――留学を前にした学生には留学を準備するための予備大学が必須である。言語能力の他にも該当国での生活能力、異文化を克服できる能力の養成なども非常に重要な課題と言えよう。

③ 外国学生のための大学内講座の多様化――大学は外国留学生の誘致を公言しながら、大学内の講座は内国人用だけに限定しているケースが多い。従って言語運用能力が不十分な外国人学生のための講座を開発することが早急に求められる。

④ 留学生の生活環境の改善――留学生を誘致するためには、寄宿舎や食堂ばかりではなく、大学内の行政システムに画期的な変化が要求される。専門的なカウンセラーや大学生チューター（生活トゥミ）も大きな役割を果たすことができるだろう。

3 慶熙大学校の国際教育交流の事例

慶熙大学校国際教育院で行っている国際教育交流の事例を、現在東アジア地域協力のために進めている集中教育プログラムを中心に述べることにする。

1　教育交流の基調

国際教育院の教育の基調は、「三感経営」と「意味経営」に分けられる。この二つの側面は国際教育院が外国学生を教育する際の、また韓国人学生のための予備大学を運営する際にも、その基調となっている。

1・1　三感経営

客観的な判断や理性が重視された時代から、「感」の重要性が益々強調される時代に変わりつつある。国際教育交流は単に知識を教えることではない、という意味で「感」の重要性が高い分野であると言える。「感」は「感謝」「感性」「感動」の三つに分けることができる。①～④は、その具体的な例である。

(1)　感謝

①仕事そのものが意味のあることに感謝する。
②教育は百年の計であることを自覚し、それに関かることができることに感謝する。
③学生の能力が成長することに感謝する。
④本校を選択した学生と関係者に感謝する。

(2)　感性

①学習者の要求を感性的に把握する。
②プログラムを通じて学習者が幸福感を感じられるように構成する。
③教師と学習者間の連帯感を深める。

④構成員一人ひとりが旧態依然の型から脱し、創造的な思考ができるように協力し合う。

(3) 感動

①構成員の要求と希望を把握して、互いの進路を手伝う。

②学生の要求と希望を把握し、進路の開拓を手伝う。

③教職員と学生間の親密度を高め、教育課程修了後も学習者が再び訪れるような関係を築く。

④学習者の愛校心を高める。

以上の「三感経営」は全体的に「共感」を基礎としている。このような認識に皆が共感していけば、国際理解教育はさらに進展を遂げることができる。

1・2 意味経営

教育は単なる収益事業ではない。従ってすべてのプログラムにおいて「意味」を求める態度が不可欠である。このように教育において常に意味を求めることを「意味経営」と呼ぶ。

(1) 大学の意味

①大学の基本的な役割――「教育」「研究」「奉仕(社会貢献)」という大学の基本的な役割に忠実でなければならない。教育による人材の養成、研究による教育の質の向上、奉仕による社会的な貢献を追求する。

②国際教育の意味――異文化間のコミュニケーションを円滑に行えるような世界市民を養成するため

の教育をすること。

(2) 各教育の意味

①韓国語教育の目的——外国人と在外同胞が韓国語を通じて韓国文化と韓国人を理解し、韓国社会とのコミュニケーションを円滑に行えるように教育すること。

②外国語教育の目的——国内の学生たちが英語、中国語、日本語等を通じて該当言語と文化を理解し、国際社会とのコミュニケーションを円滑に行えるように教育すること。

③教師教育の目的——韓国語、外国語教師の養成を通して、異文化間コミュニケーションを促進する助力者の役割を果たすことができるようにすること。

2 東アジア教育交流プログラム進行の実際

次に、慶熙大学校国際教育院が今まで進めてきた東アジア地域の教育交流の代表的なプログラムを紹介したい。ここで提示するプログラムはすべて集中教育プログラムとして、週二〇時間程度の教育が行われるプログラムであり、期間も四ヶ月から一年六ヶ月までの長期課程である。

2・1 韓国と日本

ここでは、日本から慶熙大学校に研修にくるケースの代表的なプログラムと、慶熙大学校を通して日本へ留学するケースの代表的なプログラムを紹介したい。

(1) 新潟国際情報大学学生の韓国語文化研修

二〇〇一年四月最終交流協定書が締結され、二〇〇一年二学期に第一期生一二名、二〇〇二年二学期に第二期生九名の研修が行われた。韓国語ばかりではなく、韓国文化、韓国事情、現地学習などの多様な課程を通じて韓国への理解を深めさせる研修プログラムとして、慶熙大学校国際教育院の代表的なプログラムとなった。研修中は、韓国語教育講義を受講する慶熙大学校国語国文学科の学生がトウミ（チューター）として研修生を専門的にサポートし、また日本人韓国語講師陣が生活及び韓国語学習をサポートする。

(2) 日本工科大学派遣留学の予備教育

一九九八年一〇月韓日首脳会談で合意した「二一世紀のための新しいパートナシップのための共同宣言」の行動計画の後続措置である「日本工科大学学部留学生派遣事業」の一環として行われる予備教育の課程である。日本人、日本留学経験者を講師として採用し、日本語教育、日本文化教育、韓国と日本の比較特講、専攻基礎科目の教育や日本人学生との懇談会などが実施されている。慶熙大学校の専攻教養科目の受講も可能である。この事業には、二〇〇〇年度には日本の二五の国立大学が、二〇〇一・二〇〇二年度には二八の大学が、二〇〇三年度には三三の大学が参加しており、毎期約一〇〇名程度で行われている。この課程を修了したのち、受講者が日本の国立大学の工学部に入学するプログラムである。

2・2 韓国と中国

ここでは中国から慶熙大学校に研修を受けに来る場合の代表的なプログラムと、慶熙大学校を通して中国へ派遣する場合の代表的なプログラムを紹介する。

(1) 中国・韓国語学科中国人学生の韓国語文化研修

このプログラムは、一九九八年から韓国政府が意欲的に実施している事業である。韓国政府の国際教育振興院が招請及び関連事業を担当し、実質的な教育は慶熙大学校国際教育院で行われる。二〇〇二年までに第五次研修が実施されていて、中国人招請数も少しずつ増えつつある。研修では、中国人及び中国語の可能な韓国語講師を採用し、韓国語教育、韓国文化教育、韓国学特講などが実施される。特に韓国文化教育及び韓国学特講等は、教授及び該当分野の専門家による講義となっている。また、指導教員の連携や成績優秀者への奨学金の支給など、慶熙大学校大学院への進学に対する協力を進めている。

(2) 中国・北京大学校へ留学する韓国人学生ための中国語予備教育

このプログラムは、二〇〇三年三月から実施している事業である。二〇〇二年一二月、韓国慶熙大学校と中国・北京大学校は、韓・中大学の交流史上はじめて「慶熙・北京大学の韓中未来指導者養成課程（北大・慶熙大学予科培訓班）」のための学術交流協定を公式に締結した。「慶熙・北京大学の韓中未来指導者養成課程」では毎月の評価試験、毎学期の総合試験及び毎学期落第制度などの厳しい学事管理を通して優秀な学生を集中的に養成している。このプログラムでは、中国語教育、中国文化教育、中国経済関連特講等を実施するが、中国・北京大学校教授陣を採用することで、北京大へ進学する際に要求される学生の適応能力を高めている。また、韓国語を学習する中国人学生に対するトウミ活動（チューター活動）を通して、中国語の練習及び中国文化の理解を深めることができる。

4　東アジア教育交流のための原則

最後に、国際化時代における東アジア教育交流の活性化のために、基本的に考えなければならないことを、大きく三つに分けて提言したい。

1　競争よりは「相生」のための地域協力（「弘益」の精神）

教育の目標として競争だけを強調しすぎた時代があった。あるいは未だに競争で勝つことこそ教育の重要な価値と考える場合もあるかも知れない。しかし、「勝つ」ことは副次的なことである。教育において、特に国際交流において、「勝つことが重要な価値ではなく、弘益（共通益）を見出すことこそが重要である」ということを教育しなければならない。これを韓国では「弘益精神」という。広く人間の世の中に益をもたらすという意味である。国際交流を通じて、互いに有益な世の中を創るために努力しなければならない。従って個人や自分の属した学校、国家だけの利益ではなく、相手や他者の利益も同時に考慮しなければならない。すなわち、「相生」のための地域協力を基本とすべきである。

2　協力の意味を考える地域協力（意味経営）

国家間の交流を考える際、特に言語と文化の異なる国家間の交流を推進していく際は、「異文化間のコミュニケーション」を重要な目標として設定すべきであろう。相手に対して良し悪しを判断するのではなく、相手に対する理解を目標にし、その意味を常に考える地域協力でなければならない。

また、学校の発展ばかりではなく、学生をはじめとする構成員一人ひとりの発展に繋がるような交流になるように協力の意味を具体化することが必要である。

3　文化世界構築のための地域協力（文化世界の創造）

「二一世紀は文化の時代」という言葉があるように、文化の重要性が高まっている。今後情報化時代と国際化時代において、文化がもっとも重要な位置を占めるだろう。慶熙大学校は「文化世界の創造」という校是を通して早くから文化の重要性を強調してきた。東アジアの国々が教育を通じて交流協力することは二一世紀、世界の中心が東アジアに移行するという希望を具体化する手段となるだろう。

東アジア時代は、経済的な優位だけでは訪れない。経済的な発展とともに文化的な発展、他文化に対するオープンな姿勢などが要求される。今後の積極的な国際的教育交流が、各大学ばかりではなく各国の文化的発展に繋がることを期待したい。

境界を吹く風——新しい女性表現と「慰安婦」問題

矢口裕子

境界線上の女たち

二〇〇四年六月から七月にかけて、小規模ながらきわめて刺激的な展覧会が東京で開かれた(1)。「Borderline Cases——境界線上の女たちへ」というそのタイトルがまず秀逸である。「境界線」とは第一義的には、韓国人、韓国系アメリカ人、日本人からなる女性アーティストたちが、芸術的営為としてまた個人の生き方として越えた国境をさすだろう。一方「境界例(Borderline Cases)」とは、正気と狂気のはざまにある症例をさす精神医学用語である。さらに、一九七〇年代までは同性愛が医学上病理として分類されたことを思い起こせば、それを同性愛と異性愛の境界と捉え直すこともできる。国籍、人種、さらにはジェンダー、セクシュアリティ——私たちが生きる世界にも、私たちの内面にも、無数に張りめぐらされた境界への挑戦と挑発を込めたタイトルであり、その「名」にふさわしい展覧会であった。韓国、日本を中心とした女性表現の新風《ニューウェイヴ》とそこに見え隠れする日本軍「慰安婦」の問題を語るに際し、本展に出品されたいくつかの作品を水先案内としたい。

正気と狂気を分かつ境界線に最も意識的なのは、一九九〇年代から「マッドウィメン・シリーズ」を制作するパク・ヨンスクだろう。男性社会のなかで家庭内暴力を受け、あるいは離婚と同時に子どもを奪われ、または身を飾ることでしか自己表現できない「狂女」たちの物語を、いわば視覚的フィクションとしてモデル（多くは友人）の女性に演じてもらい、それを写真に撮ったものが彼女の作品である。二〇〇四年には日本のフェミニストたちをモデルに「マッドウィメン／日本」を制作している。

「狂女」といえば、英米文学に携わる者なら『屋根裏の狂女』や *The Female Malady*（女の病）というフェミニズム批評の名著を連想するだろう。シャーロット・ブロンテによるイギリス女性文学の古典『ジェイン・エア』において、屋根裏に幽閉され焼死する狂女バーサを象徴的にタイトルに掲げる前者は、家父長制下の女性役割「家庭の天使」を逸脱する女はすべからく狂女・魔女の烙印を押されると指摘し、「女性・狂気・イギリス文化」の副題をもつ後者は、近現代のイギリスにおいて狂気こそ女性的病の謂であったことを検証する。大学院で女性学を学んだパク・ヨンスクは、狂女をめぐるこうしたフェミニズム的文脈に自覚的であるはずだ。パクにはほかに「悪女の行進」「薔薇と魔女」というタイトルの作品もあるが、「狂気」、「悪」、「魔」といった負のコンセプトをむしろ積極的に引き受け、女性的撹乱のメッセージを発信しようというもくろみが伺える。

韓国系アメリカ人女性アーティスト、テレサ・ハッキョン・チャのビデオ・インスタレーション「移行・風景（Passages/Paysages）」は、展覧会の発端であり中心でもある作品といえる。低く柔らかなささやき／つぶやきのようなナレーションを背景に、三つのビデオ画面のなかではまさに風が吹き、風景が移り変わる。三面の窓、揺れるカーテン、山水画、手紙の束、作家の母の写真、作家自身の手――それらは、朝鮮人でありながら日本植民地下の満州で生まれ育った母をもち、一二歳で韓国からアメリカへ移住、英語とフランス語を学習し、アメリカ人と結婚、アメリカに帰化したチャの個人史をこだまさせる。言語とジャンルの複数的混淆物(2)である自伝的エクリチュール『ディクテ』のなかで、語り手は母に「禁じられた言語があなたの母語。あなたは暗闇のなかで話す」(チャ、二〇〇三:四五)と語りかけるが、語り手は同時に女占い師でもあり、ノラ・オクジャ・ケラーの小説 *Comfort Woman*(慰安婦)のアキコを彷彿とさせる。また、Passages とは無論、通路でありながらそれ自身ひとつの都市であり世界でもあるというベンヤミンのパサージュと重なり、移動そのものを生きたチャの人生を暗示するが、レイプ殺人の被害者となってしまった彼女の最期を思うと、失われた才能の大きさとともに、「ディアスポラ」が決して最新流行の知的アイテムではありえない現代/アメリカ社会の現実に慄然とせざるをえない。

出光真子のビデオ・インスタレーション「直前の過去(The Past Ahead)」は、これまでジェンダーの問題を特化して扱ってきた出光が、民族や階級の領域に踏み込んだ作品として興味深い。冒頭に映し出されるのは、一九四〇年代初頭に撮られた出光家の「家族の肖像」である。上質な服を纏った幼い姉妹、隙のない着物姿の美しい母、そして出光興産の創業者である父――まさに絵に描いたような豊かな上流中産階級の家族写真である。だが、出光の自伝的映像作品に親しんだ者の目には、自分のために使い損ねたエネルギーを子どもに注ぎ込み怪物的抑圧者と化す女性や、結婚生活と芸術の板挟みのなか精神を病み、自死を選ぶ女性の姿が二重写しになる。観客が会場内の「敷居(Border)」を越えると画面は一転し、同時代に日本がアジアで繰り広げていた侵略戦争の映像が映し出される。軍艦、戦車、中国人の処刑、占領地での日本語教育、マレーシアの元「慰安婦」ロザリンの証言、慰安所規定文、特攻隊、二重橋に立つ白馬の天皇、日本軍の行進と靖国神社の大鳥居がオーヴァーラップする。

ここに描かれているのは、内と外を分断し、国内は繁栄と安寧を誇りながら国外においては侵略と暴力を行う日本帝国主義の構造そのものと言ってよい。その暴力が物理的・肉体的なものにとどまらず、心を破壊し精神を支配しようとする「思想」に裏打ちされていたことも、戦争映像は雄弁に物語る。そして、内と外の分断とは、家庭内の女と家庭外の女、さらには国内の女と国外の女を分断支配する家父長制イデオロギーに基づくものであることもありありと浮かびあがる。出光の父、佐三は、一代で出光興産を築き、太平洋戦争中は満州、朝鮮、台湾の市場を席巻、敗戦とともにほとんどの資産を失うが、戦後は「日章丸」を掲げて国際石油資本に対抗し、民族資本・民族経営を貫いた人物として知られる。出光の自伝『ホアット・ア・うーまんめいど』のなかで語られる父は、三島由紀夫の自決に感動する「愛国者」であり、娘を怖れさせる家父長であるが、家族写真の家庭のほかに「別宅」をもつ二重生活者でもあった。出光佐三という父において家庭内の女と家庭外の女が分断されていたことと、天皇を〈父〉と戴く日本の軍隊が、国内の女を「皇国の母」として奉りあげ国外の女を性奴隷として酷使したことは、おそらく無縁ではない。自伝のなかで〈父の名〉からの逃走をくり返し語る出光だが、このインスタレーションで彼女が成し遂げたのは「性差・階級・民族性」を貫く父権制支配の構造批判であり、ほんの半世紀前の記憶が忘却されてしまえば、「直前の過去（The Past Ahead）」は「直後の未来（The Future Behind）」にたやすく反転するだろうという警告である。

虹色の戦略

イトー・ターリのパフォーマンス「虹色の人々（People in Rainbow Colors）」は、民族とジェンダーの連動性をさらにセクシュアリティの領域に押し広げた野心的作品である(3)。ゲイのシンボル・カラーである「虹色」を、まさに旗を掲げるごとくタイトルに冠していることからも、その野心が確信犯的であることが伺える。一二月の再演時には「『名前』を名乗ることに躊躇する人々の声」というサブタイトルが付されたが、それもまた作品のメッセージを的確に伝えている。

パフォーマンスは、イトーが観客に名前を問いかけることから始まり、イトーと二人の友人との対話に引き継がれていく。一人めの友人は、宮本百合子の恋人でもあったロシア文学者、湯浅芳子の評伝『百合子、ダスヴィダーニャ――湯浅芳子の青春』を出版するにあたり、それまでの筆名を捨て本名を名乗ることを選んだ女性ジャーナリスト、沢部ひとみである。宮本と湯浅の同性愛関係に踏み込む以上、レズビアンである自らも名を明らかにするのが書き手としての責任だと信じた、と沢部は語る。だが、本名で書くことで周囲の人間に及ぼす影響をおもんばかることになり、かえって自由に書けなくなった、自分に手枷足枷をはめてしまった、と告白し、さらに、アイデンティティがつねにレズビアンとしてのそれに限定されてしまうことへの不満を述べる。もう一人の友人は在日二世のパク・ヨンジャである。高校までは日本名を使っていたが、大学入学後、在日の友人たちと出会い、学習を深めるなかで本名を名乗るようになった。それは「キツイ」経験だったが、それをしなければ、敗戦直後は二〇〇万人以上いたという在日の歴史は不可視のままであり、日本人と在日も出会えないままだ、と語る。

日本においてレズビアンはともすると「なきもの」にされてしまう、と沢部とイトーは口を揃え（それは、例えば芸能界における「オネエ系」の活躍と対照的である）、日本名を名乗っていたときの自分は「透明人間」のようだった、とパクは言う。その訴えは、アメリカ社会における黒人の不可視性を喝破したラルフ・エリスンの『見えない人間』とひびきあう。不可視の、沈黙の、非在の領域に追いやられた少数者が自らを名乗り、自分の言葉あるいは言葉にならない言葉で語り出すことの意味を、作品のなかでカムアウトしたイトーほどわかっている者はないだろう。一方彼女は、いまは本名より三〇年以上慣れ親しんできたステージネームのほうが居心地がいいとも言う。レズビアンであることを名乗りながらステージネームを選択するイトーの「名前」をめぐる戦略はねじれを含んでいる。「虹色の人々」からは、日本人と韓国朝鮮人、同性愛と異性愛、ゲイとレズビアン、正しい名と偽りの名、クローゼットとカミングアウト、語ることと沈黙等、いくつもの二項性を抽出できるが、その一方を取り他方を捨てるという二者択一の立場にイトーは立っていないのではないか。彼女の「正しい」名前とは何か、「彼女の名と彼女自身のあいだにはつねにすでにズレがある」以上、およそ人を名づけるとは、たとえ本人が名づけるのであっても暴力ではないのか、と問うたのは岡真理だった。おそらくイトーもまた、クローゼットの外の外、「彼女の正しい名を誤った名から区別するというようなトポスの外部」（岡、二〇〇〇：二九―三〇）へと私たちを誘っている(4)。

アメリカの人種問題を考えるうえで重要なポイントのひとつに「なりすまし《パッシング》」の問題がある。異人種間結婚がタブーとされる一方で、白人奴隷所有者による黒人奴隷女性のレイプ、その結果として起こる混血は合衆国の歴史とともに古い。アメリカにはまた「血の一滴の法則」というものがあり、一九五〇年代のミシシッピ州法においては、1／32黒人の血が混じっている者は黒人とみなされたという。人種のるつぼとかサラダボールとかいわれるアメリカにして、きわめて観念的・イデオロギー的純血主義、人種の二元論に囚われていたことがわかる。だが混血のグラデーションのなかでは、白人と見まごうほど色の白い「黒人」も生れる。そういう者が自らの黒人性ないし混血性を隠蔽し、白人になりすまして生きることをパッシングと呼ぶ。アメリカ文学のモチーフ／テーマとしては、南北戦争を大衆レベルで引き起こしたとされる一九世紀のベストセラー小説『アンクル・トムの小屋』から、ユダヤ系作家フィリップ・ロスの『ヒューマン・ステイン』(ニコール・キッドマン、アンソニー・ホプキンズ主演で映画化、『白いカラス』の邦題で二〇〇四年公開)まで、時代を超えた普遍性を獲得している。類似のテーマを扱った映画としてはジョン・カサヴェテス監督の『アメリカの影』が、コントラストの強いモノクロ映像、台本を用いないセミ・ドキュメンタリーの手法、チャールズ・ミンガスの音楽とともに鮮烈な印象を残す。あるいはマイケル・ジャクソンの「白人化」を、超現代的・サイボーグ的パッシング・パフォーマンスと捉えることもできるかもしれない。

このきわめてアメリカ的現象について少し長く説明したのは、昨今セクシュアリティの領域にパッシングの視点を応用する試みがみられることに加え、現代日本におけるアクチュアルな現象としてのパッシングを探り、さらにそれを「慰安婦」問題に接続する可能性を探りたいと思ったからだ。

イトーのパフォーマンス「虹色の人々」でパク・ヨンジャの証言が明らかにするのは、現在日本に五〇万人とも六〇万人ともいわれる「在日」の人々は、その九割が日本名を名乗りながら、まさに日本人になりすまして生きているという事実だ(5)。白人対黒人のようなあからさまな二元性に還元しえない差異とそれに基づく差別は、より隠微であり、なりすます者を一層不可視の、「透明」な存在にする。そして無論これは、植民地時代の創氏改名や、「慰安婦」たちに日本の源氏名を与えたこととも直結する、「名前」の暴力にほかならない。

白人になりすます「黒人」や日本名を使う在日韓国朝鮮人、あるいは異性愛者のふりをする同性愛者は、いわば変装して生きているといえる。ではイトーは変装を全否定する立場に立っているのだろうか。ここでも彼女のふるまいは玉虫色であるように思える。なぜなら、パフォーマンスの冒頭、ショートヘアに「素顔」、パンツにネクタイといういでたちで現れる彼女はあたかもレズビアンの「男役」を演じているようであるし、その後、白いボブのかつらをつけて「女装」したかと思うと、最後に髭、もみあげ、太い眉を描いてメイクアップし、かつらをはずして顎に手をやるしぐさは明らかに「男装」者のそれだからだ。どれが変装でどれが真装＝真相かを名ざすこと、それを強いる／強いられることの暴力性からイトーは身をかわそうとするかのようだ。

アメリカのパッシング論においても、それを一方的あるいは二者択一的に断罪するのでなく、権力の裏を掻き攪乱するスタイルとして評価する立場は定着している。パフォーマンスの終盤、イトーは本公演の演者と語り手である三人の女の名を呪文のように唱え、あるいは口中の食物のように転がし混ぜあわせ、楽器のように戯れ、その後マイクを仕込んだ金属板のメタリックなノイズ・反響・共鳴をひびかせる。そしてまさに虹色の無数のボールを舞台に放ち弾ませて幕は下りる。単一／唯一の正しい名を名ざし、名乗ることを強いる社会が「虹色」の差異《スペクトラム》に向かって開かれ、複数の声や音をひびかせることが幻視される。そのとき「虹色」は、ゲイのシンボル・カラーであることを超越するだろう。

サバルタンはつぶやく

サバルタンは語りうるか、とスピヴァックは問うが、元日本軍「慰安婦」の女性たちが半世紀にわたって強いられ、引き受けてきた沈黙も、私たちに同じ問いを問わずにはおかない。ビョン・ヨンジュ監督の映画『ナヌムの家』において、一〇代で朝鮮から中国へ連れ去られ、終戦時は置き去りにされたというハルモニが「朝鮮語も中国語もうまくないの」と言うのを聞くとき、私たちは、「慰安」という名の暴力が彼女たちから母国のみならず母語さえ奪ってしまったことを知らされる。たどたどしい彼女たちの言葉は、「彼女は話す真似《ミミック》をする。それは発話《スピーチ》に似ているかもしれない。（何であれ。）あらわになった雑音《ノイズ》、うめき、言葉の砕片」（チャ、二〇〇三：三）という『ディクテ』の冒頭を思わせもする。「慰安婦」問題が被害国加害国双方の女性アーティストたちにある深い普遍性をもって共有されているのは、「慰安婦」問題の中心にあると高橋哲哉が言う沈黙の問題が（高橋、一九九五）、深く普遍的な女性の問題だからでもあろう。

先の引用に続けてチャは「それは内部でくちごもる。それはつぶやく。内部には発話の苦痛、言おうとすることの苦痛がある。いっそう大きな苦痛。それよりさらに一層大きな苦痛は、言わないでおくことの苦痛」（チャ、二〇〇三：三）と書きつける。沈黙を強いられ、傷つけられた女性がなおも語ろうとするとき、それは言葉にならない言葉、「うめき」や「つぶやき」に似るのだろうか。李静和が傷つけられた者たちの記憶と証言をめぐる書物を『つぶやきの政治思想』と名づけ、『ナヌムの家』の英語タイトルが *Murmuring*（つぶやき）であるのも、おそらく偶然ではない。そしてそれは、「サバルタンは語ることができるか」というスピヴァックの問いへの繊細にして雄弁な応答となっている。つまりサバルタンは、「男」が語るようには語らない、ただ言葉と沈黙のあわいから吹きあがるざわめきのようなものをつぶやくのみだ。

七〇年代ウーマン・リブの旗手であった田中美津の「いま痛い人間に、落ちついて、わかりやすく、論理的に語れ、ということは、支配する者の言い草以外の何ものでもない」（田中、一九七二：一六六）という発言も、同じ認識に基づいているだろう。それは「長い間、ことばを奪われてきた者が、己を表現しようとする時、ことばからこぼれ落ちてしまうものをもって表現しようとすることば以外には持ちえない」（田中、一九七二：一六六―一六七）ということを超えて、いまある世界、つまり男性社会を形成し動かし続けてきた「論理」の根拠そのものに疑義を挟む、より根源的な問いかけともなりうる。もしかするとこの「つぶやき」の言語思想は、かつてフランスのフェミニストが「女性的書きもの（ecriture feminine）」と名づけたものから本質主義的傾向と自己陶酔性を抜き去り、歴史性と政治性を注入した新たな哲学となる可能性を秘めている。

韓国人フェミニスト趙韓惠浄は上野千鶴子との往復書簡集において、元日本軍「慰安婦」と強制徴用者三〇〇名余が、韓国政府の対応への抗議および「憤怒と絶望の表現」として、二〇〇四年八月、裁判所に国籍放棄書を提出したと報告する（趙韓・上野、二〇〇四：八〇）。趙韓が「本当に『革命的』なこと」と言い、上野が「あなたがたを誇りに思う」（趙韓・上野、二〇〇四：八〇、九三）と讃えるように、最も虐げられ傷つけられた者たちが、国家と個人の関係を根底から転回するラディカルな思想を実践しうるということ、それが九・一一以後のこの世界で現に起きているということのなかには、何か「希望の根源」と呼びたいものがある。彼女たちが決断し実践したことは、間－国家（国際）から脱－国家へという、真に二一世紀的な世界観であり人間観といえるだろう。

一方、日本の新聞は、国際労働機関（ＩＬＯ）が日本における外国人女性の人身売買の実態を報告し、日本政府の対応に警告を発したと伝える。記事によれば、女性の多くは日本に行けば仕事があると騙されて連れてこられ、むりやり売春させられており、にもかかわらず日本政府は彼女らを自分の意志で密入国した犯罪者と捉え、保護するどころか逮捕し強制送還するケースがほとんどだという（『読売新聞』二〇〇四・一一・一九）。日本人（男性）のセクシュアリティは戦後六〇年を経てもなにひとつ変わっていないのではないかと、今度は絶望的な気分に襲われる。そうした風俗店の顧客となりうる中高年男性が外国人女性を買春しているあいだ、妻は韓国人俳優の「微笑み」に心奪われ、日韓を股にかけた追っかけをしているという状況を倒錯的と嘆くべきか、歴史問題を超越／撹乱するおばさんパワーに驚嘆すべきか、筆者の心もまた撹乱させられ、揺れ動くことをやめようとしない。

一九六〇年代初頭にアメリカに留学した水田宗子は、フィリピン人女性のルームメイトから、私のお祖母さんは日本兵に殺された、と突然コップの水をかけられ、「彼女が長い間、日本人の私との生活の中でどこかにしまっていた傷について考えるより先に、私自身が傷ついてしまった」と回想している（水田、一九九八）。いまでも、ペ・ヨンジュンの面影を求めてソウルを、あるいはトニー・レオンにあこがれて香港を訪れる日本女性が、私の祖母は慰安婦だった、とコップの水をかけられる可能性はないわけではない。

一方で、本稿で取りあげた「境界線上の女たちへ」を始めさまざまな展覧会において日韓の女性アーティストがコラボレイトし、イトー・ターリが日本軍「慰安婦」歴史館記念式典でパフォーマンスを行い、柳美里が自らの民族的出自を追った『8月の果て』が日韓同時出版され、あるいは二〇〇四年一二月には、元「慰安婦」女性の証言を聞く集会「消せない記憶」が日本全国一〇カ所で同時開催されるなど、公的領域と私的領域を往還するゆるやかな連続体が、おそらく女性や若者を中心に形成されつつあるのではないか、という確かな予感もある。

彼女たちそして私たちの「つぶやき」がアジアにこだまし、惑星を揺り動かせばいいと思う。

注

1　二〇〇四年六月二六日―七月一七日、恵比寿A・R・T「Borderline Cases――境界線上の女たちへ」。参加作家はテレサ・ハッキョン・チャ、パク・ヨンスク、ユン・ソクナム、出光真子、嶋田美子、イトー・ターリ、高橋芙美子。キュレーターは森美術館のキム・ソンヒが担当。

2　複数言語使用、言葉・映像・パフォーマンスといったメディア横断的表現の先駆者としては、やはりアメリカに移住したアジア人女性であるオノ・ヨーコ、トリン・T・ミンハの名があげられる。彼女らの表現の特徴と彼女らが「異邦の女」であったことは無論無縁ではない。

3 民族とジェンダーの呼応関係については、李、一九九八を参照。また、イトーがセクシュアリティの問題から民族の問題へ向かったのに対し、嶋田美子が「慰安婦」に代表される民族とジェンダーの問題から、クィアを含むセクシュアリティをより過激に追求するようになったのは興味深い。尚、筆者は残念ながらイトーの公演を見ることができなかった。本稿の記述は後にビデオを入手した六月のシアターXでの公演に基づいていることをお断りする。

4 女性の名の複数性とアイデンティティの流動性をめぐっては、**Butler 1993, Keller 1997.** チャ、二〇〇三の池内靖子による訳者あとがき、矢口、二〇〇三、また、五つの名を使い分け中国、日本、アメリカで女優として活躍した李香蘭を論じた、四方田、二〇〇〇、二〇〇一も参照。

5 辛淑玉は、子ども時代に見た『紅白歌合戦』に登場した歌手のうち「在日同胞」が半数を下回った記憶はない、と回想する（辛、二〇〇四：一一）。日本名で歌う彼／女たちはまさになりすまし＝変装を強いられている。だが視点を変えれば、日本の国民的歌手・アイドルの半数以上が在日韓国朝鮮人であるとしたら、それこそ撹乱的事態であるともいえる。そうしたことを考えると、日本のトップアイドルグループの一員である草薙剛がチョナン・カンという怪しげな（変装的）韓国名を用い、日韓両国で芸能活動を展開しているのは新たな（風通しのいい）現象といえるのではないか。また、韓国系アメリカ人作家チャンネ・リーの小説『最後の場所で』には、在日韓国人として生まれ日本人の養子になり従軍、そこで韓国人「慰安婦」を破滅に追い込んだ過去をもつ主人公が、戦後は「日系アメリカ人」として生きるという、特殊なりすましが描かれている。「漢奸」として死刑の危機にさらされ、命がけのパッシングを生き延びた李香蘭については再び、四方田、二〇〇〇、二〇〇一を参照。

参考文献——外国語文献で翻訳のあるものは翻訳書のみあげた。

ベンヤミン、ヴァルター、二〇〇三『パサージュ論』(今村仁司・三島憲一他訳)岩波書店。

Butler, Judith, 1993, *Bodies That Matter*, Routledge.

チャ、テレサ・ハッキョン、二〇〇三『ディクテ』(池内靖子訳)青土社。

コーネル、ドゥルシラ、二〇〇二『正義の根源』(仲正昌樹訳)御茶ノ水書房。

エリソン、ラルフ、二〇〇四『見えない人間』(松本昇訳)南雲堂。

ギルバート、サンドラとスーザン・グーバー、一九八六『屋根裏の狂女——ブロンテとともに』(山田春子・薗田美和子訳)朝日出版社。

出光真子、二〇〇三『ホワット・ア・うーまんめいど』岩波書店。

Keller, Nora Okja, 1997, *Comfort Woman*, Penguin.

リー、チャンネ、二〇〇二『最後の場所で』(高橋茅香子訳)新潮社。

李静和、一九九八『つぶやきの政治思想』青土社。

水田宗子、一九九八『居場所考——家族の行方』フェミックス。

岡真理、二〇〇〇『彼女の「正しい」名前とは何か』青土社。

オノ・ヨーコ、一九九五『Instruction Paintings(頭のなかで組み立てる絵)』淡光社。

——一九九八『グレープフルーツ・ジュース』(南風椎訳)講談社。

ロス、フィリップ、二〇〇四『ヒューマン・ステイン』(上岡伸雄訳)集英社。

沢部ひとみ、一九九六『百合子、ダスヴィダーニヤ——湯浅芳子の青春』学陽書房。

セジウィック、イヴ・コソフスキー、一九九九『クローゼットの認識論』（外岡尚美訳）青土社。

嶋田美子、一九九六『嶋田美子展カタログ』慶応大学アートセンター。

辛淑玉、二〇〇四「『千代子』として生きて」『DAYS JAPAN』八：一〇―一五。

Showalter, Elaine, 1987, *Female Malady,* Virago Press.

スピヴァック、G・C・ガヤトリ、一九九八『サバルタンは語ることができるか』（上村忠男訳）みすず書房。

ストウ、ハリエット・ビーチャー、一九九八『新訳　アンクル・トムの小屋』（小林憲二訳）明石書店。

高橋哲哉、一九九七「ジェンダーと戦争責任（大越愛子との対談）」『現代思想』二五（一〇）：一三二―一五四。

田中美津、一九七二『いのちの女たちへ――とり乱しウーマンリブ論』田畑書店。

Trinh, T. Minh-Ha, 1992, *Framer Framed*, Routledge.

――一九九五『女性・ネイティヴ・他者』（竹村和子訳）岩波書店。

――一九九六『月が赤く満ちる時』（小林富久子訳）みすず書房。

上野千鶴子、趙韓惠浄、二〇〇四『ことばは届くか』（佐々木典子・金賛鎬訳）岩波書店。

矢口裕子、二〇〇三「アナイス・ニンの娘たち――冥王まさ子と矢川澄子のグリンプス」『新潟ジェンダー研究』五：五七―六四。

四方田犬彦、二〇〇〇『日本の女優』岩波書店。

――二〇〇一『李香蘭と東アジア』東京大学出版会。

柳美里、二〇〇四『8月の果て』新潮社。

『読売新聞』二〇〇四・一一・一九、朝刊。

ナショナリズムの越え方——中野重治の場合

申銀珠

民族、あるいは民族主義という言葉は、韓国と日本とでは違う響きを帯びていて、その変容の過程にも相当なズレがあるように感じる。

韓国において民族主義は、日本統治期には民族解放を成し遂げるための抗日精神の表れとして、解放から一九八〇年代までは、国家権力に抵抗する民衆・民主化運動の原動力を支える健全たる理念として存在してきた。しかし冷戦崩壊後、さらにＩＭＦ管理体制におかれた一九九〇年代後半をさかいに韓国では、その経済危機を克服するため、グローバル・スタンダード化、アメリカン・スタンダード化が政府主導で叫ばれ、新しい価値観としての脱民族主義が急激に浸透し、それまでの民族・民衆運動ももはや社会的・歴史的役目を終えているように見える。現在韓国では、民族という言葉は、反日民族主義の克服という課題を依然として抱えながら、南北統一への気運の高まりの中、韓半島内外の民族の共同体を視野に入れた、韓国社会内部の多様性を求める価値観を含んだものとして新たな言説を生み出している。

一方日本では、民族という言葉に違和感を覚える人が多いように思われる。日本において民族という言葉が否定的に捉えられているのは、戦前の膨張的国家主義の理念が生んだ痛ましい歴史、戦後再び登場した民族主義者への根強い不信感に起因するものと言えよう。しかし現在、日本国内外に戦争責任・戦後補償問題への関心が高まり、日本の国としての姿勢が新たに問われる中、こうした動向とは裏腹に自由主義史観たるものの登場や、責任ある政治家たちの絶えない妄言、繰り返される歴史教科書歪曲問題などは、外国人の私には、戦後民主主義を築き上げる過程において個人主義の名の下に隠されていた日本人一般の(一部の日本人と言いたいところだが)、ひねくれた民族感情、民族意識の表れのように思われてならない。本コラムでは、こうした現実の問題を視野に入れながら、中野重治の、「雨の降る品川駅」と「五勺の酒」の作品世界を中心に彼の朝鮮観・民族観を検討し、《今》それがもつ意味について考えてみたい。

中野と朝鮮との関係は、周知のように彼の有名な詩「雨の降る品川駅」をめぐって多く論じられている。「雨の降る品川駅」は、一九二九年二月『改造』に伏字だらけの形で発表されて三ヶ月後、『無産者』の創刊号に韓国語に訳され掲載された。『無産者』は、朝鮮プロレタリア芸術同盟の機関誌『芸術運動』を改題して、一九二九年五月東京で刊行されたハングルの文芸雑誌である。さらにその初出には〈×××記念に　李北満金浩永におくる〉との献辞があった。

一九二八年一一月一〇日、昭和天皇の即位式、御大典が行われた。「雨の降る品川駅」初出に伏字とされている三文字は他ならぬこの御大典である。当時の田中義一内閣は、一一ケ月間の準備と一六〇〇万円あまりの経費を投入してこの日に臨んだ。田中内閣は、日本共産党員及びその同調者一五六八人を治安維持法違反容疑で一斉検挙した〈三・一五事件〉につづき、一一月の即位式に控えて、六月二九日、国体変革の目的をもつ者に対する最高刑を懲役一〇年から死刑にまで引き上げるなど、弾圧体制強化をはかった改正治安維持法を緊急勅令として公布し、さらに不逞鮮人とされていた朝鮮人を強制送還した。李北満は「追放」（『戦旗』一九二八・九）という文章で、罪なき朝鮮人が逮捕され強制送還される現実を訴えているが、これが「雨の降る品川駅」の作品制作の直接的な動機となったのである。李北満は、当時中野と同じ日本プロレタリア芸術連盟の会員として多数の日本語の評論を発表する一方、朝鮮のプロレタリア文学運動の新しい理論家として活発な活動を展開した人である。〈三・一五事件〉のとき検挙され釈放、さらに御大典を前に一ケ月も警察の拘置所に留め置かれ、弾圧される側の怒りを身をもって体験した中野は、李北満や金浩永ら追放される同志の悲しみと怒りを分かち合い、彼らを見送る立場から彼らに向かって熱い励ましの言葉を送ったのである。それが詩「雨の降る品川駅」である。

〈辛よ　さようなら／金よ　さようなら／君らは雨の降る品川駅から乗車する〉。一人ひとりの朝鮮人同志へ送る温かい惜別の言葉で始まる「雨の降る品川駅」で中野は、凝縮された別れの抒情にぎゅうぎゅうと詰め込まれた憤怒、同じ敵をもつ被支配側の仲間同士の結束と連帯のもっとも究極の結晶というべき世界、革命成功の瞬間、天皇に象徴される帝国日本からの解放の瞬間を熱い言葉で描き上げたのである。

問題は、「五勺の酒」（『展望』一九四七・二）で中学校長の口を借りて語られる、共産党に向けての批判、〈僕は共産党が、天皇個人に対する人種的同胞感覚をどこまでもっているかせつに知りたいと思う〉に関わるものだと思う。つまり、日本の共産主義者は、いくら天皇制打倒を叫んでも天皇個人に対する人種的同胞感覚を、生理的に持っているはず、ということが前提として成り立っている事実。しかし、朝鮮人は、たとえ共産主義者でなくても、日朝同祖論や内鮮一体論を掲げた日本帝国に、創氏改名をさせられ、ご真影と呼ばれる天皇の写真と日の丸の前で皇国臣民の誓詞を毎日唱えさせられ、文字通り皇国臣民になれる《恩恵》を与えられても、生理的に、天皇個人に対する人種的同胞感覚を持つことができない。実際、朝鮮において、抗日・解放運動は、共産主義者の専有物ではなかった。一九三二年一月八日、陸軍始観兵式より帰途の天皇の行列に爆弾を投げた桜田門狙撃事件の李奉昌、同じ年四月二九日、天長節と上海事変の戦勝記念式が行われている上海の虹口公園（現在の魯迅公園）で爆弾を投げた尹奉吉は、金九が組織した韓人愛国団の人々である。当然のことながら、朝鮮人にとって日本の天皇は、日本帝国主義と同格の、無機質な制度としての存在だったのである。

いくら階級的結束を深めてもその民族の感覚の違い、生理的な違いは埋められないという現実に、日本人と朝鮮人の同志愛・階級的結束の矛盾と限界があった。民族の壁を超えて階級的結束に託した彼らの夢、革命成功の夢は、絶望の中で虚像と化してしまった。彼らが夢見た真の連帯とは、民族の独立・独自性を確立した上で初めて成り立つものであったから。しかし、「雨の降る品川駅」の《今》は夢が夢でありえたのである。

〈朝鮮問題を理解することは日本人にとって日本問題を理解することになるのに近い〉（中野、一九五九）と語る中野にとって、日本社会におけるさまざまな偏見や不幸を生み出した朝鮮問題は、まさに日本人の精神の根本的なあり方を問う出発点であり終着点であった。

われわれは、日本帝国の国民の一部として日本帝国主義とたたかってきた。その軍国主義、侵略主義に事実として確かに抵抗してきた。しかも、それにもかかわらず、日本帝国主義からの長く深い侵蝕を受けてきた……国と人民とを奪われた人々の民族主義と他国と他国人民とを奪った国の民族主義との性格の根本のちがいを、われわれ日本人がどこまで理論的にも感覚的にも認知していたか……
（中野、一九七三）

中野には、独立に関わる被支配者側の民族主義と膨張的で差別的な支配者側の民族主義との峻別があった。それには朝鮮・朝鮮人への深い理解も作用したことだろう。このような観点から見ると、「五勺の酒」は、「雨の降る品川駅」の世界と彼の朝鮮観を反照明する方向からさまざまな問題を考えさせる〈豊かなテキスト〉と私には思われる。

「五勺の酒」は、父親が警察署長であったためにかつて新人会に入ることを断念し中学教師になって今は校長を勤める男が、憲法特配の残り五勺の酒を飲んで、酒に飲まれたいという思いに駆られながら、友人の共産党員に宛てて書いた手紙形式の作品である。よく知られているように当初中野の構想では、この校長の手紙が前半編で、共産党員からの返事を後半編として書く予定だったという。後半編が書かれずに終わってしまい、共産党員の返事の内容は、「五勺の酒」の行間から読者自ら読みとるしかないが、手紙の書き手と、読み手として設定されている友人共産主義者は、もちろん対極線上にいる存在ではない。いや、むしろ多くのことに共感し、多くのことを共有する関係であると言えよう。

サイパンの闘いで戦死した義理の弟、三人の子供を抱えて戦争未亡人となった妹、鼻も耳も唇もなくなって戦場から帰って来た彼の職場の若い国語教師梅本、その梅本を迎える美しい妻など、敗戦日本の哀れなありさまを直視し、戦争犠牲者である民衆の天皇制からの解放が日本民族道徳の樹立に繋がるということを日本民族として自覚しなければならない、と初老の校長は語る。しかし、彼は決して戦争の単なる被害者意識に留まってはいない。彼は、〈自分全部〉を与えようとしたのが〈全部を他で与え〉られてしまったことに対する教師としての責任、戦時下に犯してしまった自分の罪に向き合っている。〈征伐・出征の征を「ゆく」とよむのは間違いだ〉と生徒たちに教えた彼だが、しかし梅本が召集されて、「征」を「ゆく」とよませてくれと頼まれたとき、結局それを受け入れざるをえなかった自分、グライダー練習で自ら飛んだとき、死の誘惑に駆られてしまい、それに影響されて生徒たちの魂が〈玉砕精神〉に染められてしまったこと、そして海軍工場へ行くと言い出した長女をとめることができなかったこと等など、戦時中のさまざまな思いは、みんながみんな戦争という狂気にさらされていく中で、自分も結局戦争を支えてしまった存在であることを自覚させる。

敗戦直後の日本のありさまを目の当たりにし、教師としての罪意識で泣かざるをえなかった校長だが、彼をもっと絶望させたのは〈元旦詔勅〉であった。一九四六年元旦、新聞の一面を大きく飾った、いわゆる天皇の人間宣言。戦後日本の矛盾と限界はまさにこの天皇の〈元旦詔勅〉から始まった、と校長は実感しているのである。天皇の臣民がいきなり〈相互ノ信頼ト敬愛トニ〉よって国民に格上げされたこと、しかしその国民には〈朕〉は含まれないという矛盾、〈単なる神話ト伝説トニ〉よって〈天皇ヲ以テ現御神トシ、且日本国民ヲ以テ他ノ民族ニ優越セル民族ニシテ、延テ世界ヲ支配スベキ運命ヲ有ストノ架空ナル観念ニ基〉いておこした戦争に対する責任、自分の罪、日本国民の罪、天皇の罪、そのあらゆる罪がすべて俎上に載せられず隠蔽される巧妙な仕組みを国民は黙認する。それが天皇のいわゆる人間宣言であり、国民の受け止め方であった。「五勺の酒」の校長が、〈天皇と天皇制との具体的な処理以外、どこで民族道徳が生まれるだろうか〉、〈天皇制廃止は実践道徳の問題だ〉と語った所以である。

敗戦日本において中野が目標としたのは、〈民族の民主主義的建設をとおしての個の確立、個の確立をとおしての民族の再建〉であった。中野は、日本人一般の〈個の確立〉を妨げる内的要因を次のように指摘している。

自分で自分を処理すること、そこへ踏み込むことにためらいを感じること、無法な権威を「いただく」ことにかえって安心を覚えること、その権威が絶対的であるほどいっそう安心が大きいこと、自分で自分を処理する自由に逆に枷を感じること、一人の人間となること、完全な自己となること、一般に慣性と惰性とから自己を解放することを極度に恐れること、この日本人の日本人らしさにおける最大のかなしさを文学者は解き明かさなければならぬ（中野、一九四六）。

無法な権威が絶対的であるほど安心してそれを「いただく」、そうした日本人のかなしさは天皇制という土壌において培われたものと語る中野だが、しかし敗戦直後の日本の哀れなありさまの中では、天皇さえもが個の救済の対象となる。〈天皇個人に対する人種的同胞感覚〉に基づいた「五勺の酒」の語り手校長の天皇への認識は、「村の家」(『経済往来』一九三五・五)での孫蔵のそれと類似している。〈共産党が出来るのは当たりまえなこと、しかしたとえレーニンを持ってきても日本の天皇のような魅力を人民に与えることはできぬこと〉を父孫蔵から聞かされる勉次と、〈僕は共産党が、天皇個人に対する人種的同胞感覚をどこまでもつているかせつに知りたいと思う〉と厳しく問いただされる校長の友人は、最も手強い存在を敵として持つことになる。制度そのものを結果的に下から支える存在との戦い。多くに共感し、多くを共有している他者であるからこそ、その他者との戦いは自分の根幹をえぐりだす辛さを伴い、より一層の厳しさを要求する。転向後の中野、敗戦後の中野の出発点はまさにこの身近な敵との戦いから始まったのではなかろうか。

「雨の降る品川駅」が朝鮮民族に対する中野の深い理解と信頼から生まれたものだとすると、敗戦直後に書かれた「五勺の酒」と多数のエッセイは特に、中野の自民族への深い愛、自民族に向けた文学者としての信念の表出である、と私は思う。この二つの世界は、一見相反するもののように見えるかも知れないが、朝鮮と日本の民衆の、日本帝国支配からの真の解放という共通のテーマを語っている点では決してそうではない。とは言え、韓国の読者は「五勺の酒」を果たしてどのように読むだろうか、ということを考えると、そう簡単には言い切れないのが私の正直な気持ちである。韓国の読者は、「五勺の酒」の語り手に代表される普通の日本人、善良な日本人の無限の悲しみと苦悩にどこまで近づくことができるだろうか。

もしかしたら、民族の違いなど関係なく同じ人間として共感し理解するという当たり前のことを妨げるさまざまな混乱や葛藤を覚えはしないだろうか。もしそうだとすると、それは、日本は敗戦を、韓国は解放を迎えてすでに半世紀以上が過ぎた今まで、互いに、過去に対する相手の痛み、相手の苦しみを理解し、それを克服するための努力を怠ってきたことに原因があろう。

日本は、冷戦構造の下、戦後民主主義を築き上げる過程で、戦争に対するあらゆる罪と責任を巧妙に隠蔽し、植民地支配、戦争による他民族・他国民の痛みは言うまでもなく、自国民の痛みすら真正面から直視していなかったのではないか、と私は思う。日本帝国がおこした戦争という歴史に隠されているものは、日本軍慰安婦や植民地支配の過ちだけではない。戦争当時、日本の陸軍が提示した兵士一人の値段が二銭五厘、葉書一枚の値段に過ぎなかったという事実、ゼロ戦の軽さは操縦士の命の軽さを物語るものであったという事実。〈国体護持〉のために自国民をも犠牲にする、このような人命軽視思想が〈玉砕精神〉という美名の下にみごとに隠蔽され、神風特攻隊や日本軍慰安婦を生み出し、堤岩里虐殺や南京大虐殺をおこしたという事実。果たして日本人は、特に日本の若者は、この歴史の真実をどれだけ知っているだろうか。戦争そのものにどれほど真剣に向き合っているであろうか。この問題を避けつづける今日の日本社会の仕組みにおいて、最大の犠牲者は他ならぬ、これから国際社会の一員として生きていかなければならない、特にアジアの国々の民主化が生んだ新しい民衆勢力による反日・克日の声と向き合わなければならない日本の若者、子どもなのである。世界唯一の被爆国家、平和憲法九条をもつ〈日本〉から当然生まれるべき非戦・平和への熱いメッセジーを世界に向けて発信することをみずから放棄し〈普通国家〉に様変わりしようとする今の日本、その日本に向けられたアジア諸国の民衆の不安と危惧のまなざしを日本人はもう一度真剣に受け止めなければならない。

中野の二つのテキスト、「雨の降る品川駅」と「五勺の酒」の世界は、まさに今日われわれがおかれた状況を見つめなおし、歴史に厳かに向き合わなければならないことを、われわれ読者に語りかけているように、私は思う。それは決して過去に向かうものではない。将来に向かった、共存と共生の道を築き上げるための第一歩なのである。

参考文献

中野重治、一九二九「雨の降る品川駅」『改造』(二)。
――一九三五「村の家」『経済往来』(五)。
――一九四六「文学者の国民としての立場」『新生』(二)。
――一九四七「五勺の酒」『展望』(一)。
――一九五九「朝鮮問題について」『新日本大学』(六)。
――一九七三「『朝鮮解放問題』アンケート」『新日本文学』(一一)。
李北満、一九二八「追放」『戦旗』(九)。

10

「環日本海」の回顧と展望

芳井研一

はじめに

近代以降、日本海に人々の目が注がれたことが三回ある。一回めは今から百年前である。日本は朝鮮半島の支配権を争ってロシアと戦っていた。ちょうどシベリア鉄道が開通し、ヨーロッパとアジアが鉄道で結ばれた時に、日本海はバルチック艦隊との海戦の舞台となった。二回めは吉会鉄道が全通し、日満航路が開通して、「満州国」の首都長春と東京が直結した時である。そして三回めは、小稿の対象となる一九九〇年代の「環日本海」ブームとでもいうべき時期である。前の二回は、日本が台湾と朝鮮を植民地化し、傀儡《かいらい》国として「満州国」をつくった時である。地域住民は日本海をはさんで、抑圧する側とされる側に分かれていた。それに対し三回めは、対等・平等の地域間関係と相互交流が前提になっている。東北アジアの百年というスパンのなかで見渡すと、この十数年の環日本海地域交流の歩みは急激であり、以前の二回とは背景がまったく異なっていることがわかる。

この間の変化の内実を振り返るためにも、小稿では先ず環日本海ブームの背景となった諸前提から考えよう。そもそも日本海になぜ環がついたのか、その意味はどこにあったかを探る。第二に、一九九〇年代になぜ環日本海がもてはやされたかをいくつかの側面についてたどる。それがどのような意義を持ったかについて整理する。そして第三に、実態としての「環日本海経済圏」について、新潟の事例を中心にかいま見る。それらの作業の上に立って、なお先行きの定かでない環日本海地域交流の未来について展望することにしよう。

1　「環太平洋」と「環日本海」

「環」呼称の由来

日本で太平洋などの海の呼称に「環」を冠して使うようになったのは、それほど昔のことではない。管見では、東京帝国大学理学部地理学科の助教授であった辻村太郎が一九三一年刊行の『岩波講座地理学』に執筆した「環太平洋地域の地理」と題する論文が嚆矢のようである。この論文で辻村が環太平洋地域としてあげたのは、日本・中国・アメリカ合衆国・カナダ・フィリピン・仏領インドシナ・蘭領東インド・

オーストラリア・ニュージーランド・ハワイ等の、太平洋をぐるっと囲む地域であった(1)。日米戦争の勃発する一九四一年一二月には、岡保次郎の『環太平洋経済地理』が発刊されている。環太平洋地域の貿易や交通等をたんたんと解説したものだが、その「序」において「目下東亜共栄圏が政治理念の域を脱して、現実問題に進展しつつある折柄、日本を中心として太平洋岸諸国」について記述したと述べているように、同書のタイトルには時局の影響をうかがうことができる(2)。いずれも地理学者が空間イメージを生かすために環を使い始めたといえる。

それに対し、第二次大戦直後には自然科学者が環太平洋の呼称を使うようになった。松本達郎は、一九四八年刊の『地質学雑誌』に「比較層序論に基づく環太平洋白亜紀地史」と題する論文を掲載している。白亜紀に太平洋で著しい地殻変動が起こったが、その舞台を適切にさす呼称として環太平洋を用いたのである(3)。白亜紀に起こった海進による沈降によって太平洋に環状の海成層が形成されたことは地質学上の事実であった。

環日本海の呼称も、ほぼ同様の経緯で使われるようになったようである。時代は降るが、小林貞一は一九八四年の『地学雑誌』に「環日本海地域比較層序論」を発表している。タイトルに環日本海を用いた自然科学の論文としては最初であろう。同年末には安田喜憲が花粉分析学の視点から「環日本海文化の変遷」を発表した。海洋環境の変容が日本海側の積雪量の著しい変動をもたらし、文化形成に大きな影響を与えたことを重視すべきであると主張した(4)。

「環太平洋」構想

一方、環太平洋という言葉が学会用語ではなく一般に使われるようになったのは、一九七八年に発足した大平正芳内閣が「環太平洋連帯の構想」を打ち出してからである。この構想の着想は、一九七三年のオイルショックにさかのぼる。一九六〇年代までに主要なエネルギー資源を石炭から石油へと大転換してきた日本は、オイルショックによる石油価格の異常な高騰と供給の不安定化への対策を用意していなかった。そこで新たな資源供給先を求めざるをえなくなり、その結果示されたのが環太平洋構想であった。

一九七四年秋、田中角栄総理大臣はメキシコ・ブラジル・アメリカ合衆国・カナダを訪問した。この「最も近い間柄にある環太平洋国家」訪問の理由は、「外国からの資源供給なくしては一日も生きることのできない日本の政治指導者として、避けることの出来ない重要な責務」を果たすためであったという(5)。環太平洋という言葉が使われるようになった端緒は、日本の資源不足問題を解決するために新たな資源供給国との連携を深める必要があったからである。ただし新しい経済協力関係は互恵共存によってしか成り立たない以上、環太平洋の国家間関係もそのような前提をふまえることによってのみ構想されることになる。大平内閣の環太平洋連帯構想が排他的な地域主義を排除して「開かれた連帯」をうたった所以はここにある(6)。しかし日本社会における環太平洋構想の受け止め方は、二様に分かれた。

ＡＳＥＡＮのようなゆるやかな連帯を基盤にした太平洋共同体の夢を描いたのは、当時早稲田大学教授でインドネシアのフィールドを専門としていた増田与であった。増田らはすでに一九七四年に、環太平洋世界に融和と協力を実現するための組織として日本・太平洋協議会を発足させていたが、大平内閣の環太平洋構想を「新しい地域統合の歴史時代の方向を示す」ものとして歓迎した(7)。
一方福島新吾は、折から示されていた環太平洋安全保障機構論などへの注意を喚起しつつ、環太平洋合同演習（リムパック）が日米安保体制の拡大と日本の海外派兵への道を開く危険性について指摘した(8)。『前衛』でも「M・Y」生が、環太平洋構想とは、環太平洋合同演習がねらう海外派兵と一体のものとしてみるべきである、と指摘した(9)。北沢洋子は、「環太平洋経済圏」構想がオーストラリアとブラジルが原料資源を供給し、資本と技術を日本が提供して東南アジアで一次加工するシステムをつくろうとするもので、脱南北問題をめざす世界の潮流に逆行するものだと強く批判した(10)。このように環太平洋構想は、安定したエネルギーの供給先を求めて出発したものの、軍事同盟色や資源収奪による南北問題の顕在化を懸念する人々から強い反対論が出されたのである。

図1　「環太平洋」(ランベルト正積方位図法による)

「環日本海」論の登場

小島清が太平洋自由貿易地帯論を主唱したのは一九六五年である。その三年後の一九六八年には福島正光が、日本海経済圏の形成を提唱している。日本海をとりかこむ地域が協力して日本海経済圏をつくることにより、「平和と繁栄の第三の道」を確保することができると述べた。プエブロ事件などが起こって「戦争の海」になりねない日本海を「平和の海」に変えることが、日本の対米依存政策を見直し、経済的停滞を余儀なくされている「裏日本」と日本海に面するロシア極東・南北朝鮮等を発展させることにつながる新たな道であると主張した(11)。ここには後に環日本海経済圏論で提唱される議論の骨格が示されていた。しかし、この時には、提案を具体化する環境が整っていなかった。藤間丈夫等が対岸との経済交流を求めて勉強会(のちの日本海圏経済研究会)を始めたのも同じ時期であるという(12)。一九七〇年には新潟日報が「あすの日本海」について特集を組んだ。新しい「開発の思想」として、日本海文明圏あるいは環日本海圏としての一体的発展の道を展望した(13)。

このように環太平洋構想が端緒的に示されたのと同じ時期に、すでに環日本海構想も平和(東北アジアにおける冷戦からの脱却)と地域発展(「裏日本」脱却)をキーワードとして民間から提唱されていたことが確認できる。ただし環日本海構想の方は、本格的着手まで二〇年の歳月が必要であった。

環日本海構想が具体化するきっかけの第一は、先に見た環太平洋構想とそれへの一連の批判にあったようである。日米安保条約の強化とセットになっている環太平洋構想(環太平洋共同軍事演習)によっては東北アジアの安全が確保できないとすれば、自らの外交努力で日韓朝中ソの国家間関係を安定化することが求められる。その担い手として日本海側の自治体が名乗りをあげた。いわゆる自治体外交である。新潟市がハバロフスク市と姉妹都市提携を結んだのは一九六五年であった。新潟県と黒竜江省とは一九八三年に、富山県と遼寧省は一九八四年、福井県と浙江省は一九九三年にそれぞれ姉妹友好提携協定を結んでいる。

自治体同士の市民交流が盛んになり、大学間の交流協定締結も活発化した。

一九八〇年代には環日本海地域の発展のために新しい経済圏をつくろうとする「環日本海経済圏」論も花盛りとなったが、これも環太平洋構想に対比しつつ生まれたものといえる。

図2　環日本海——海・河と都市

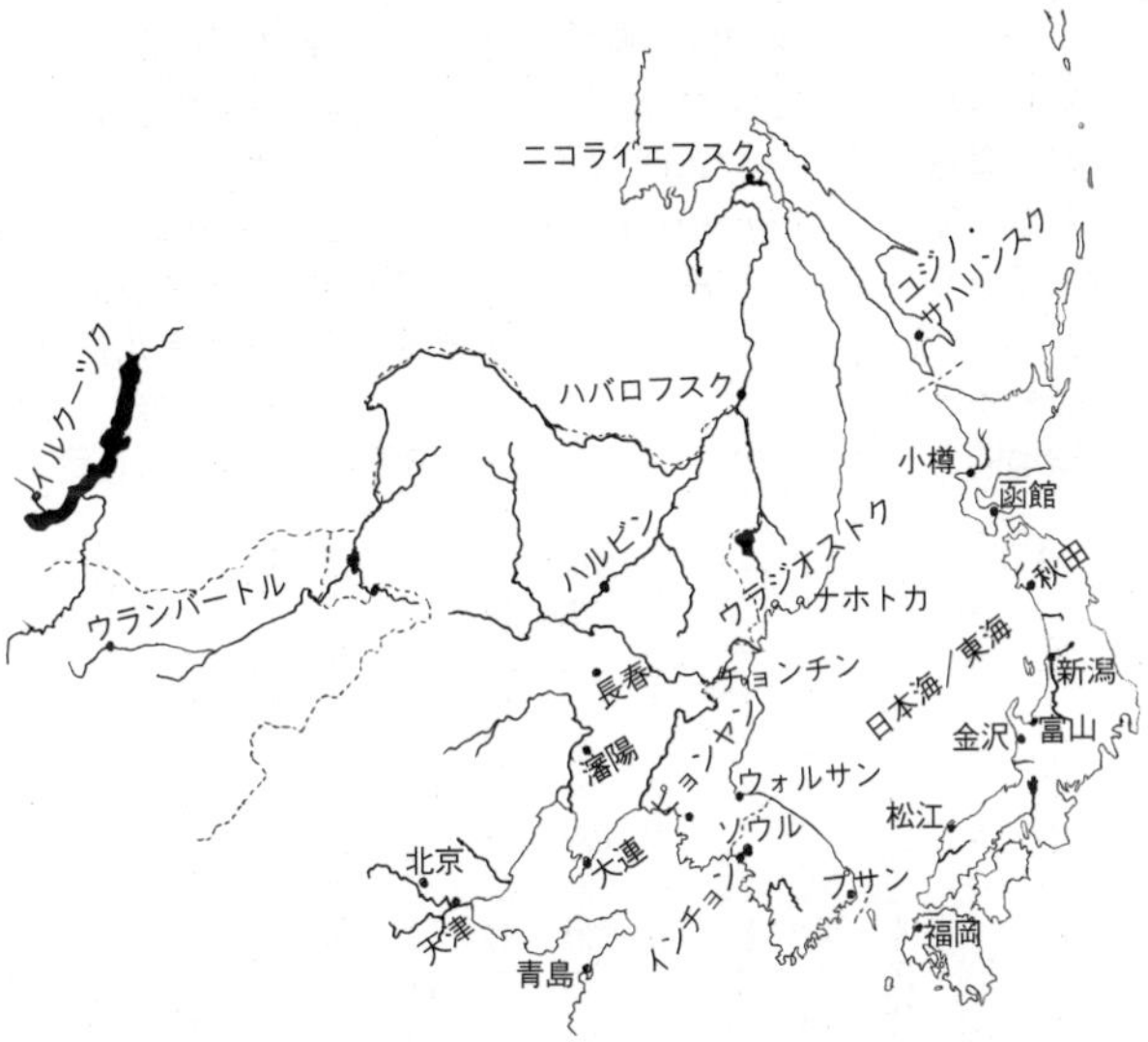

村岡輝三は一九八三年、「環日本海国際経済圏の形成に向かって」において、太平洋経済圏の一環としてソ連・北朝鮮・韓国・中国を含む環日本海国際経済圏を形成しなければならないと提案した(14)。同じ頃金田一郎も「環太平洋」よりは「環日本海」の方がはるかに現実性が高いとして、環日本海経済圏を構想した(15)。

人々の関心が環日本海に向けられた第二の契機は、ゴルバチョフ書記長が旗を振ったペレストロイカの進展と世界的冷戦の終結にある。一九八五年の書記長就任と翌八六年のロシア極東訪問がその端緒となった。人々の目がロシア極東に向けられ、日本海をはさむ交流の活発化に期待が寄せら

表1　環太平洋構想と環日本海構想の比較

	環太平洋構想	環日本海構想
鉱物資源	インドネシア石油	サハリン天然ガス
漁業資源	エビ	鮭
安全保障	日米＋ASEAN	日韓朝中露
地域経済協力	自由貿易	互恵貿易（⇔自由貿易）
自治体交流		首長会議、姉妹都市提携
地域格差是正		「裏日本」脱却
環境協力		準閉鎖海汚染、酸性雨

れるようになった。一九八九年のベルリンの壁崩壊による世界的な冷戦の終結と一九九一年のソ連の解体は、ロシア極東では軍港ウラジオストクの開港という象徴的な結果に結びついた。同じ一九九一年には韓国と北朝鮮が国際連合に加盟した。冷戦による東アジアの硬い壁が崩れつつある瞬間を見て、環日本海経済圏樹立への期待が高まった。

第三に、国内では経済の高度成長から取り残された日本海側の地域が、その脱却を求めつつあったという事情も、環日本海構想の進展を後押しした。一九八七年策定の第四次全国総合開発計画は多極分散型の国土利用をうたっていたが、必ずしも一極集中を防ぐための手だてを用意していたわけではない。それに対し環日本海構想は、日本海側の経済交流圏を対岸地域に広げることによって、新たな地域経済の発展を展望しようとするものであった。

このような環日本海構想のメリットを、環太平洋構想と比較したのが表1である。エネルギー問題や市場確保という側面では同じ土俵に立っているとはいえ、地域格差是正や自治体交流、環境協力などにおいて、より優れた将来構想を提示していることがわかる。日本海側の住民の期待も高まらざるを得なかった。

2　環日本海ブーム

一九八〇年代末から九〇年代にかけて、環日本海ブームあるいはフィーバーと呼んでもいいほど、環日本海をめぐる多様な取り組みが進められた。その特徴点について、先の表1との関連させながら整理しておこう。ただしその柱のひとつである自治体主導の環日本海交流については次章、市岡政夫氏の論稿で扱っているので、ここでは省略する。

地域格差是正論

西川潤以来の環日本海論には、南北問題解決のモデルケースとして、この問題にアプローチしようとする一貫した姿勢があった。西川潤は一九八七年九月二二日号の『エコノミスト』誌上で「環日本海経済協力を提唱」した。環太平洋協力は日米経済摩擦の激化とアジア発展途上国の債務問題で熱が冷めつつあるのに対し、環日本海市場は水平貿易のフロンティアとなり、国内の地域格差の是正にもなると述べた。環日本海経済協力は、地理的に近接した隣国間で南北問題を解決する枠組みであり、結果として東アジアの平和と安定を強化し、地域経済の発展につながると指摘した(16)。

この視点は、世界的に見ても後進地域として取り残されているこの地域の発展策として、多くの人々が求めるものと一致していたため、その後も繰り返し論じられることになる。

交通インフラ

環日本海構想の実現のために交通網を整備すべきであるとする議論も、幾度となく提起された。当初の牽引車であった港湾協会等の動きを見ておこう。

一九九〇年のことであるが、日本港湾協会の第六二回通常総会を記念して栢原英郎運輸省第一港湾建設局長は、日本海側の港がこれまでの一次産品中心の輸入・移入型から脱皮するために、韓国・北朝鮮・中国・ソ連を中心としつつ東南アジア・欧州・北米を展望した港湾相互のネットワークをつくっていくことが必要であると強調した(17)。第一港湾建設局は翌一九九一年七月に「環日本海時代の港の役割と展望」というテーマで国際シンポジウムを開催した。参加した北朝鮮のキム・ジョングウアン海運省港湾総局長は、清津港・羅津港・先鋒港の有効活用を提案した。また王勝今吉林大学教授は、図們江国際フリートレードゾーンの建設を提案した。金子新潟県知事は、県政の重点施策として対岸諸国との文化・経済交流を積極的に進めており、その際港湾の果たす役割が大きいと指摘した(18)。『港湾』紙上には、関連して日本海中央部に海上自由都市を形成する構想（森田博一）など夢のプランが目白押しとなった。

これら交通網整備の夢は繰り返し語られていく。最近では環日本海経済研究所が北東アジア輸送回廊ビジョンなどを提示している。

経済団体

環日本海ブームの担い手として欠かせないのは、経済界の動向である。ここでは関西経済連合会についてふれよう。関西経済連合会の機関誌『経済人』の一九九一年七月号は「日本をとりまく経済圏の将来と関西」と題する特集を組んだ。そのなかで伊藤忠商事副会長は、今後期待される経済圏として東南アジア地域協力経済圏・両岸経済協力圏とともに環日本海経済圏をあげ、関西圏を中心として環太平洋経済圏などを含む重層的な経済圏をつくりあげることを提唱した。岩本頴一郎石川島播磨重工業関西支社長は、日本海貿易の歴史をさかのぼれば関西が主導権を握っていたのであり、今日「環日本海経済圏におけるビジネスチャンス」を生かすために「新時代の北前船」を出航させるべきだと強調した(19)。いずれも建設中の関西国際空港をアジアの拠点空港として生かしたいとする認識を背景としていた。

同港が開港した一九九四年九月には、大阪商工会議所環日本海経済圏構想研究会により、『環日本海経済圏構想に関する提言』が刊行され、環日本海地域主導の経済圏形成に経済界も関わっていきたいとの意思を示した(20)。またその五カ月前には、関経連と北陸経連経済懇談会が共同声明を出し、環日本海経済圏の形成について国家レベルで協力援助すべきことを中央諸機関に要望している(21)。

通信インフラ

環日本海の相互交流の基盤となる情報通信網についての取り組みも当初から見られた。その可能性を模索する取り組みは、北陸電気通信監理局やＮＨＫ金沢放送局、石川県や富山県・福井県、それに金沢大学のメンバーによって発足した「環日本海時代における情報通信の在り方に関する調査研究会」によって精力的に進められた。一九九二年には報告書が刊行され、国際シンポジウムも開かれた。そこではロシアとの電話連絡に最低二時間待たなければならないなどの乗り越えなければならない障害の例が紹介され、環日本海圏のネットワークを整備するために通信機能を標準化すること、国境を越えた放送や番組の共同制作などを進めることが提案された(22)。

その一〇年余後には、新聞社や放送局間の共同事業が日常的に行われ、インターネットによる諸連絡や情報交換が言語の壁を越えて行われるようになった。この面での障害は、大きく取り除かれつつある。

環境協力

国境を越える環境協力の問題は、環日本海地域交流のメインテーマである。

バルト海や地中海は、日本海と同様の準閉鎖海であるが、一九七五年にはバルト海域環境保護条約(ヘルシンキ条約)が、翌一九七六年には地中海汚染防止条約(バルセロナ条約)が締結され、汚染防止に努めるようになっていた。

国連環境計画(UNEP)は、すでに一九七四年に閉鎖性水域の海洋汚染の管理の必要性を唱えていたが、一九八二年に採択された海洋法に関する国際連合条約(国連海洋法条約)の一二三条で、閉鎖海または半閉鎖海に面した国は直接または地域的機関を通してその保護・保全に努めなければならないと規定した。同法は一九九四年に効力を発生させ、日本も一九九六年に批准した。このような経緯のなかで韓国の提案により、一九八八年に日韓環境シンポジウムが開かれており、次いで中国・ソ連・モンゴルもこれに加わった。

一九九二年には環境専門家による対話の場として第一回環日本海環境協力会議が新潟市で開かれた。同会議の二回目はソウルで、三回目は城崎市で開かれ、その後ずっと続いている。また一九九四年には日本海の海洋汚染問題をも視野においた北西太平洋地域行動計画が日韓中露の四カ国の政府間会合で承認された。一九九九年には、日中韓三カ国環境大臣会合も開かれている。

このような国連や政府・環境庁（環境省）の活動に対して、例えば北陸の自治体や金沢大学などが主導して「環日本海地域の酸性雨・雪」についての国際シンポジウムが一九八九年以来続けられているのは注目される(23)。また社会党が一九九〇年に新潟で開いた環日本海社会党フォーラムにおける一つの柱は日本海をめぐる環境問題や漁業資源の保護問題であった(24)。池田三郎と片岡正昭は、一九九三年に「環日本海経済熱」の裏で日本海の汚染が拡大することが心配であるとして、「死の海」の危険を避けるための措置をとるべきであると提唱した(25)。そんななかで、一九九三年にはロシアによる日本海への核廃棄物投棄問題が起こり、一九九七年にはナホトカ号の重油流出事故が起こった。日本海の汚染が、早急に解決を求められる問題として誰の目にも明らかになったのだが、今なお日本海の汚染防止条約は結ばれていない。

このように環日本海ブームのなかで、そこに横たわる諸課題が次々と明らかになり、多様な取り組みが進展した。

3　「環日本海経済圏」の現実

それでは一九九〇年代の環日本海ブームを経て、「環日本海経済圏」はどの程度実体化していったのであろうか。振り返れば新潟港など日本海沿岸の諸港と対岸地域との交易は、第一次大戦後から十五年戦争期にかけて活発になっていた。だが「日本海湖水化」論がもてはやされたその時期においても、新潟港の主な役割は石炭などの資源の搬入拠点としてのものであった。食料品の移出や満州移民などの旅客の増加はみられたものの、貿易の基本的な枠組みを変えるまでには至らなかった。

戦後の経済の高度成長期も、その繁栄の中心は一貫して太平洋ベルト地帯にあり、日本海側地域の経済の飛躍的発展にはつながらなかった。そんな日本海側諸地域の閉塞状況を払拭する切り札として唱えられたのが「環日本海経済圏」論であった。

物の流れ

日本海側諸港のうち、とくに新潟港を起点とする物流の推移を見よう。一九九〇年代を通して内外貿易の総物量は三〇〇〇万トンを越えるくらいで推移している。そのうちの外国貿易額は一万一千トンから一万三千トンに増えているが、そのほとんどは輸入であることが特徴的である。ただし一九九二年には全体の一・四％であった輸入量が、一〇年後の二〇〇二年には四・一％に増加している。二〇〇二年における輸入量の半分弱はインドネシアのブランランカン港からのＬＮＧ（液化天然ガス）輸入で、マレーシアとカタールからのものを含めると、全体の六二・二％を占めた。韓国・北朝鮮・中国・ロシアの環日本海地域四国の輸入全体に占める割合は、一九九二年の九・一％から二〇〇二年の一一・九％へと増えているが、輸出では七三・四％から六二・四％に下がっている。もっとも全体の貿易量が一・三倍に増えているので、四国の輸出量全体では一一万トンから三八万トンへと三倍以上増加している。輸入量は一〇一万トンから一六六万トンへと一・六倍となった。とくに中国への輸出量は一六二トンから一〇万トンに、輸入量は一九万トンから八九万トンに急増したのが目立つ。ついで韓国への輸出は五万トンから二五万トンに、輸入は三三万トンから四四万トンへと着実な増加を示している（表2参照）。つまり鉱物資源輸

表2　新潟港の外国貨物貿易（2002年）

（単位：トン）

	輸出	輸入	計
韓国	248,771	441,294	690,065
北朝鮮	6,672	3,286	9,958
中国	104,104	888,694	992,798
ロシア	17,365	326,064	343,429
環日地域計	376,912	1,659,338	2,036,250
中国（香港）	61,176	106,656	167,832
台湾	36,641	101,314	137,955
インドネシア	9,033	6,604,024	6,613,057
タイ	15,017	104,220	119,237
ベトナム	23,786	50,572	74,358
マレーシア	14,071	1,244,432	1,258,503
アラブ首長国	225	80,221	80,446
カタール	0	1,188,852	1,188,852
オーストラリア	22	552,458	552,480
南アフリカ	379	326,506	326,885
アメリカ合衆国	21,449	697,882	719,331
チリ	0	401,076	401,076
ブラジル	0	249,800	249,800
その他	45,053	630,237	675,290
合計	603,764	13,997,588	14,601,352

（出所）「外貿貨物相手国一覧」（『新潟港統計年報』平成14年、新潟港湾事務所、2003年、90頁）より作成。

表3　新潟港の外国貿易コンテナ個数の推移

（単位：TEU）

	シベリア	東南アジア	釜山	中国	北東アジア	合計
1989年	2,974	2,278	2,635	0	0	7,887
1990年	5,773	153	3,068	0	0	8,994
1991年	3,737	3,076	3,984	0	0	10,797
1992年	2,173	3,858	4,493	64	0	10,588
1993年	1,319	3,799	6,058	0	0	11,176
1994年	645	5,689	9,826	0	0	16,160
1995年	350	5,666	15,985	1,090	0	23,091
1996年	127	5,819	19,892	4,080	0	29,918
1997年	49	10,251	18,510	5,183	0	33,993
1998年	0	12,963	15,543	8,533	0	37,039
1999年	0	10,182	24,796	12,341	43	47,362
2000年	0	8,808	33,262	13,739	48	55,857
2001年	0	10,291	32,765	20,239	10	63,305
2002年	0	11,312	23,120	37,781	0	72,213

（注1）コンテナは20フィート換算の個数（TEU）。
（注2）「シベリア」は、トランスシベリアコンテナ航路のこと。
（注3）「航路別外貿コンテナ個数年次比較」（表2注、173頁）より作成。

入を基盤とした全体としての貿易構造に変化はないものの、韓国・中国を中心とする環日本海諸国との貿易が、それなりに伸張したことがわかる[26]。

一方新たに導入されたコンテナによる外国貿易の取り扱い量は、この間ウナギのぼりに増加した。一九八六年の総量は一六〇六トンであったが、一九九〇年には八九九四TEU、一九九五年の総量二万三〇九一TEUから、二〇〇二年には七万二二一三TEUと、三・一一倍になった（表3参照）。しかも釜山航路は四社が週七便、中国航路は週四便運行しており、輸出入とも環日本海諸国が主となっている。二〇〇二年における輸出コンテナ貨物（三〇万トン、総量の二〇％）の内訳を見ると、再利用資材が二八・九％、化学薬品が一七・八％、化学工業品が一二・四%となっている。ただし産業機械五・一%、電気機械四%、金属製品二・九%、鋼材二・九%であり、再利用資材を除く重工業関係の輸出品を合計すると四五・一%であった。輸入品（一一九万トン、総量の八〇%）では、家具装備品が二二・四%、衣服・身廻品・はきものが一四・二%、製造食品が七・一%、その他日用品が六・一%で、これらの日用品を合計すると四九・八%となる。コンテナ貨物の場合は、依然として輸入過多ではあるが、輸出入のバランスは幾分改善しており、かつ重工業関係品を輸出して日用品を輸入するという日本の対外貿易一般の特徴に少し近づいた。環日本海地域の貿易は、地味ながら着実な進展を見せているといえよう。

フォーラム・イン・新潟

一九九一年に新潟市で開催された「環日本海経済圏」をめぐるシンポジウム「フォーラム・イン・新潟」では、金子新潟県知事が輸入依存の貿易体制を変えなければならないと主張した。崔成春大韓民国釜山地方海運港湾庁埠頭課長は釜山港のコンテナ処理施設を補強するなどの施設整備を行っていると報告した。ミシコフ極東船舶会社総裁は、ウラジオストクの未開放を問題にしていた。一方王勝今吉林大学教授は図們江国際フリートレードゾーンを提唱し、キムジョングウアン朝鮮民主主義人民共和国海運省港湾総局長は清津・羅津・先鋒各港の活用を提起した(27)。このうち前三者の課題がすでに達成されつつあることを見ると、やはりこの十年余の経済交流の進展が明らかである。一方「環日本海経済圏」形成を展望するための核となるプロジェクトとして大いに期待された図們江（豆満江）開発計画は、今なお進展していない。このことが環日本海フィーバーを冷ますひとつの要因となっているだろう。

人の流れ

なお新潟空港等を出入りする人の流れについても表4などにより見ておこう。新潟空港は一九七三年にハバロフスク便を開設して以来、ロシア極東ではイルクーツク便とウラジオストク便、中国ではハルビン便と上海・西安便、韓国はソウル便を整備し、環日本海諸地域との人的交流のかなめになった。一九八六年にはハバロフスク便とソウル便の合計で、四万九〇二人の旅客実績だったが、五年後の一九九一年にはイルクーツク便が加わって九万八四八八人と二倍以上に増えた。一九九六年には八万三九四九人（チャーター便を含まない）と横ばいであるが、一九九九年にはハルビン便などが増え、一三万一一一七人と、一・五倍の増加をみた。富山空港もソウル便が順調で、大連便・ウラジオストク便を合わせると一九九九年度に六万五七五人の利用客があった(28)。

なお新潟港の外国乗降人員も見逃すことができない。一九八六年には一万二二四人だったが、一九九一年には一万三八八二人に増え、翌一九九二年に一万六五四二人とピークとなった。しかし一九九六年には一万一一五二人、一九九九年には一万二〇六人、二〇〇二年には九三六五人と徐々に減少している。一九八〇年代まではナホトカ便の利用が安定していたが、飛行機便が増えた一九九〇年代には同便の乗客数は激減した。替わって一九八〇年代半ばから北朝鮮の元山便が着実に増加し、一九九二年には一万三七六六人と全体の八三%を占めた。一時増加したウラジオストク便がその後激減するなかで、ほとんどの乗降人員は元山便となり、二〇〇二年には八六九〇人と九三%を占めている(29)。環日本海地域の人の流れも、一九九〇年代を通じて増加した。物の流れも、人の流れも、劇的に変化したとは言えないものの、ブームを後押しするくらいには実績をあげつつあった。

表 4　環日本海地域航路利用者数の推移（新潟空港・新潟港）

（単位：人）

	1993年	1994年	1995年	1996年	1997年	1998年	1999年	2000年	2001年	2002年
新潟空港利用者数	121,325	127,837	119,245	138,958	133,308	144,199	181,318	222,878	225,023	231,183
ハバロフスク	25,740	17,003	13,244	13,757	15,796	14,571	13,990	16,406	19,000	20,375
ウラジオストク	14,935	20,255	14,253	14,415	15,585	15,285	16,891	18,363	18,176	18,671
イルクーツク	3,615	3,945	3,589	3,800	3,737	3,038	706	1,784		
ソウル	47,136	50,062	57,441	51,977	47,593	47,561	57,152	68,996	66,417	78,161
ハルビン						5,760	19,549	29,409	33,201	35,158
上海・西安						13,353	22,829	24,324	23,038	25,924
新潟港利用者数	11,181	11,233	11,021	10,923	10,116	10,136	8,946	7,979	7,314	9,143
ナホトカ	2	3	194	0	175	316	288	242	97	133
ウラジオストク	3,090	1,089	776	621	547	1,481	42	31	299	320
元山	8,089	10,141	10,051	10,302	9,394	8,339	8,616	7,706	6,918	8,690

（出所）「新潟空港乗降客人員」（『新潟市統計書』平成11年度210－211頁、平成16年度218－219頁）および「外航乗降人員年次比較」（『新潟港統計年報』平成９年54頁、平成14年39頁）より作成。

4　環日本海地域交流の進展のために

地域経済交流の行く末

「環日本海経済圏」についていえば、まだ経済圏としての実態があるとはいえない。しかし先に見たように、この十余年間に環日本海地域経済交流が着実に進んだことは確かである。経済交流の場合、互いに恒常的な一定の具体的利益がもたらされることが前提となる。新潟県が取り組んでいる地場企業の相互交流の進展も大いに期待される。

豆満江開発には国連開発計画が乗り出している。北東アジア開発金庫の構想もある。何よりごく最近になって、中国政府が東北三省の経済発展のためにテコ入れする方針を打ち出した。

遠くない時期に、停滞している北朝鮮経済の立て直しが焦眉の急になるだろう。韓国が日韓条約締結後に日本の資金援助をカンフル剤として新興資本主義国に脱皮しつつあったとき、日本海沿岸地域はそれに直接関与できなかった。北朝鮮の場合、日本海沿岸地域との経済交流が盛んだった歴史的経緯からいっても、政府間、大企業間ではない経済交流による発展が展望されてしかるべきであろう。この点では、いわゆる地方版ＯＤＡとして評価されている新潟県のロシア・ザルビノ港築港への援助などの例が参考になる。つまり国家間に資金が直接流れるのではなく、環日本海地域を介した資金のきめこまかな流れをつくることによって、調和的な発展を展望することが可能になる。

歴史認識の共有

ところが現在でも環日本海諸地域の経済交流や文化交流を進めていくうえで、日本の過去の植民地支配や侵略の歴史に対する双方の認識の隔たりが大きな障害になっている。北朝鮮との交流回復にあたっても、焦点のひとつになることは必至である。このような現実に向き合うため、新潟環日本海研究ネットワークは二〇〇〇年七月と二〇〇一年七月の二回にわたり、「東北アジア歴史像の共有を求めて」というテーマで国際シンポジウムを開いた。もちろん、それぞれの国に国民史があるのだから「歴史像の共有」なんて無理だ、と多くの論者が指摘していることは十分承知している。しかし展望はあると思う。

幸いこのシンポジウムでも、中国・韓国・ロシアのそれぞれの歴史認識の差異を率直に指摘し合いながら接点を探ることが出来た(30)。私なりに解釈すれば、例えば植民地支配や侵略、あるいは空襲や原爆投下による被害の痛みを、環日本海地域にともに暮らす地域住民として共感することがひとつの踏台となる。痛みにはさまざまの質的差異があるとはいえ、そこから私たちの「東北アジア歴史像」を鍛え直しつつ共有することが出来れば、遠いようで実は近道が開ける。

「日本海」呼称

このことに関連して、日本海呼称の問題を整理しておくことも必要である。この海がかつてどう呼ばれていたかという経緯については、ほぼ事実関係がはっきりしたと考える(31)。ただ韓国・北朝鮮がこれまでこの海を東海と呼称し、現在東海呼称の国際標準化を求めており、そのことが環日本海地域交流の阻害要因になっているという現実を踏まえる必要がある。私は、韓国・北朝鮮との歴史の相互理解という脈絡の中で解決策を模索べきであると考える。問題のひとつは、国際水路機構が発足して世界の海の呼称を整理・統一したときに、朝鮮半島が日本の植民地支配のもとにあって、日本海呼称が国際呼称としてそのまま使われることになったことにある。

第二次大戦後に韓国・北朝鮮は東海呼称を復活し、国民の間に定着した。この海に関係する地域住民が寄り合って新しい名称をつけるのがいいとはいえ、国家や関係機関がからんでいることもあり、そう簡単には事態は進まないようである。あるいは李琦錫が提案しているように、過渡的措置として、「日本海／東海」と併記するやりかたがひとつの現実的な案なのかも知れない。日本が、なぜ東海を併記する必要性があるかを理解するとき、次のステップに踏み込むことが出来るだろう。

豊かな環海交流の発展を

いずれにしても環日本海交流というかたちでこれまで進められてきた、河海を介した豊かな地域間交流の実態を踏まえ、地域住民の交流を主体とするなかで、着実に協生の場を拡大していくことが求められている。

注

1　辻村太郎「環太平洋地域の地理」『岩波講座　地理学』一九三一年、二三頁。
2　岡保次郎『環太平洋経済地理』南郊社、一九四一年、二頁。
3　松本達郎「比較層序論に基づく環太平洋白亜紀地史」『地質学雑誌』六二八―六三〇号、一九四八年、一五七―一五八頁。
4　安田喜憲「環日本海文化の変遷」『国立民族学博物館研究報告』九巻四号、一九八四年。
5　「環太平洋諸国に虹を架けるもの」『月刊民主』二二五号、一九七四年一〇月、一一七―一一八頁。
6　環太平洋連帯研究グループ『環太平洋連帯の構想　大平総理の政策研究会報告書　四』大蔵省、一九八〇年、二〇頁。
7　増田与『太平洋共同体論』霞山会、一九八〇年、七一八頁。
8　福島新吾「安保体制の拡大と海外派兵?」『月刊社会党』二八〇号、一九八〇年、九七頁。
9　「大平首相の大洋州訪問と環太平洋構想」『前衛』四四八号、一九八〇年、二一三頁。
10　北沢洋子「第三世界と日本――時代に逆行する『「環太平洋経済圏」構想』『月刊労働問題』二七〇号、一九八〇年、三八頁。
11　福島正光「日本海経済圏の提唱」『コリア評論』一九六八年六月号、三一頁。
12　藤間丈夫「次の世代への最大の贈り物」『月刊社会党』四二四号、一九九一年二月、九八―九九頁。
13　新潟日報編『あすの日本海』新時代社、一九七一年。
14　村岡輝三「環日本海国際経済圏の形成に向かって」『新潟大学経済学年報』八号、一九八三年、一〇一頁。
15　金田一郎『環日本海経済圏』ＮＨＫブックス、一九九七年、一二頁。

16 西川潤「環日本海経済協力を提唱する」『エコノミスト』一九八七年九月二二日号、四二―四九頁。
17 楠原英郎「環日本海交流時代の港づくり」『港湾』六七巻六号、一九九〇年、一八―一九頁。
18 「環日本海経済圏に関する各国の主張」『港湾』六八巻一二号、一九九一年、七―一〇、一四頁。
19 堀田輝雄「アジア・太平洋地域における経済圏の将来」『経済人』四五巻七号、一九九一年、九頁。岩本顕一郎「環日本海経済圏におけるビジネスチャンスへの期待」同前、所収、二五頁。
20 大阪商工会議所環日本海経済圏構想研究会「はじめに」『環日本海経済圏構想に関する提言』一九九四年、一頁。
21 「北陸経連・関経連経済懇談会」『経済人』四八巻七号、一九九四年、八五頁。
22 『環日本海時代における情報通信』九―一八頁。『環日本海情報通信シンポジウム実施報告書』。
23 『「環日本海における酸性雨・雪」講演要旨集』一九八九年〜。
24 『環日本海新時代』現代書館、一九九一年。
25 池田三郎・片岡正昭「『死の海』の危険はらむ〝環日本海経済熱〟」『エコノミスト』一九九三年九月二一日号、七九頁。
26 新潟県新潟港湾事務所『新潟港統計年報』(各年度版)。
27 「環日本海経済圏に関する各国の主張」『港湾』六八巻一二号、一九九一年、六―一二頁。
28 富山大学日本海経済研究所『環日本海経済交流に関する調査・研究』一九九三年、一五七頁。北東アジア社会資本調査委員会『北東アジアの社会資本』二〇〇一年、四二四―四二七頁。
29 前掲『新潟港統計年報』(各年度版)。
30 『新潟環日本海研究ネットワーク年報』一号、二〇〇一年、同二号、二〇〇二年、を参照。
31 拙稿『「日本海」という呼称』新潟日報事業社、二〇〇二年。

「地域統合」の概念

臼井陽一郎

1　東アジアの将来像

二〇世紀後半の国際社会は、地域統合が着実に進んだ時代であった。これをつきつめたのが欧州（EU）であり、東南アジア（ASEAN）、北米（NAFTA）、南米（メルコスル(1)）、アフリカ（AU(2)）などがその後を追う（あるいは追う準備にある）。こうした動きの中で、日本・中国・韓国の東北アジアは遅れが目立つ。しかしこの停滞は動かざる現実ではない。欧州のはるか後塵を拝する停滞とは異なる将来の胎動に、耳を傾けることもできる。東南アジアが用意したテーブル（ASEANプラス3）は、東アジア共同体のスタディ・グループ立ち上げを韓国が提案する場となり、東北アジアが次の一歩を踏み出すうえで重要な対話のフォーラムとなった。また中国と日本は、東南アジアの培ってきた規範（バリ条約）にみずから接近していった。二〇〇五年一二月の東アジア・サミットはこうした動きの延長線上で開催された。東北・東南を包摂する東アジアの将来像にとって、地域統合は一つの選択肢でありうる。

2　第二次大戦前の地域統合

地域統合は、二〇世紀後半以降初めて現れた現象ではない。第二次大戦前のブロック経済は、戦後の地域統合の先駆けである。ただ、それは排他的経済圏の形成であり、近隣窮乏化策にも帰結する。戦後の地域統合は質的に異なる。一方でそれは冷戦構造の産物であった。ＥＵもＡＳＥＡＮも、アメリカの反共政策ぬきにその歴史を語れない。また他方で、地域統合は途上国の経済開発戦略でもあった。貿易創出効果や規模の経済がそこに期待された。こうした戦前・戦後の事例に見られる統合形態の類似性は、統合過程の内実を等しくするわけではない。いわんや、軍事的覇権による強制併合と区別すべきはいうまでもない。かつての大東亜共栄圏構想のような覇権による強制併合と、協働の規範形成を通じた緊密化は、別の事態として分類できるし、またそれが求められる。

戦後の地域統合は、しばしば自由貿易協定を通じた経済圏の形成と同定される。国際協定による経済圏の形成は、リージョナリズム（近隣国家間緊密化）を具体化する一例である。しかし、それは地域協力の域を越えない場合が多い。その場合、国家間関係に本質的な変化はない。地域統合は地域協力と異なる。統合とは、二つ以上のものを一つにまとめ上げることを意味する。統合が進む場合、国家と国家の間に存在するのとは異なる構造に規定される場が、あらたに創成してくるはずである。地域統合とはたしかにリージョナリズムの一環であるが、国家間協力にとどまる地域協力とは区別する必要がある。

3　経済学的接近法

地域統合に迫るには、三つの接近法が一般的である。第一にB・バラッサの統合類型による経済学的接近法である。それは統合過程に五つの段階を想定する。域内で関税を廃止する自由貿易地域、域外に共通関税を設定する関税同盟、域内で労働と資本が自由に移動できる共同市場、金融・財政政策の調整を行う経済同盟、そして完全な経済統合である。このような類型は、世界各地の地域統合を比較するうえで参考になる。例えばASEANが自由貿易地域創出を、メルコスルが共同市場をうかがう段階にあるのに対して、EUはすでに経済同盟の段階すら越え、経済に関するかぎり統合の最終段階にある。

しかし、地域統合を総体として見ようとするとき、バラッサの類型は段階論になりえない。ASEANの統合段階が、総体としてメルコスルより低いわけではない。ASEANの進める共同行動計画分野の包括性は、メルコスルの比ではない。他方でメルコスルは、貿易関税に関する紛争調停手続きを制度化している。この点で、メルコスルはASEANを越える。いずれにしろ、バラッサの類型は統合の進度を総体として計る基準になりえない。さらにこの類型は、制度の質的飛躍から注意を逸らす。関税同盟から共同市場への転換は、経済的には量的進展だが、法的・政治的には質的飛躍である。域内でヒト・モノ・カネが自由移動できる空間の形成には、加盟国間の多分野におよぶ共同行動が要請される。関税同盟から先、加盟国は政治化しうる争点に直面する。ＡＳＥＡＮは、共同市場の前段階ですでに共同行動の高度な包括性を実現してきた。その政治的意味は大きい。

4　政治・法学的接近法

こうした点に焦点をあてるのが、第二の政治・法学的接近法である。主権の概念がここで問題になる。国際協力でなく統合であれば、国家の主権行使のあり方に変化が生じる。それが国家間の共同行動を深化させゆく過程、ここに統合の表徴が探られる。共同行動計画採択が共同立法の形を取り、その履行確保に共同司法が制度化される場合、地域協力と一線を画す地域統合となる。その制度化過程は主権の意味理解に変化が生じる過程でもある。主権は国家に唯一立法者の地位を与える根拠ではなく、国家が共同立法者である証になる。主権概念のこうした意味転換が政治を規定するようになるのが、地域統合の過程である。

この接近法の問題は、統合の最終形態の措定にある。統合の進展は、参加国が自律的立法分野を放棄していく過程となり、あらたな国家創設が終着駅とされがちである。ＡＳＥＡＮはこの点で地域統合の事例からはずれる。他方ＥＵは経済社会分野で共同立法・共同司法の制度化を進め、今や警察・軍事の共同行動も射程に入ってきた。しかしながら、ＡＳＥＡＮは確実に共同立法者的主権理解を培っている。その内政不干渉原則は、決して唯一立法者的な主権行使に帰結しなかった。またＥＵも連邦国家が終着駅とされるわけではない。そこに向かいつつある表徴もない。加盟国に国家性の喪失を見ることはできない。かつてドイツとアメリカは地域統合的過程から国家の樹立にいたったが、現在の欧州にその気配はない。主権性の変容と国家性の維持、これが欧州における地域統合の経験である。それをどのように概念化するか、これが政治・法学的接近法の課題である。

さしあたり、ＥＵの経験から次のような構図を提示できる。地域統合に参加する国家が、国家性は失わず主権行使のあり方を転換することで、国家と国家の間とは異なる規範進化のアリーナを創り出す過程、これが欧州の地域統合である。この構図は、東アジアの地域統合を構想する際に有意義な視点となる。欧州統合が連邦国家樹立過程ならば、その経験は他地域に役立たない。主権理解のあり方に意味転換をもたらしたこと、ここに欧州統合の普遍的意義がある。

5　社会学的接近法

こうした国家概念の相対化という点で有意義なのが、第三の社会学的接近法である（ここではＪ・ハーバマスを参照）。統合はシステム統合と社会統合に峻別される。前者は匿名の関係が深化する過程をさす。経済や法や政治という機能的部分システムが越境し、絡まり、相互連関の波及範囲が広がりゆく過程、それがシステム統合である。経済学的接近法によると、ＡＳＥＡＮは最初期の自由貿易地域すら創出していない。しかし共同行動分野の包括性は、システム統合の意図的推進でもある。国際犯罪や通貨危機などの外性要因ともあいまって、その進展は内政不干渉原則の意味を変えてきた。干渉してはならない内政とは何か、その意味がゆらいでいった。

後者の社会統合は、非匿名の関係が深化する過程をさす。基本的価値観や社会規範が共有され、生活世界での共通了解が進みゆく過程、それが社会統合である。ここでは、何らかの象徴により共感される生活世界の形成範囲が問題とされ、社会規範や文化価値の合意形成という点で統合の程度が理解される。

純粋理念的には、システム統合と社会統合双方の範囲が領域的に一致した生活共同体が国民国家である。社会学的接近法にとって、これは常態でなく特異態である。地域統合とは、少なくとも社会統合が実現されていない状況において、システム統合が意図的に進められることである。

こうした接近法は、統合進展の経験的特定化がほとんど印象論に終わってしまうという問題を抱える。しかし、両者の齟齬という問題提起は、有意義な理論的検討につながる。EUは、国内的な空間を実現するほどシステム統合を進めてきた。しかし社会統合がそれに追いついていない。EUの共同立法・司法制度は、法という機能的部分システムの越境を意味するが、社会統合の停滞はこの法システムの越境から社会的正統性を奪う。ただしEUでは、自国で犯罪要件を構成する出来事が統合相手国で日常的に生起する状況、これだけは克服してきた。政治体制の異なる東アジアにとって、最大の問題がここにある。法システム統合の先行が社会統合を準備すること、そして必ずしも（言語・血・伝統による）先験的社会統合がシステム統合進展の条件ではないという事例、これをEUは実現してきた。社会統合を準備する東アジア的法の言説をいかに構築するか、これがEUの経験から学ぶべき課題である。

6　社会科学の挑戦

以上三つの接近法から、地域統合はさしあたって次のようにとらえられる。それは、共同市場の形成がめざされ、共同立法・司法制度の構築が構想され、システム統合が意図的に進められることで、主権行使のあり方に変化が生じゆく過程である。

ＡＳＥＡＮのバンコク宣言は次のようにいう。「ＡＳＥＡＮは、東南アジア諸国の集合意志を代表する。その目的は、東南アジア諸国を友情と協力のもとひとつに結び合わせ、共同の努力と犠牲を通じて、東南アジア諸国の国民とその子孫のために、平和、自由そして繁栄を確実に追求することにある」。またＥＵの欧州憲法条約は次のようにいう。「欧州の市民と欧州の諸国家は、共通の未来を打ち立てる意思にもとづき、ＥＵを設立する。……ＥＵは、その共通の価値を尊重し、その実現に寄与しようとするすべての欧州諸国家に対して開かれている」。ここで東南アジアと欧州を東アジアに、ＡＳＥＡＮとＥＵを東アジア共同体に置き換えた言説が構築されゆく条件を検討すること、これは社会科学の尽きることなき価値ある挑戦である。

注

1　一九九一年に設立された南米南部共同市場。加盟国はブラジル、アルゼンチン、ウルグアイ、パラグアイで、チリ、ボリヴィアが準加盟国。

2　二〇〇二年に設立されたアフリカ連合。加盟国はアフリカ大陸を包摂し、五〇カ国を超える。

11　自治体外交の展望

市岡政夫

はじめに

本章では、日本の自治体外交に焦点を当て、その歴史と現状を明らかにし、今後の行方を展望してみたい。

従来「外交」は、「専権」事項または「専管」事項として専ら国が行う行為とされてきた。ところが、戦後、「民主主義の小学校」とも譬えられる「地方自治」が定着してくると、多くの自治体は、国境を超えて国外の自治体との間に親善関係を樹立し、両者の間で交流を積み重ねて相互に理解を深めることが、戦争の惨禍を再び繰り返さないために有効な手段と考えるようになった。自治体の国際交流(1)の始まりである。
このときから「外交」は国の「専売特許」ではなくなり、国が行為主体として行う「外交」に対して「民間外交」(または、時として「草の根外交」)と称されるもう一つの「外交」が登場することになる。この「民間外交」の範疇には、地域的に限定されているとはいえ、公権力機関としての自治体(地方公共団体)が行う国際交流も包含されていた。つまり、「国」以外の「外交」は、おしなべて「民間外交」という言葉で括られてきたのである。

しかし、自治体の国際交流の担い手が、自治体政府から次第に自覚的な地域住民(市民)自身に移行する傾向が顕著になり、「地方化」と「国際化」の波が大きくなるにつれて、国は、国の外交を「補完」するという意味で、自治体の国際交流を無視できなくなってきた。その意味で、自治省(当時)が一九八九年に「地域国際交流推進大綱の策定に関する指針」を出し、九五年には「自治体国際協力推進大綱の策定に関する指針」を出したのも偶然ではない。

八〇年代後半から九〇年代前半にかけて、自治体が推進する国際交流を「自治体外交」と呼ぶことに違和感はなくなってきたと言ってよいだろう。

自治体外交は、当初は都市同士の「姉妹都市提携」という形態で始まった。その後各自治体はさまざまな様式の自治体外交を編み出し、それらを実践することになる。自治体外交にも変質が求められる時代を迎えたと言われる所以である。

従って小稿の大半部では、半世紀にわたって展開されてきた姉妹都市運動に焦点を当てることになる。

なお、小稿では具体例として主に新潟市の事例を随所で取り上げている。同市がこれまで展開してきた自治体外交は、「東アジアの共生」の一角をなす「環日本海圏」(2)交流を基軸に据えながら、自治体外交の典型の一つとして示唆するところが少なくないと思うからでもある。

1 姉妹都市とは

ここでは、姉妹都市とはどのようなものとして理解することができるかを考えてみよう。

1 用語「姉妹都市」

「姉妹都市」という用語は、言うまでもなく、英語の"Sister City"を日本語に訳したものである。同じ英語でも、例えばイギリスでは"Twin City"(「双子都市」)と呼ぶのが一般的のようだ。このように、その呼称は必ずしも同一ではない。

ちなみに、環日本海圏諸国ではどのような呼称を用いているかを見てみる。英語同様ヨーロッパ言語の一つであるロシア語では、都市を意味する名詞"Город (gorod)"が男性名詞であるために、直訳では「兄弟都市」となる"Городпобратим (gorod-pobratim)"を常用している。漢字国中国では「友好都市」を意味する〝友好城市(you hao cheng shi)〟が用いられている。「『姉妹』という表現では、どちらか一方が『姉』で他方が『妹』となることを意味することになる。都市と都市が『友好』関係を樹立することが目

的なのだから『友好都市』としよう」という中国側の提案(3)を受けて、日本でも中国との間の都市提携は「姉妹都市」を用いず「友好都市」と呼ぶのが通例である。韓国では漢字「姉妹都市」をハングルで〝자매도시〟としている。朝鮮では漢字「友好都市」をハングルで〝우호도시〟としている(4)。モンゴルでは「兄弟都市」“Ахдy Хот (achdu chot)”が使われている。

「姉妹都市」という呼称が用いられる都市同士の提携は、外国の都市との提携を意味するとは限らない。日本国内の自治体同士でも、「姉妹都市」をはじめさまざまな呼称を用いて提携関係を築いているが、小稿で論じようとする「姉妹都市」とは「国際姉妹都市」(5)を意味する。

2　姉妹都市の定義と目的

ではいったい姉妹都市とはいかなるものだろうか。厳密な意味では確たる定義はない。もともと姉妹都市提携とは、それぞれの自治体が自治体自身の自由な意志に基づいて自発的に行う行為である。したがって、国単位の二国間・多国間の国際的な取り決め(条約)もない。また、国内的にも「地方自治法」上の法的定義があるわけでもない。その呼称、提携プロセス、活動内容が一様でないのは当然とも言えるわけである。

ただし、例えば地方自治の概念が成熟していない(または、していなかった)国々にあっては、(実質的な)国家機関、または指導政党の政治的判断で提携が実現する場合が稀でなかったことは付言しておかなければならない。

このような事情から、「自治体国際化協会」（「ＣＬＡＩＲ」）[6]では、「姉妹都市に関する統計処理を行ううえで、一定の判断基準を設けないと不都合が生じることから、当協会においては、次に掲げる要件のすべてに該当するときには、当該自治体を『姉妹自治体（姉妹都市）』として取り扱う」として次の三要件をあげている。

(1) 両首長による提携書があること
(2) 交流分野が特定のものに限られていないこと
(3) 交流に当たって、何らかの予算措置が必要になるものと考えられることから、議会の承認をえていること

前記三要件は、「一定の判断基準を設けないと不都合が生じる」だけでなく、姉妹都市の定義として妥当なものと考えられる。新潟市の場合も、姉妹都市と呼ぶためには、

(1) 双方の住民を代表する議会の承認を得ること
(2) そのうえで、双方の市長間で「公式文書」の調印が行われること

の二つを必須条件としている（傍線引用者／市岡、二〇〇〇：二六）。

姉妹都市提携の目的についても確たる定めはない。それぞれの自治体が独自の判断でその目的を定めているのである。ただ、多くの自治体が、「国と国との枠を乗り越え、都市と都市との間で、双方の住民の様々な交流を通じて相互理解を深め、友好・親善関係を強化し、地球の平和に貢献することにある」（市岡、二〇〇〇：一一二）と考えていることは、各自治体の「提携の動機と経過」（国際親善都市連盟、一九九

〇）を見る限り概ね間違いないところだ。

2　姉妹都市運動の歩み

1　姉妹都市のはじまり

①　世界の姉妹都市運動のはじまり

「ＣＬＡＩＲ」は、「世界で最初の姉妹自治体提携は、一八九三年のスイスのベルン市とアメリカのニュー・ベルン市との間で締結されたと言われている」（財・自治体国際化協会、二〇〇四）としている。両市の名称からも推測されるように、ベルン市から大勢の住民がアメリカに移住しニュー・ベルン市を築いた縁がその動機であった。

数年前までは、第一次世界大戦中ともに大きな被害を蒙ったフランスのペロン市とイギリスのブラックバーン市が、平和な世界を希求して一九二一年に姉妹都市となったことを提携第一号としていた。

また、それ以前「国際親善都市連盟」（「ＪＡＭＬＩＦ」）(7)は、四四年に姉妹提携したイギリスのコーヴエントリー市と旧ソ連のスターリングラード市（現、ヴォルゴグラード市）の提携を世界初の姉妹都市としていた時期もあった。両市は、第二次大戦中ともにファシスト・ドイツから甚大な被害を受けた都市であり、一日も早い平和の回復と、戦争の惨禍を繰り返さないことを願って大戦中に姉妹提携を実現させていた。

最近になって世界の姉妹都市運動に関する歴史的事実が書き改められるようになってきたのは、自治体外交に関する研究の成果と評価することができる。

② 日本の姉妹都市運動の始まり

日本における姉妹都市提携は、戦後一〇年、「サンフランシスコ平和条約」から四年後の五五年、長崎市とアメリカのセント・ポール市（ミネソタ州）との間で産声を上げた。「提携年月日およびその根拠」(8)は、「一九五五年一二月七日（セント・ポール市議会の提携議決の日）」、「提携の動機と経過」は「一九五五年五月在ニュー・ヨーク市、日本国連協会代表ウィリアム・G・ヒュース氏からの斡旋申し入れに発し、その後、数度にわたる折衝の末、同年一〇月二四日、国連デーを期しセント・ポール市においてその結成式が行われ、さらに一九五五年一二月七日、セント・ポール市議会の提携可決と長崎市議会全員協議会の賛同により正式に都市縁組は成立した」（国際親善都市連盟、一九九〇：七四七）。長崎が原爆被災地であり、一二月七日がアメリカでは「パール・ハーバーの日」であることは言うまでもない。

前記「提携の動機と経過」からも、また後の長崎市長の発言(9)「戦後、僅かに一〇年めで、まだまだ、日本とアメリカとの相互の往来とか交流、ましてや親善交流というのは、ほとんど望むべくもない時期であったわけでございます。この頃に、セント・ポール側から一方的に、長崎のほうにエールを送っていただいたという経緯がございます」からも伺えるように、日本における初の姉妹都市提携は、アメリカ側のイニシアチヴによるものであった。

これには、「アメリカでは、アイゼンハウワー大統領が五六年にホワイトハウスにおける会議で a people-to-people citizen diplomacy initiative（一般に "People-to-People Program" と呼ばれている—引用者）、姉妹都市提携プログラムを提唱し、この運動はアメリカ中の都市を通じて世界に広がる」（多賀、二〇〇二：二一八）という背景があった。すなわち長崎とセント・ポールの姉妹都市提携誕生の翌年には、アメリカ大統領が「市民対市民の交流」に基礎を置く国際的な姉妹都市運動を呼びかけているのである。従来ヨーロッパを中心に進められてきた姉妹都市運動に、アメリカが積極的に参画してくることになった。

2 姉妹都市運動の歩み

① 各級自治体に広がる姉妹提携

日本の姉妹都市運動は、この後どのように広まっていったかを見てみよう。

自治体はその性格上「広域的地方公共団体」としての都・道・府・県と、「直接的地方公共団体」としての市・区（特別区）・町・村とに区分される。「姉妹都市」という用語からは、そのうちの市レベルの自治体の姉妹関係を「姉妹都市」と呼ぶように考えるのが自然だが、一般的には各級自治体が諸外国の当該自治体との間に結ぶ姉妹関係をさして呼ばれている。

先に述べたとおり、都市レベルの姉妹提携が実現したのは五五年のことであった。都道府県レベルの姉妹提携が誕生したのは、それから五年後の六〇年になってからである。東京都がアメリカのニュー・ヨーク市と（二月）、次いで山梨県が同じくアメリカのアイオワ州と（三月）の間に姉妹関係を樹立した。

市レベルで二番目の提携は、五七年に仙台市とアメリカのリバーサイド市（カリフォルニア州）との間に結ばれた。

町レベルでは、六二年に大島町（東京都）がヒロ（アメリカ、ハワイ州）と（二月）、草津町（群馬県）がビーティッヒハイム・ビッシンゲン（ドイツ、バーデンヴェルデン州）と（一〇月）の間に提携が実現した。

村レベルでは、七一年に野沢温泉村（長野県）がサンアントン（オーストリア）と、翌七二年に安曇村（長野県）がグリンデルワルト（スイス）と提携した。

同レベルの自治体のなかで「前例のない」行政行為としての姉妹提携を実現するには、それなりの「勇気と決断」が求められたに違いない。一方、「前例」が「慣例」となると、それに「乗り遅れまい」とするのもまた多くの自治体の趨勢のようである。

こうして姉妹提携は各級自治体に広範囲に行き渡り、「平成の大合併」までは、日本の全自治体の三分の一近くが外国の当該自治体との間に姉妹関係を打ち立てていた。

②　年代別提携数の推移

次に、一九五五年度から二〇〇三年度末までの姉妹提携の歩みを、一〇年度毎に五期に分けてその提携数から振り返ってみたい。自治体区分は、Ⅰ都道府県、Ⅱ市区、Ⅲ町村、とする。国別の内訳は、日本の姉妹都市運動を始動させ、今日最も多くの姉妹関係を有するアメリカ、東アジアの中の環日本海圏諸国（旧ソ連を含む）、ほかの国々と三区分する。

第1期（五五年度〜六四年度）

第一期に完成した、市（五五年）→都・県（六〇年）→町（六二年）→村（七一年）への姉妹都市運動の伝播は、途中広域的地方公共団体である都・県の参入があるものの、直接的地方公共団体の範疇では、自治体規模の大きさの順を追っていることがわかる。

この一〇年の間に、アメリカの都市との間で始まった姉妹都市提携は、市区町村レベルで計一〇カ国の諸都市に拡大した。各級自治体はその個性に応じた提携相手をアメリカ以外にも自発的に求め始めるようになったのである。

特に、冷戦時代の六一年に舞鶴市がソ連（当時）のナホトカ市と姉妹都市提携を実現したことは注目に値する。舞鶴市は「提携の動機と経過」を次のように述べている。「一九五六年一〇月舞鶴市議会は日ソ共同宣言（一九五六年一〇月—引用者）を受けてソ連との友好・交易の拡大を目指す決議を行った。一九五八年時の佐谷市長は、ソ連を親善訪問したさい、ナホトカ市に立ち寄ってドゥボフカ市長と会見し、姉妹都市提携を目指す約束を取り交わした。その後の熱心な運動が実り、一九六一年五月駐日ソ連大使からナホトカとの提携が実現する旨の連絡を受けた。提携の調印式は六月二一日ドゥボフカ市長を舞鶴に迎えて行われたが、日ソ間の姉妹都市提携としては初の画期的な出来事であり、これに習って、以後二〇《マヽ》組の日ソ間の姉妹都市の出現を見ている」（傍線、引用者／国際親善都市連盟、一九九〇：五〇二）。同市のこうした「決断」を可能にした要因としては、舞鶴港が、ナホトカ港から引き揚げてきた日本人抑留者の受け入れ港だったということがあっただろう。また、佐谷市長が「革新市長」だったことも無視できないだろう。

舞鶴市長がそうであったように、当時日本海沿岸の港湾を有する自治体の首長のなかには、政治・信条とは関係なく、港の発展を「日ソ沿岸貿易」(10)と結び付けて地域振興の方途を探るために、対岸の極東・シベリアとの交流をめざしてソ連を訪れる首長が少なくなかった。六二年、六四年にソ連を訪問した新潟市長もその例外ではなかった。

第2期（六五年度〜七四年度）

六五年には、日本海沿岸最大規模の新潟市とソ連極東最大の都市(11)ハバロフスク市が姉妹提携をした。この提携は、その後新潟県・市が環日本海圏において枢要な役割を担う基礎を築いたものである。七三年には、自治体外交の大きな成果として、日本で最初の地方都市間を結ぶ国際定期航空路「新潟・ハバロフスク線」が開設された。以後、新潟は対岸への窓口としての役割を担うことになったのである（市岡、二〇〇〇：一三一—四三、一七六—一八三）。

この時期には、複数のシベリア・極東日ソ共同開発プロジェクトが浮上したこともあり、日ソ経済協力に対する期待が大いに高まった。市レベルで一三組の提携が、主にシベリア・極東の各市との間で行われた事実はこのことと無関係ではない。

六九年には、日ソ間の県レベルの提携が兵庫県とハバロフスク地方(12)との間に実現した。

一方、六五年の「日韓基本条約」よって両国間の国交が正常化されたのを受け、姉妹提携の動きは韓国との間にも拡大していった。その第一号となったのは、六八年の萩市とウルサン（蔚山）市との間の姉妹提携である。

七二年の「日中国交回復」は日本中に「日中ブーム」を巻き起こし、翌七三年には、神戸市と天津市との友好都市提携が日中両国間の初の提携として実現した。その後横浜・上海、七四年には立て続けに三組の友好都市縁組が行われた。

この時期には、ブラジルとの姉妹提携（三県、一九市）も大きく伸びた。

第１期　55年度〜64年度

区分	国別提携数	計
Ⅰ	アメリカ・3	3
Ⅱ	アメリカ・53　ソ連（ロシア）・1　他7カ国・17	71
Ⅲ	アメリカ・3　他3カ国・3	6

合計 80

＊以下、国別提携数は『日本の姉妹自治体一覧2004』自治体国際化協会による。Ⅰは都道府県、Ⅱは市立、Ⅲは町村をさす。

第２期　65年度〜74年度

区分	国別提携数	計
Ⅰ	アメリカ・3　ソ連（ロシア）・1　他1カ国・3	7
Ⅱ	アメリカ・38　ソ連・13（ロシア9、ウクライナ2、ベラルーシ1、ラトビア1）　中国・5　韓国・4　他21カ国・61	121
Ⅲ	アメリカ・15　韓国・1　他7カ国・14	30

合計 158

第3期（七五年度〜八四年度）

七九年のソ連軍によるアフガニスタン侵攻は、日ソ関係のさらなる冷却化をもたらし、この時期ソ連との提携は五組にとどまった。

引き続く日中ブームのなか、日本側の数多くの自治体は中国との都市提携を熱望した。その一方で、日本国内には多額の自治体予算を使って行われる一見派手な提携調印式など、その加熱ぶりに対する批判も巻き起こってきた。中国当局(13)は冷却期間を置く必要を感じ、七五〜七七年の三年間は日本側自治体の強い要請にもかかわらず提携を一時停止した。「この間、中国側は友好都市のあり方についてさまざまな角度から検討を加えていたと伝えられている」(市岡、二〇〇〇：四四)。

三年間の冷却期間をおいて友好都市提携を実現したのは名古屋市と南京市である。この期間の中国との友好提携数は、都道府県レベルで一八、市区レベルで五〇、町村レベルで二、計七〇にも達した。

七九年に台湾との姉妹提携が、大間町(青森県)と雲林懸虎尾鎮との間に出現した。「台湾省出身の医師が町立大間病院に勤務していたことを契機として、青森県華僑協会会長陳江舟氏の紹介による」(国際親善都市連盟、一九九九：八四八)ものだった。国交を断絶した台湾との提携を実現させた事実に、国と国との関係に拘束されない自治体の自発的な意思を伺うことができる。

韓国との間の姉妹提携も各級レベルの自治体で行われた。

第4期(八五年度〜九四年度)

この時期は、戦後世界史上最大の激動期と位置づけられるだろう。八九年の「ベルリンの壁崩壊」に象徴される東西冷戦構造時代の終焉がそれである。

これまで緊張状態にあった対岸諸国間でも中・ソ和解(八九年)、韓・ソ国交樹立(八九年)、南北高位級会談(九〇年)、中・韓国交樹立(九二年)などが実現し、八〇年代から押し寄せてきた国内の「国際化」

の波に拍車をかけることになった。

自治体外交の分野では、各級自治体が九二年度に八一組の提携を実現させたのをピークに（ただし、都道府県レベルでは、当該年度は七組で、一一組を実現させた八二年度、八組を実現させた九四年度に次いで同じ七組

第３期　75年度～84年度

区分	国別提携数	計
Ⅰ	アメリカ・3　中国・18　韓国・1　他７カ国・15	37
Ⅱ	アメリカ・47　ソ連（ロシア）・4　中国・50　韓国・11　ほか20カ国・6	188
Ⅲ	アメリカ・18　ソ連（ロシア）・1　中国・2　韓国・3　他16カ国／地域・39	63

合計　288

区分	国別提携数	計
Ⅰ	アメリカ・10　ソ連（ロシア）・5　中国・15　韓国・6　他８カ国・18	54
Ⅱ	アメリカ・86　ソ連（ロシア）・15　中国・98　韓国・24　朝鮮(14)・1　他27カ国・123	347
Ⅲ	アメリカ・70　ソ連（ロシア）・3　中国・23　韓国・11　モンゴル・2　他25カ国／地域・98	207

合計　608

第５期　95年度～03年度

区分	国別提携数	計
Ⅰ	アメリカ・5　ロシア・1　中国・1　他８カ国・12	19
Ⅱ	アメリカ・43　ロシア・2　中国・57　韓国・29　モンゴル・1　他23カ国／地域・65	197
Ⅲ	アメリカ・44　ロシア・1　中国・32　韓国・16　他24カ国／地域・73	166

合計　382

の八四年度と並んで三番めになる）、姉妹提携の実現数で見る限り自治体外交が最も活発な時期でもあった。

八二年以来途絶えていたソ連・ロシアとの提携が九〇年六月以降復活し、この時期に計二〇の提携が誕生した。この数は、現在の提携総数四〇の半数である。そのうちの一七組は、九一年のソ連解体前後の九〇年から九二年の三年間に集中している。なかでも解体翌年九二年の提携数は九で、この数は、ロシア（ソ連）との年間提携数では最多であった。ロシア側都市はいずれも極東・シベリアに位置している。

前期に引き続き、中国との提携は相変わらず活発で計一三六組に達した。九四年度には年間最多の二五組の成立を見た。

韓国との間でも順調な伸びを見せ、この間に計四一組の縁組が成立した。九一年度には年間最多の九組が成立した。八八年のソウルオリンピック開催が日韓両国民の、特に日本国民の対韓感情を大きく好転させたことを反映していると見られる(15)。現在の提携数一〇六のおよそ四〇％がこの時期に集中している。

注目すべき提携として、九二年の境港市と朝鮮のウォサン（元山）市の友好都市締結がある。「日朝・三党共同宣言」（九〇年）を受ける形で、九一年には「日朝国交正常化交渉」が開始されたという背景があり、「拉致問題」後の今日の両国関係とは状況が異なっていたとはいえ、境港市の「決断」は特筆される。朝鮮側は「朝鮮対外文化連絡協会（対文協）」が窓口になった。現在までも日本と朝鮮との間の唯一の都市間提携である。

モンゴルとの提携も九一年に鷹島町（長崎県）とホジルトの間に実現した。

この時期に目立った現象として、オーストラリアとニュージーランドとの提携が急激に増加したことがある。オーストラリアとの間に四六組、ニュージーランドとの間に二〇組の縁組が誕生した。ロシアとの提携はこの時期をもって一段落をつけた感がある。ペレストロイカ、ソ連解体後のロシアのカオスが影を落としているだろう。

中国との関係を見ると、都道府県レベルでは落ち着いてきたようであるが、市区町村レベルでは依然として堅調な伸びを見せている。

第5期（九五年度～〇三年度）

第五期は一九九五年度から二〇〇三年度までの九年間である。前四期に引き続いて中国と韓国との提携は依然として好調を保ってはいるが、全体としては、アメリカをはじめロシアその他の国々との提携数の減少傾向が顕著になった。表1に見るように、これまで右肩上がりで増加してきた姉妹提携数の伸びが、都道府県レベルでも市区町村レベルでも、第五期に入って急激な下降傾向を見せている。日本経済全体のバブル崩壊の影響がこの時期に自治体外交にも影を落とした結果と見られる。

CLAIRの資料「地方公共団体国際関係事業費（単独事業費）の推移」（全地方公共団体）によると、九六年度に全自治体の国際関係事業費は一、一〇五億円余に達したが、その後は漸減している。

日本のODA実績を見ても、約一四五億ドルにまで達した九五年度までは上昇を続

表1　各期毎年間平均提携数

	第1期	第2期	第3期	第4期	第5期
都道府県レベル	0.3	0.7	3.7	5.4	2.1
市区町村レベル	8.3	18.1	31.6	77.2	40.6

＊第5期は95年度から2003年度末までの数。

けてきたが、九六年度には約九四億ドルにまで急減し、その後二〇〇〇年度に一三五億ドルにまで回復させたものの、以後は漸減を続けている。

これらの数字は、二一世紀を迎えることになった第五期は、国レベル、自治体レベル双方において、日本の対外関係の転換期であることを示していると言えるのではないだろうか。

しかし、これは自治体外交が衰退の傾向を見せていることを示しているとは言い切れない。自治体外交はこれまで主に姉妹提携という形態で進められてきたが、前四期から自治体外交に転換が求められ、各自治体は以前とは異なった様式で自治体外交に取り組むようになった結果と見るべきであろう。

③ 転換期を迎えた自治体外交

ここでは、高度経済成長によってもたらされた日本国内の社会状況の変化が、自治体外交にも大きな転換を迫ってきたことについて述べておきたい。また、世界の国々で起きた変化、特に「社会主義」諸国の激変が自治体外交に及ぼした影響についてもふれてみたい。

その第一は、自治体外交の担い手が行政府から自覚的な地域住民（市民）へと移行し始めたということである。そのことを可能にした大きな要因の一つとして、外国体験を積んだ「豊かになった日本人」が急激に増加したことがあげられる。日本人の出国者数は九〇年には一、〇〇〇万人を超え、九五年には一、五〇〇万人を超えた。二〇〇〇年には過去最多の一、八〇〇万人近くに達した。二〇〇三年にはおよそ一、六八〇万人、つまり数字的には日本人の七・四人に一人が外国体験を持つようになった。

第二に、日本在住外国籍市民の増加があげられる。外国人登録者数は九〇年末には一〇〇万人を超え、九五年末には一三六万人を超えた。外国人登録者数は毎年増加し、二〇〇〇年には一七〇万人近くになり、二〇〇三年には一九〇万人を超えている。このほかいわゆる「不法滞在者」が約二〇万人はいるとされている。日本で生活する外国籍市民の占める割合は、日本人五九・五人に対して一人となった。このことは、日本社会で日常的な外国籍市民との接触が行われるようになったことを意味する。ここにも「内なる国際化」のさらなる進展が求められる要因がある。このような変化は、かつて姉妹都市提携活動が、数少ない外国体験の機会を市民に与えていた時代とは様変わりをし、その意義と性格の変化を迫ることにもなった。

第三には、多様な国際体験を有するようになった市民が、自主的に各種「国際親善・交流団体」を結成して活動するようになったことがある。新潟市内には現在（〇四年三月）七一ものこうした各種団体が活動している（新潟市国際交流協会、二〇〇四）。各種ＮＧＯの活動が活発化してきたのも第四期、第五期以降である。自覚的住民は、「地球市民」の一人として個人ベースで、あるいは団体を結成してさまざまな国際交流に携わるようになった。

第四として、国際情勢の変化がもたらした影響がある。環日本海圏諸国の中には、外国の市民との自由な交流が制約されていた「社会主義」国が半数以上を占めていたという特殊な状況があった。こうした国々の地域住民との交流を可能にするためには、原則として、日本側の公機関としての自治体、または各種「友好団体」の介在が不可欠だった。しかしいまや、これらの国々の体制も変化し、市民間の直接的な交流が可能になってきた。

以上見てきたように、自治体外交の主役を務めてきた姉妹都市提携活動は、時代の変化とともに相対的にその役割を減じてきたと言える。

その一方で、姉妹都市提携活動には、新たな活動分野が登場する。これまでの姉妹都市提携の基本理念であった「友好・親善」から「協力・援助」への転換と表現できる。本来、対等な立場にある二者間での双方向的行為を意味する「協力」と、与える側から与えられる側への一方向的行為を意味する「援助」とは異なる行為であるが、国レベルでも自治体レベルでも、時としてこの二つの行為は厳密に区別されず曖昧に用いられている。国民感情と住民感情とを「斟酌」した一種のレトリックと言えなくもない。いずれにしても、戦後日本が、被援助国から援助国への転換を意味する「経済協力開発機構」(「OECD」)へ加盟(六四年)して二〇年ないし三〇年後には、自治体外交にもこのような転換が迫られてきた。「豊かになった国の豊かな都市」からの援助に対する期待の高まりである。

新潟市の場合、姉妹都市に対する「協力・援助」は、ハルビン市が松花江の太陽島に日本庭園「ハルビン・新潟友誼園」を造園するに当たって、八八年に技術・資金援助をしたことに始まる。九〇年には、姉妹都市提携を前にウラヂヴォストークで重度の火傷を負った少年を新潟市民病院で治療をしたという事例もあった。この二例とも市費の持ち出しだけに頼るのではなく、大勢の市民の寄金と善意が寄せられたことは特記しておきたい。

3　姉妹都市交流から地域交流へ

これまで述べてきた姉妹都市間交流は、基本的には、いわば地球上の点（都市）と点（都市）との間の交流である。これを面（地域）と面（地域）との交流に発展させようとする動きが各地の自治体外交に現れてきた。新潟市が主導した、日本の日本海沿岸諸都市とロシア極東・東シベリア諸都市との交流を発展させようとする「日ソ沿岸市長会議」（現、日ロ沿岸市長会議）や、北海道が提唱する「北方圏構想」などである。ここでは、姉妹都市関係が核となって地域間交流を模索した例として「日ソ沿岸市長会議」創設の経過を見てみる。

七〇年七月レニングラード（現、サンクト・ペテルブルグ）において「世界都市連合（United Towns Organization : UTO）」の第五回「世界姉妹都市会議」が開催された。新潟市長とハバロフスク市長は、これを好機と捉え、この機会に日本側日本海沿岸諸都市の市長とソ連側極東・東シベリア諸都市の市長会合を開催することを事前に合意していた。こうして両市長の呼びかけに応えて同会議終了後第一回「日ソ沿岸市長会議」がハバロフスク市で日本側五市、ソ連側五市の代表の参加を得て開催された。

会議では、両地域間の交流を姉妹都市間に限定せず、より広範に展開することが両地域の互恵的発展に繋がるとの認識のもと、市長会議を定期的に開催すること、また、それを組織的に保障するために、日本側には「日本の日本海沿岸をはじめとする地域とロシア連邦極東シベリア地域の親善友好と経済協力を促進し、両地域の発展を図ることを目的」（規約第一条／傍線、引用者）として「日ソ沿岸市長会」（現、日ロ沿岸市長会）、ソ連側には（「全ソ対外友好文化団体連合会」の下部組織として）「対日都市関係協会支部」（現、ロ日極東シベリア友好協会）が結成された。

現在（二〇〇四年四月一日）「日ロ沿岸市長会」には、北海道から京都府にいたる二一市の市長が参加しており、「ロ日極東シベリア友好協会」にはカムチャトカ州からイルクーツク州にいたる一七市の市長が参加している。ちなみに日本側二一市の中でロシアに姉妹都市を有しているのは一二市で、他の九市は姉妹都市を持たないまま、日ロ沿岸市長会の活動を通じてロシア極東・東シベリア地域との交流に携わっている。ロシア側は一七市のうち日本に姉妹都市を有しているのは一五市で、姉妹都市を持たないのはわずか二市だけである。ただし、一五市のうち相手都市が日ロ沿岸市長会に参加していない都市、または退会した都市が五市ある。

ここで貴重な経験を蓄積した新潟市の自治体外交は、七二年の渡辺市長の訪朝を機に、「日本海沿岸をはじめとする地域と朝鮮民主主義人民共和国との友好・貿易促進することを目的として」（規約第一条）「日朝友好・貿易促進日本海沿岸都市会議」（日朝都市会議）を結成する。七二年の同会議結成時には日本海沿岸の一六市が参加した。その多くは「日ソ沿岸市長会」参加都市でもある。朝鮮側には対応する自治体の組織は創出されず、窓口は「対文協」が当たることになった。なお、「日朝都市会議」は、拉致事件が大きくクローズアップされたことから、〇三年六月の総会において休会措置が採られたことを付言しておく。休会時の参加市は一一市になっていた。

八〇年代半ば「環日本海経済圏」構想が打ち上げられ、九〇年前後には、日本海沿岸の多くの自治体が構想実現に向けた運動の中で指導権を獲得しようと、熾烈な「地域間競争」を繰り広げるまでになるのだが、これらの例からもわかるように、日本海沿岸自治体にはもともと同構想に相通ずる発想があったのである。

日本海を挟んだ対岸地域との姉妹提携が点と点を結ぶものであったとすれば、地域と地域との結びつきは点から面への質的変化であり、環日本海の「弧」を形成する試みだったと位置づけられるだろう。環日本海圏構想が誕生する背景に、このような自治体外交の展開があったことは忘れてはならない。日本海沿岸自治体の多くが環日本海圏構想の受容に抵抗がなかったばかりでなく、積極的に構想実現に向けて取り組むことが出来た所以である。

自治体外交の展望を考察する前に、その主要な形態であった姉妹提携の現況とそれをめぐる問題点を明らかにしておこう。

3　姉妹提携の現況といくつかの問題点

1　姉妹提携の現況

①　各級自治体別姉妹提携数

はじめに、各級自治体の姉妹提携の現況を見ておこう（表2参照）。

二〇〇四年四月一日現在、日本の自治体数は三、一四七である（以下、自治体数は『全国市町村要覧（平成一六年版）』市町村自治研究会編集、第一法規による）。そのうち諸外国・地域の当該自治体との間に姉妹提携を有する自治体の数は九五八である（以下、姉妹提携自治体数、姉妹提携数などは『日本の姉妹自治体一覧二〇〇四』財団法人自治体国際化協会編集による）。その割合は三〇・四％（以下、少数二桁四捨五入）になる。

さらにその内容を詳しく見てみよう。都道府県レベルでは四七自治体のうち四〇、提携率は実に八五・一％に達している。一方、市区町村レベルでは、三、一〇〇自治体のうち九一八、その割合は二九・六％になる。さらに詳しく見てみると、市区レベルでは六八・二％、町レベルでは二〇・〇％、村レベルでは一二・九％である。自治体規模が小さくなるほど提携率も低くなっている。

全国の自治体が当初予算で「国際関係事業費」として計上している額は、年々上昇を重ね、九三年度には総額で一、〇〇〇億円の大台を超えた。九六年度の一、一〇五億円をピークにその額は減少または横ばい傾向を見せている[16]ものの、**【問題点一】**地方財政の逼迫化が進行している昨今、これに耐えるのは小規模自治体では容易なことではないだろう。

表２　姉妹自治体数および提携数

自治体区分	都道府県	市	区	町	村	合計
自治体数	40	454	20	375	69	958
提携数	120	889	34	410	63	1516
複数提携自治体数	30	231	10	47	3	321

（注）上記姉妹自治体提携件数には、複数自治体による合同提携７件（２市29町９村）を含む。
（出所）『日本の姉妹自治体一覧2004』自治体国際化協会、２頁より筆者作成。

②　相手国・地域

次に、日本の自治体はどのような国・地域の当該自治体との間に姉妹関係を結んでいるかを見てみる。

日本の自治体が姉妹提携をしている相手は六〇カ国・地域にわたっている。国連加盟国の三分の一に近い。そのうち都道府県の提携相手国は一九カ国である。提携数上位一〇カ国をあげると、中国（三四）、アメリカ（二三）、ブラジル（一一）、韓国（七）、ロシア（七）、フランス（六）、オーストラリア（六）、イタリア（五）、インドネシア（四）、ドイツ（三）である。市区町村では、五八カ国・地域で、同様に、アメリカ（四一七）、中国（二六七）、オーストラリア（九九）、韓国（九九）、カナダ（七〇）、ブラジル（四八）、ドイツ（四四）、ニュージーランド（四三）、フランス（四二）、ロシア（三三）となる。

表3　相手国・地域別姉妹提携数（地域別）

	都道府県	市区	町村	合計
北米2カ国	25	297	190	512
中南米7カ国	14	45	16	75
（内、アメリカ）	(24)	(267)	(150)	(441)
欧州28カ国	25	189	91	305
大洋州4カ国・地域	8	88	55	151
アジア16カ国・地域	47	304	119	470
（内、中国）	(34)	(210)	(57)	(301)
アフリカ3カ国	1		2	3
合　計	120	923	473	1516

（出所）前掲『日本の姉妹自治体一覧2004』2頁「相手国別姉妹自治体提携数（地域別）」より筆者作成。

　前者の場合は一位中国、二位アメリカで、後者と逆転しているものの、全体としては表3に見るようにアメリカが圧倒的に多い。表3で目に付くのは、**【問題点二】**アフリカ諸国の都市との提携がわずかに三組、東京都とエジプトのカイロ県[17]、根占町（鹿児島県）とギニアのコヤ県[18]、中津江町（大分県）とカメルーンのメヨメサラ市[19]と際立って少ないことである。そのなかには「名ばかり」で実質的な交流がないと言われているものもあるという。

表4　環日本海圏内提携数とその割合

自治体区分	環日本海圏内提携数	総提携数	割合(%)
全自治体	179	1516	11.8
内			
都道府県	18	120	15.0
市区町村	161	1396	11.5

(出所) 前掲『日本の姉妹自治体一覧2004』より筆者作成。

表5　環日本海圏諸国と環日本海圏内の提携数

国	自治体区分	国全体	内環日本海圏*	割合(%)
ロシア	都道府県	7	5	71.4
	市区町村	33	22	66.7
中国	都道府県	34	6	17.6
	市区町村	267	36	13.5
韓国	都道府県	7	7	
	市区町村	99	99	
朝鮮	都道府県			
	市区町村	1	1	
モンゴル	都道府県			
	市区町村	3	3	

(注) ＊ロシアの場合は、沿岸地方、ハバロフスク地区、アムール州、カムチャトカ州、マガダン州、サハリン州、チタ州、ユダヤ自治州、コリャーク自治管区、チュコト自治管区の10構成主体。中国の場合は、黒龍江省、吉林省、遼寧省の3省。なお、韓国、朝鮮、モンゴルは参考までに記した。
(出所) 前掲『日本の姉妹自治体一覧2004』より筆者作成。

2　環日本海圏諸国との姉妹都市関係

日本の自治体は姉妹提携分野で環日本海圏構想をどの程度視野に入れているのだろうか。

表4から見るとおり、都道府県の方が、市区町村よりも同構想に対する関心が若干高いことが伺える。

しかし、総体的には、**[問題点三]** 自治体外交の舞台で環日本海圏構想に対する関心度は決して高いとは言えない。

なお、ロシアと中国の場合、環日本海圏の立場からは地域を特定（表5の注参照）しているので、国全体を対象とする提携数と環日本海圏を対象とする提携数との割合を見ることにしたい。

表5は、ロシアとの提携では環日本海圏を大きく意識していることが窺えるのに対して、中国との場合はそれほど意識していないことを示している。この違いの理由としては次のようなことが考えられる。

ロシアと姉妹提携している七都道府県のうち、環日本海圏構想に対する関心度がより高いと思われる日本海に面する道県の数はその大部分と言ってよい五つに及んでいる。三三組の提携をしている二九市町村のうち、日本海沿岸地域と北海道(20)に位置する市町村の数はこれまたその大部分の二四である。また、三三組の提携相手のうち極東の都市の数は三分の二以上の二二を数え、その周辺の東シベリアまでを含めれば二九となる。これらの数字は環日本海圏との関連を色濃く出していると言える。

中国との場合は、三四都道府県提携のうち東北三省を相手とする提携は僅かに六しかない。また、二六七市区町村提携のうち東北三省の都市との提携は三六でしかない。中国との提携では、環日本海圏構想との関連性がより希薄なことを示している。

4　自治体外交の展望

次に、自治体外交の行方を展望してみたい。これまでにも述べてきたように、本来自治体外交は、「自治体自身の自由な意志に基づいて自発的に行う行為」であることから、その行方を見定めることは容易ではない。にもかかわらず、自治体外交は、自治体の行為である限り「住民の福祉の増進を図ることを基本」(21)とするものでなければならないし、このことから、自治体にとっては住民とともに「自治体外交」の理念を確立し、住民の理解と支持を得ることが肝要であることは言うまでもない。

1　自治体外交の理念を求めて

『自治体の国際交流』の編著者の一人坂本義和は、同書の二「『地方』の『国際化』」で「六つの論点ないし問題点」をあげている(22)。坂本はその第三として、「国際化の主体は誰であるかを明らかにする必要がある」と述べている。ここで坂本は、市民としての住民が主体であるべき「自治体外交の位置づけ」という意味から次のような興味深い指摘をしている。まず「自治体といえどもやはり政府であって、市民そのものではない。ただ自治体の特徴として、二つの点で市民への身近さを持っていることがあげられる。一つは、決定への市民参加、そういう意味での市民の主権の行使を、より直接に可能にするという身近さである。もう一つは、市民の日常生活に関係の深い社会レベルで、人間の平等な権利にかかわる問題を汲み上げる装置としての身近さである。（中略）要するに、主役は市民であって、自治体は脇役であるということは、はっきりさせておく必要がある」（長州・坂本、一九八三：二四）。さらに、「『非国家アクター』という言葉自体にも問題があるといわなければならない。つまりこの言葉では、市民は『国家でない行動主体』という形で、ある実体の否定形として表されている。（中略）ピープルである市民が実体的なアクターであって、政府や国家のほうが『ノン・ピープル・アクター』つまり非市民アクターと呼ばれなければばならない」（長州・坂本、一九八三：二四―二五）。

市民にとってより身近な存在である自治体は、国に先んじて市民が主体の外交を実践し、その実績を国の外交場裏に反映させていく客観的可能性と主観的能力を備えているに違いない。

2 自治体ODAの拡大を求めて

先に、近時の逼迫する自治体の財政問題を［問題点一］として指摘した。

自治体外交が「親善・友好」から「協力・援助」への転換を迫られるにつれ、この問題はますます重要さを増してきた。その解決策の一つとして考えられるのが、ODA（政府開発援助）の自治体外交への適用である。"Official Development Assistance（ODA）"を「政府開発援助」としたことに問題がありそうである。"Official"を「公的」としていれば、そこには地方公共団体たる自治体も十分に参画し得るのではないだろうか。『地方自治体の国際協力』の著者吉田均は、同書で「わが国も欧州やカナダ同様に『地方自治体』を通じた、国際的な人材育成や公共財に関するノウ・ハウの移転が持つ外交的効果を再認識し、政府開発援助（ODA）における政府と地方自治体との積極的提携が必要となっている」（吉田、二〇〇一）と指摘している。

また、筆者は小著『自治体外交』のなかで、「日本の地方自治体に今後ますますこれまで以上に協力・援助が求められてくると、当然その財源が問題になる。そこで筆者は、政府開発援助（ODA）の一部を地方自治体に回し、国境を越えた地方対地方の関係のなかでODAを適用することを可能にする問題を提起したい」（市岡、二〇〇〇）との問題提起を行った。

九二年に閣議決定された「政府開発援助（ODA）大綱」は〇三年に改定された。先の「大綱」には、「必要に応じ、他の先進国の援助機関、国連諸機関、国際金融機関、我が国の地方公共団体および労働団体、経営者団体その他の民間団体等との適切な連携・協調を図る」との文言がある。また改定「大綱」にも「国内のNGO、大学、地方公共団体、労働団体などの関係者がODAに参加し、その技術や知見を生かすことができるよう連携を強化する」と謳われている（傍線、引用者）。

この方針を受け、実際にいくつかの自治体でODAに参加する事例が出現してきた。九六年から始まった北九州市と大連市（友好都市）との「大連環境モデル地区計画」事業はその代表的なものとして大いに参考になる。新潟県でも、新潟県立がんセンター、新潟大学医学部付属病院、新潟市民病院が進めてきた「黒龍江省・ハルビン市医療技術協力事業」を政府のODA事業に申請し、〇二年から政府ODA事業として採用され、実施されるようになった。

しかし、これらの事例はあくまでも政府に対する「申請→採用」というプロセスを踏んで実現されるものであって、完全な自治体ODAとは言い難いし、その数もまだまだ少ないと言わねばならない。ODA資金を負担する国民一人ひとりにとっては、それが中央政府によって使われようと、地方政府によって使われようと差はないようだが、住民に「より身近な」自治体によって使われるほうが透明性も高められるに違いない。

3　自治体外交舞台の拡がりを求めて

〔問題点二〕では、地域的にアフリカ諸国都市との交流に対する関心が低い点を指摘した。日本とアフリカ諸国との歴史的関係の（比較的な）浅さを考慮すれば、現状においてはこのような状況を素直に受け入れざるを得ないのかもしれない。理想を言えば、チャドウイック・F・アルジャーがいう「地球市民（Global citizenship）」ないし「国際的市民（International citizenship）」（横浜市海外交流協会、一九八二：六〇）が構成するのが今日の自治体であるとするならば、その意味での自治体は地球上のあらゆる地域と交流することが望ましいということになるのだろうが、先に述べたような状況を無視して、恣意的にアフリカ諸国との都市間交流を進めることに住民の賛同を得ることは困難であろうし、また得ようとすべきでもないだろう。既に述べたように、アフリカとの三つの提携の中には「名ばかり」と言ってよい状況にある提携もあるという。

しかし、将来事情が大きく転換する可能性は誰にも否定できないことは今から銘記しておくべきである。姉妹都市提携関係に限定せず、「友好・親善」から「協力・援助」への流れは、アフリカ諸国のみならず、その他の発展途上国・地域へも届かなければならないだろう。

4　自治体外交に目的意識を求めて

〔問題点三〕では、環日本海圏地域との都市間交流が、特に中国の諸都市との交流を見た場合に少なく、一方ロシアとの間ではその大部分が環日本海圏地域との交流になっている点に注意を喚起した。

前掲『外交に関する世論調査』〇四年の調査票を見る限り、ロシアに「親しみを感じる」、「どちらかというと親しみを感じる」日本人は一六・三％であるのに対し、中国には三七・六％である。この差は自治体外交場裏にも如実に反映されているが、この世論調査結果にもかかわらず、比較的には数少ないロシアとの姉妹提携関係のなかで極東・シベリアの当該自治体との提携に大きく傾斜しているのは、環日本海圏の構築、また六〇年代七〇年代にかけて提唱されてきた「極東・シベリア開発」と「対岸貿易」の進展を意識的に目的としていたからに他ならないと思われる。つまりロシアとの提携には自治体の経済交流志向が色濃く滲み出ている一方、中国との提携は七〇年代の「中国ブーム」に見られたような、比較的な、或る種の「親近感」が見て取れるのではないだろうか。（ただし、前記世論調査では、前年の結果と比べると、ロシアに対しては三・七％減に対して、中国に対しては一〇・四％減となっていることを付記しておきたい。）

自治体が外国の特定の都市と姉妹関係を打ち立てるにはそれなりの理由があるはずである。自治体首長などの個人的な、または情緒的な理由もあれば、自治体の将来像を予見した確たる目的に依拠するものまで、おそらくその理由は千差万別だろう。しかし、何にも増して自治体住民に対する責任を第一義的に負っている自治体には理念と共にやはり明確な目的意識を求めたい。

5　自治体外交の新たな形態を求めて

現在、日本の都市のなかで外国の都市との間に最も多くの姉妹都市を抱えているのは京都市で、その数は九市に及んでいる。

新潟市の場合、現在四都市と姉妹提携をしている(23)が、京都市と同じように「これ以上姉妹都市を増やす考えは現在のところない」という。そのかわり、『姉妹都市』という形態の都市間交流のほかに、国際化の進展に即した市民主体の、或いは、分野別の都市間交流を考えている」(市岡、二〇〇〇：七三)。経費の点からも、スタッフの点からも当然の判断だろう。姉妹都市の数を増やせばよいというものではない。新たな都市間国際交流の形態が求められていると言えよう。新潟市は、九一年以降フランスのナント市との間で続けられてきた市民交流を基礎に、九六年に同市との間に「交流協定」を締結した。しかし、両市はこの都市間交流を、全般的な交流を前提とする「姉妹都市」とは呼んでいない。文化・教育・経済を中心とした、限定的ともいえる「分野別交流」を進めようとしている。新潟市ではこうした都市間交流を仮りに「交流協定都市」と呼ぼうとしているし、京都市では「パートナー・シティー」と呼んでいる。「姉妹提携」の意義そのものはいささかも減じてはいない。しかし、これからの自治体外交は「姉妹提携」という伝統的な形態にのみ捉われることなく、その他さまざまな形態を探っていくことになるだろう。

6 自治体外交の多様化を求めて

最後に、「姉妹都市提携」から「分野別交流」を前提とする前記「交流協定都市」(新潟市)ないし「パートナー・シティー」(京都市)への移行以外の自治体外交の多様化の方向を探ってみたい。

〔その一〕「内なる国際化」事業の拡大・強化

「内なる国際化」の必要性については既にふれているが、ここではその一例として、在日外国人子弟の教育と就労について、自治体の姿勢に問題を投げかけたい。これは人権の問題でもあるからだ。

日本の（中央）政府は、従来から、オールドカマーに対しても、八〇年代から増加してきたニューカマーに対しても、一貫して「外国人」として「出入国管理」の対象としてきた(24)。そのようななかで、自治体によってはこれら「外国人」を「地域住民」の一人としてさまざまな差別を撤廃しようと取り組んできたところもある。各自治体にはこうした動きをさらに推進していくことが求められているだろう。

新潟においても「朝鮮人学校」卒業生の公立高校への進学許可を求める運動が展開されてきたが、〇四年一〇月末になってようやく県教育委員会は受験資格を認めることになった。

〔その二〕自治体のアピール力の駆使

国レベルでも自治体レベルでも「外交」の本旨が「平和」にあるならば、そこにはいくつもの活動領域が生まれるはずである。

広島・長崎両市は、毎年原爆被災の日に「平和宣言」を世界に向けて発表している。広島市長は、〇四年の「宣言」で「世界一〇九か国・地域、六一一都市からなる平和市長会議と共に、今日から来年の八月九日までを『核兵器のない世界を創（つく）るための記憶と行動の一年』にすることを宣言します」と世界に向けてアピールしている。

長崎市長も同じ年の「長崎平和宣言」で「アメリカ市民の皆さん。五九年間にわたって原爆がもたらし続けているこの悲惨な現実を直視してください」と直接アメリカ市民に呼びかけている。一つの自治体は世界に向けて、すべての地球市民に向けて、その「外交意思」をアピールできるに違いない。「非核宣言都市」、「平和宣言都市」など一連の「平和宣言」をしている自治体は少なくない。このような行為は、当該自治体住民の平和意識の高揚に資するばかりでなく、あらゆる形の戦争と殺戮の回避を求める世界中の自治体の地域住民に大きな勇気を与える、今日的な自治体外交の一つの有力な形態となり得るであろう。自治体のアピール力を発揮するには多額の財政負担を伴わないという意味でも今日的である。自治体外交の一環として世界に向けたなお一層のアピールが望まれる。

〔その三〕国際的自治体組織との連携

これまで日本の自治体は、国際的自治体組織との連携にはあまり関心を示してこなかった。日本の姉妹都市運動の始まりがアメリカにあって、姉妹都市運動が古くから行われてきたヨーロッパの情報が得にくかったこともその理由としてあげられるだろう。

しかし世界に目を転じてみると、自治体はいくつもの国際的組織を創出し、その活動は、国連の諸機関などからも高い評価を受けていることに気付くのである。九二年の「環境と開発に関する国連会議（地球サミット）」の行動計画として策定された「アジェンダ21」は「NGOや自治体を含めた開発協力の枠組みの強化を提唱」(25)している。この「地球サミット」が契機となり、以後「地球的課題の解決のためには国際機関や国家だけでなく、市民や地域社会の参加が不可欠であるとの認識が形成されて」（傍線、引用者／

江橋・富野、二〇〇一：九）きた。

九五年の「国連社会開発サミット」では、「国連がその準備段階で世界市長会議を開催して社会開発問題における都市・自治体の参加と協力を求めるともに、自治体の国際的連合体であるG４（グループ４：IULA（国際自治体連合）(26)、Metropolis（世界大都市圏協会）、UTO（世界都市連合）、SUMMIT（世界大都市サミット会議））が、社会開発における自治体の役割の重要性と協力の意思をアピールする『G４声明』を発表」（江橋・富野、二〇〇一：一〇）している。

国が国連はじめさまざまな国際機関に加盟しているように、自治体がこれらの国際的自治体組織に積極的に参画していくことも大きな国際貢献になるし、新たな自治体外交の舞台にもなるに違いない。

おわりに

本章では、これまで半世紀にわたって、日本の自治体外交の主要な形態であった姉妹都市提携活動に焦点を当て、その歴史と実態を明らかにすることに努めたつもりである。近年、自治体外交に質的な転換が求められるようになってきたことにも言及した。一言で言えば、「友好・親善」から「協力・援助」への転換である。

しかし、これは主として国境を超えた「都市間交流」の範疇でのものであって、今後の自治体外交には、日本の社会・経済情勢の変化と国際関係の変化に対応する新たな「多様化」への模索も求められているに違いない。このことは、従来の自治体外交の意義を否定又は軽視することを意味するものでは決してない。数多くの自治体は、「都市間交流」を実践することによって、幾多の経験を蓄積し、さまざまなノウ・ハウを自らのものとしてきた。その過程で、多くの自治体は、自覚的な住民と協働できる有能な自治体職員をも育んできたからである。

国際関係場裏で、いわゆる「国家の限界」がますます明白になってきた今日、自治体外交の重要性は、NGOのそれと並んで、反比例的に増大しているし、将来にわたってもなお一層増大していくであろう。

4節「自治体外交の展望」ではいくつかの問題提起を試みた。これらは、筆者がかつて新潟市の国際交流事業に携わっていた経験と、「自治体外交」と「環日本海圏構想」を学び続けながら得た若干の知見とから編み出した、独りよがりなものであるかもしれない。紙幅の関係で必ずしも十分に言い尽くせなかった点もある。機会があれば是非、稿をあらためたい。進行中の「平成の大合併」が自治体外交に与える影響についてもふれることが出来なかった。別稿で問う機会を待ちたい。

にもかかわらず、小稿が「自治体外交の展望」に寄せる関心に幾分かでも刺激を与えることができるとすれば、小稿の意図するところは過分なほどに達成されたものと喜びたいと思う。

注

1　長洲一二神奈川県知事は一九七〇年代後半、地方自治体ならびにその地域住民たる市民が進める「国際交流」を「民際交流」と名付けた。長洲は、「中央政府や専門外交官にもがんばっていただきたいが、それだけにまかせておくにはあまりにもことが『重大すぎる』ように思われる。民衆同士、そして民衆が生活しているそれぞれの地域同士が国境を超え、心の交流をはからなければならない。それは外交への市民参加である。そんな気持ちから、私は『国際外交』に対して『民際外交（People to People Diplomacy）』を唱え、県政の大きな柱の一つとしてきた」と述べている（長州・坂本、一九八三：八）。「地方化」と「国際化」の初期段階における「民際外交」の提唱は大きな意義を有するものであり、この提唱から生まれた「民際交流」という用語は魅力的なものであるが、その後この用語が一般的に定着することはなかった。本稿では「民際交流」を敢えて用いずに、「国際交流」を用いることとする。

2　本稿では、環日本海圏を日本とロシア極東、中国東北地区、韓国、朝鮮、モンゴルの四カ国・二地域から構成される地域とする。なお、用語「環日本海圏」についてその初出には諸説があるが、「日本海経済圏」という用語は、雑誌『コリア評論』一九六八年六月号の福島正光論文「日本海経済圏の提唱――平和と繁栄の第三の道」にある。また、『新潟大学　経済学年報』第八号、一九八三―Iには、村岡輝三（涂照彦――引用者）の「環日本海国際経済圏の形成に向けて――上越新幹線の開通に寄せて――」がある。学術論文として『環日本海国際経済圏』の用語は本論文に初出と管見する。村岡は、本論で次のように記している。「ここでいう環日本海国際経済圏というタームは、学界においても、また実業界においても、必ずしも学術用語ないし専門用語としてなじまれているわけではなく、その概念範疇さえ必ずしも明白でないように思われる。ごく一般にひらたくいえば、環日本海国際経済圏とは、日本海に隣接しそれを取り囲む沿岸諸国間の相互経済交流圏を指すものといってよいが、（中略）四つの海峡によって他の海に通じる日本海には、日本のほか、ソヴィェト、朝鮮民主主義人民共和国（以下、「北朝鮮」と略記する）、この両国の境に近接する中国、それに韓国などの五カ国があってそれを取り囲んでおり、まさしく国際経済圏としての地理的条件にある」（村岡、一九八三：九八―九九）。さらに、金田一郎『環日本海経済圏』（日本放送協会：一九九七）には以下の記述がある。「筆者は、一九八三年（昭和五八年）当時そこの（「新潟短期大学」―引用者）

学長でもあったが、この『新潟短期大学』を『新潟産業大学』に昇格させるに当たって、建学のひとつの柱として文部省当局に示したのが、『環日本海経済圏の研究・教育』ということであった」（傍線、引用者）。「それを公にしたのは、（中略）一つは、地元の日刊紙である『柏崎日報』の紙上（一九八三年四月七日）であった。もう一つは、リクルート『進学タイムズ』の紙上（一九八三年九月一二日）であった。後者の紙上に書いたことのポイントは、次のとおりである。『……体制の違いを超えて、日本、ソ連、韓国、中国などの、日本海を取り巻く地域を統合して、いわば『環日本海経済圏』といったものが考えられないか……』」。

3　一九七三年、日本と中国との間での姉妹縁組が神戸市と天津市との間で初めて実現した際、廖承志「中日友好協会」会長（当時）が「友好都市」の名称を提案したと言われている。

4　境港市とウォンサン（元山）市との間で取り交わされた『協定書』（一九九二年五月一二日調印）にも「一、日本国鳥取県境港市と朝鮮民主主義人民共和国江原道元山市は友好都市関係を締結する」（傍線、引用者）と謳われている。

5　国内の都市同士の姉妹提携に対して「国際姉妹都市」の呼称がある。

6　財団法人「自治体国際化協会」は、自治省（当時）などの「指導」の下、「地域における国際化の機運の高まりを受け、こうした動きを支援し、いっそう支援するための地方公共団体の協同組織として一九八八年七月に設立」された。

7　「外国の都市との姉妹都市提携を通じて、人物、教育、文化、スポーツ、経済などの交流を行い、広く国際的相互理解を深め、海外諸国との親善と協力を促進するとともに、すすんで、わが国の地方自治の発展をはかるすでに外国都市と姉妹提携関係にある及び将来姉妹都市提携を行おうとする都市を会員とする」「全国市長会」の一組織として、一九六一年に結成され六二年から活動を始めた。一九九五年にその活動は「自治体国際化協会」に引き継がれた。

8　「提携年月日およびその根拠」ならびに「提携の動機と経過」は、以下前掲書『日本の姉妹都市　一九九〇年版』による。

9　九五年度『姉妹交流研究会』（自治体国際化協会主催）における伊藤一長長崎市長開会挨拶より。

10　「第二次日ソ三ヵ年貿易支払い協定」の付属文書として、「日本国とソヴィエト社会主義共和国連邦極東地域との間の消費物資等の貿易に関する交換公文」が交わされたことによって新たに設けられた日ソ間の貿易形態。地域間貿易として日本海沿岸地域の期待は大きかったが、「公文」の名称にあるように、地域間貿易とはいえ、ソ連側は極東地域と限定されていたが、日本側は日本全体とされる変則的な地域間貿易だったために、実際には日本海沿岸地域の期待どおりの成果をあげることはできなかった。

11　ソ連極東最大の都市はハバロフスク市とウラヂヴォストーク市であった。しかし、後者は当時閉鎖都市として外国に対しては固くその扉を閉じていた。

12　この場合、「地方」（"Край"—"Kraj"）は、構成主体としての「地方」をさす。

13　具体的には、「中国人民対外友好協会（対友協）」、「中日友好協会」などであろう。

14　朝鮮民主主義人民共和国の略称として、筆者は「北朝鮮」を用いず「朝鮮」を常用している。その理由については前掲書『自治体外交』七四頁を参照。

15　総理府が毎年一〇月に行っている『外交に関する世論調査』によると、韓国に対して「親しみを感じる」および「どちらかというと親しみを感じる」と答えたのは八七年四二・二%、八八年五〇・九%、八九年四〇・七%であった。

16　自治体国際化協会　http：//www.clair.or.jp/j/clairinfo/koushinka/graph.html

17 カイロ側からの提案、すでに提携しているパリ市から三都市相互提携の提案、「世界大都市サミット会議」参加都市などの縁で九〇年に提携が実現した。
18 前掲書『日本の姉妹都市　一九九〇年版』には、「日本に在住するアフリカ人からの紹介で九〇年に名目上姉妹提携をした」とあるが、町当局の話によれば、「実質的な交流は皆無に等しい」とのこと。
19 サッカー・ワールドカップ二〇〇二予選を契機として。
20 北海道の場合は、環日本海圏との係わりよりもどちらかと言えば北方圏構想ないし環オホーツク海との係わりが強いが、環日本海圏との係わりも少なくはなく、また同じ地域圏構想という立場で同列に扱うことにした。
21 「地方自治法」第一条の二①。
22 詳細は長州一二、坂本義和編著『自治体の国際交流』学陽書房、一九八三年、一七―三八頁を参照。
23 年代順にガルヴェストン市（アメリカ、テキサス州、一九六五）、ハバロフスク市（ロシア、ハバロフスク地方、一九六五）、ハルビン市（中国、黒龍江省、一九七九）、ウラヂヴォストーク市（ロシア、沿海地方、一九九一）。
24 このことについては柏崎千佳子「自治体と外国籍住民」毛受敏浩編著『草の根の国際交流と国際協力』明石書店、二〇〇三年に詳しい。
25 江橋崇、富野暉一郎監修『自治体　国際協力の時代』大学教育出版、二〇〇一年、九頁。なお、本稿は、同書第一部から多くの示唆を受けている。
26 一九一三年に創設されたＩＵＬＡ（International Union of Local Authorities. 国際自治体連合）は、二〇〇四年五月、パリで開催された創立大会において、一九五七年に創設されたＵＴＯ（United Towns Organization. 国際都市連合）と、一九八四年に創設された Metropolis（世界大都市圏協会）と結合し、新たなＵＣＬＧ（United Cities and Local Governments. 世界都市・地方政府連合）が誕生した。

参考文献

市岡政夫、二〇〇〇『自治体外交』日本経済評論社。

江橋崇、富野暉一郎監修、二〇〇一『自治体　国際協力の時代』大学教育出版。

柏崎千佳子、二〇〇三「自治体と外国籍住民」毛受敏浩編著『草の根の国際交流と国際協力』明石書店。

金田一郎、一九九七『環日本海経済圏』日本放送出版協会。

国際親善都市連盟、一九九〇『日本の姉妹都市　一九九〇年版』。

㈶自治体国際化協会、二〇〇四「はしがき」『日本の姉妹自治体一覧二〇〇四』。

多賀秀敏、二〇〇二「自治体の国際協力」『岩波講座　自治体の構想三　政策』岩波書店。

チャドウィック・F・アルジャー、一九八二「市民と都市の国際関係」横浜市海外交流協会編『都市と国際化』弘文社。

長州一二・坂本義和編著、一九八三『自治体の国際交流』学陽書房。

新潟市国際交流協会、二〇〇四『国際交流・国際協力団体一覧』(三)。

福島正光、一九六八「日本海経済圏の提唱――平和と繁栄の第三の道」『コリア評論』(六) コリア評論社。

村岡輝三(涂照彦)、一九八三「環日本海国際経済圏の形成に向けて――上越新幹線の開通に寄せて――」『新潟大学経済学年報』八、一九八三―I。

吉田均、二〇〇一『地方自治体の国際協力』日本評論社。

自治体国際化協会　http：//www.clair.or.jp/j/clairinfo/koushinka/graph.html

第Ⅳ編 構想

12 非覇権的サイバー空間の構築
東アジア「共生」の条件として

武者小路公秀

1　二つの報告書

「非覇権的サイバー空間の構築」について、「東アジア『共生』の条件」を中心にして、いくつかの問題提起をこころみたい。その前提として、今日のグローバル化した国際政局の特質をとらえることからはじめる。二〇〇二年～二〇〇三年にかけて二つの国際的に大切な報告書が提出されたことについて述べたい。

まず、二〇〇〇年の九月には、アメリカでブッシュ大統領の考え方を要約した「アメリカ合衆国の国際安全保障戦略」についての報告書が出された。これについては、私はまったく見解を異にするが、非常にすばらしい論理的な報告書であることを強調したい。これによれば、今日ほど国際平和が実現された時期は歴史にはない。なぜかというと、すべての大きな国はみんなお互いに争ったり戦争したりせずに、共通の敵であり悪者であるテロをやっつけるようになった。世界中の国々が一致団結するという平和の時代が到来したという趣旨である。そして、アメリカを中心として自由、つまり自由貿易と自由市場と自由経済を世界のすべての国々にもたらすことによって、貧困も克服するといっている。これは米国が世界に平和をもたらし貧困をなくすという、国家安全保障戦略の一つの大きな目的をはっきりさせた文書である。しかも、悪者をやっつける必要があるから、そのためにも先制攻撃をする権利をアメリカは持っている、という現在の国際法を無視する重要な国策が明示されている。たとえ、国際社会がついてこなくてもアメリカは先制攻撃をするという、非常に力強い、しかし国際法を否定する報告書である。

それに対して、まったく逆の考え方で、私が賛成している立場に立つ報告書が二〇〇三年五月に国連に提出された。それは、難民高等弁務官であった緒方貞子さんとノーベル賞を受賞したアマルティア・センさんを共同議長にして、国連が設立した「人間の安全保障」委員会の出した人間安全保障についての報告書、「ヒューマン・セキュリティー・ナウ（今こそ人間安全保障を）」と題する報告書である。この報告書を、これから話をすることの大前提としたい。なぜかというと、この報告書によれば、人間の安全保障とは人間の生命と生活の一番基本的な価値を守ることである。人間安全保障はすべての人間の安全に配慮はするが、特に一番安全を脅かされている人たちの安全を大事にするということが強調されている。そして、人間の安全保障とは、正確には「人民の安全（ピープル・セキュリティ）」であるといっている。しかも、人間の安全保障は、人民の中でも最も安全が脅かされている人々の不安全をなくすことに努力することだ、としている。

例えば、戦争に巻き込まれた人たち、難民、それから開発途上諸国から先進工業諸国などに移住している移民、そのなかでもいわゆる「非合法」の移移住労働者、人身売買の被害を受けた女性や子どもたちが、世界の人民のなかでも一番安全を脅かされており、その人たちの安全を保障することが国際社会の責任であるとともに国連の役割であるということを主張する報告書である。この報告書の立場からものを見るのか、それとも国を中心とし、なかでも最も超大国のアメリカを中心として安全保障問題を見るか、二つに一つである。私は人間の安全を守るという立場に立ち、ブッシュの立場とは違う立場で話しを進めたいと思っている。

2 多層的コミュニケーションと「安全共同体」

このような立場で東アジアの「共生」の条件について考える場合に、参考にすべき理論がいくつかある。それは、特にこのグローバル化時代、あるいは情報化時代に人間の安全と不安全の問題をどう考えるかというときに、よりどころになる人間の「安全共同体」についての理論である。すでに十数年前に亡くなられた私の恩師である、ハーバード大学のカール・ドイッチ氏が開発した理論である。彼は研究の出発点で「社会的コミュニケーション（social communication）」によって色々な「国づくり（ネーション・ビルディング）」が行われることをとりあげた。社会的コミュニケーションが発達することで、従来、「村」の閉鎖共同体にとじこもっていた人々の「仲間意識（we feeling）」が拡大して、同じ国家のなかに住む国民のみんなが「われわれは仲間だ」という一つのアイデンティティを作るようになった。このことによって、近代国家が成立した。その後も、国際的に社会的コミュニケーションが発達して、民族国家を超えた地域統合体の仲間意識、例えば北大西洋の安全共同体という大きなアイデンティティ共同体が成立した。このような、仲間の外に対しては武装して防衛をするけれども、「仲間内」では平和裏に争いを解決する。このこともとにして「安全共同体」という概念を、ドイッチは提案した。

今日問題になっている「人間の安全保障」は、このように国家のみならず、家族や村、その他の国家のなかにあるアイデンティティ共同体などのあいだに共通の安全保障を確立するということを狙いとしなければならない。ところが現在、このように入れ子細工のように入り組んでいる多くの「セキュリティ・コミュニティ」が互いに相手を脅威とみなしながらつきあっているという、人間同士の不信と不安とが共振する不安全なグローバル社会ができあがってしまっている。ところでドイッチは、「安全共同体」という概念をもとにして、政府のなかのコミュニケーションについても研究した。そして *The Nerves of Government* という政府、あるいは行政の神経系統についての本を著したのである。この本に現れている考え方は、いろいろな情報が流れるが、その情報には幾つもの層が重なり合っていて、ナマの情報の上にそれをまとめる一次情報についての二次情報があり、さらに情報についてのもっと包括的な三次情報もある。

例えば「今日は暖かいですね」というような情報があっても、その上には「新潟の気候は今の季節にはこれくらいである」というもう一つの二次情報があり、この上に、「日本列島における気温と気候との推移」についての三次情報が流れる。人々はこのように、いろいろな情報が頭の中にあるので、「今日は暖かいですね」あるいは「今日は寒いですね」というように人がいった言葉を相手の期待通りに解釈ができる。このような情報伝達の仕組みをもとにして、幾重にも情報が重なっていることをうまく管理することで政府の意思決定が行われているという理論を、ドイッチはつくりだした。ここで問題にしているグローバル化したサイバー空間の問題とは、実はこのドイッチの多層的コミュニケーションの理論をどう東アジアの文明の共存の問題に結びつけられるかという問題につながっている。

3　サイバー資本主義と排除

その際、最初に理解すべきなのは、このグローバル化のもとで、われわれの直面している「情報化」が「サイバー情報化」というコンピュータを使った情報化の時代に入ったということである。このことを理解するうえでもう一つ参考にしたいのが「時間」の理論である。それは、フランスのフェルディナン・ブローデルというユニークな資本主義の歴史を書いた歴史家の考え方である。彼の歴史のとらえ方は、「資本主義がどのように近代国家によって採用されたか」と言うことではなく、例えばルネッサンスの頃からのフランスの片田舎の村の主婦の家計簿を調べ、どういう風にして最近数世紀の間に家計簿のつけかたが変わってきたかということから、資本主義がノロノロと長い時間のなかでフランスの田舎にまで波及していった歴史プロセスを調べている。どのようにして家計簿の書き方が変化し、貨幣経済に対応するようになり、さらには銀行に金を預けるようになり、資本主義のなかでいかに家庭の経済生活が適応していくようになったかという「長い時間の流れ（ロング・デュレー）」をとらえるという立場で歴史を書いている。

この資本主義の成立史を彼に執筆依頼したフランスの社会科学研究センターでは、この「長い時間」の歴史に対応して、もう一つ制度と構造の短期的な変化の歴史を想定していた。つまり、どのようにして資本主義のいろいろな制度や概念が構築されていったかその思想と政治経済との相関をとらえる、社会構築（social construction）の歴史に関する研究を計画していたのだが、この思想・制度史の執筆を依頼されていた外交史家が構築された時間の歴史を書ききれずに断念してしまったために、今では、ブローデルの「生きた時間の歴史」のほうだけが通用している。

われわれは、グローバル化という時間の流れのなかで、「サイバー情報化」をとらえるのに、この長い生きた時間と短く区切られた思想と制度との構築の歴史との、両方のつながりのところを押さえたい。人間の不安・不安全をとらえるのには、当然不安のなかに生きている時間をとらえる必要がある。しかし、他方では、国家安全保障とか、さまざまな概念や制度を構築して国家を治め、世界にガヴァナンスを押し付けている国家や国際機関や企業などの政治経済的な営みによる「安全保障」の構築された時間をもとらえる工夫をする必要がある。なぜなら生きた世界の歴史というもののなかでいろいろな不安な状況におかれている人間の安全を守るという立場から考えると、生きられた人間の不安・不安全の時間の流れとその制度的な条件を構築している国家や国際機関、企業などの政治経済的な構築された時間を関連付けて理解することが一番大事であるからである。

このような分析をするとき、われわれは今日のグローバル化した資本主義の動きを、「サイバー・キャピタリズム（サイバー資本主義）」としてとらえる必要がある。このサイバー化して現実から遊離した情報に基づいて動いている金融「資本主義」が人々の生きた世界と食い違いがあまりにも大きくなっているところに、今日の人間の不安全状況の主な原因がある。生きられている世界と情報化されている世界との間が区切られてしまっているので、人々は不安におちいっているのである。この二つの世界をどう再びつなげるかということが大きな問題となっている。

まず、不安な状況のなかで実際に生活している人々と、国家や企業などの意思決定をしている人々とのさまざまな社会的な情報によって作られている空間について考えてみたい。この空間のなかで、さまざまな情報がうまく伝わるための仕組みがはたしてできているかいないか、が問題になる。そして、生活者の側で不安を訴える情報を発信しても、うまく指導者のもとにとどいていないのにもかかわらず、指導者の側では情報が正しくつたわっていると思いこんでいるような場合も多い。情報は送る側と受け取る側との認知構造の非対称な時など、場合によっては伝わらないこともある。情報入力は入ってくるが、「今日は寒いですね」「暑いですね」ということは、そのメッセージを受け取るものが、町の共同暖房の責任者であったり冷房装置を販売していたりするときには、批判されたり非難されたりしているように受け取れて、そのメッセージの受け取りを拒否する場合もある。また、暑い・寒いということはどこかで環境を汚染しているためにこうなっているという現状批判へとつながる場合もある。このように、情報はばらばらに流れるが、その意味が通じるかどうかをつきとめる際には、情報の流れを元にして出来上がっている「世界をどう見るか」という情報の全体像が一番大切である。

ここには、いろいろ情報を大事だと思うと記憶し、メモリーに入れるという仕組みと、もう一方では忘れてメモリーから「くずかご」に捨てるという仕組みが両方働く。この仕組みは、個人のレベルでも作用し、大学にも会社にも働く。そして、意思決定をする人々の場合にはまず「判断」を行うが、またその判断からさらに「決定」が出てくる。具体的には、個人や国家・企業などさまざまなところが報告書を書いたり情報の発信や受信をする。片方で、私は「神封じ」という言葉を使いたい。これはオカルテーション、オクルージョンという理論に基づいた用語であるが、要するに、タブーにして「このメッセージは受け取ってはならない」、「このことは言ってはいけない」、「言ったらばかにされ」、「笑われる」というようなことで特定の情報を排除するという「神封じ」現象が働く。

日本では、例えば天皇制を批判したり部落などに言及するような言説を使うことが許されていない。このような「神封じ」されている言葉がたくさんある。そのようなプロセスのなかで、記憶したものが「認知（cognition）」されたり、「評価（evaluation）」されたりする。また、一つの「感情（emotion）」によって、いろいろなメッセージが修飾（味付け）されたりもする。そこでこの二つのメッセージの流れが国際的にも、国家のなかでも、会社のなかでも、大学のなかでも、学会のなかでも結晶して、「map」と「scape」というものが出てくる。

「Map＝地図」というのは、人々の頭のなかや国家や企業の認知構造のなかで、世界がこうなっているという認知地図である。これは地理的な地図だけでなく、歴史の地図や大学とはこういうところだという制度の地図もある、要するに「客観的」に、世界はこういうものだということが記録され記憶されているのが「地図」である。これは、短時間のうちに社会的コミュニケーションを通じて構築されたり、脱構築、再構築される「客観的」な記録された地図である。「Scape＝景色」はこれとは違い、長い時間の流れのなかで自然につくられ、ゆっくりと変容していく、自分がその世界のなかで生きている、身の回りがこうなっているという「生の世界」の景色である。景色は曖昧だが感情が含まれており、地図は客観的なものだから認知と評価はあるが、感情はなるべく「神封じ」にして表に出さないという形になっている。

4 伝統文化とサイバー文化

ところで、このような形で、社会的なコミュニケーションが、不安・不安全な生活をおくっている人々と、国家や企業など、世界のガヴァナンスを手掛けている意思決定者（テクノクラートたち）とをつなぐことで、どのような人間安全保障のシステムをつくっているかについて考えてみよう。問題は、いろいろなメッセージの流れが意思決定者の記憶に記録され、どのような「地図」や「景色」をつくっているか、ということに要約される。一般にこの地図と景色とが、一般の庶民、もっとも不安全な生活をおくっている人々の不安や不安全についてのメッセージをうまくキャッチして、不安全を減らすような政策を採用し、適切な手を打つことができれば、そこに人間の安全が保障されるということになる。

一般に人間の歴史を通じて「文明」のなかにおいては、特にその最盛期には人々の不安全が極小化し、人々は安心して生活できるようになる。しかし人類の文明というものは、伝統文化から近代文化に移り、いまやさらに近代文化からサイバー文化へと移ろうとしている段階にある。この場合に、人々の不安・不安全が増大しているのは、世界のすべての人間が自分の経験空間が大きく変わっていて、これまでの地図や景色とは異質の世界にいるという経験をしているからである。これに加えて、今日人々は自分の周りの景色が伝統社会のように自然に融合していたり、近代社会のように便利な道具となる科学技術がつけ加わるだけではなくなり、消費生活から社会技術、政治経済まですべてが一体となって、電算機の仮想世界の画面の地図と景色によって表現されてしまうサイバー文化が今出てこようとしていることからくる見なれぬ世界が出現している。

ここでわれわれは、近代社会がサイバー化しているという「常識」とはちがったかたちで、「伝統文化」と「サイバー文化」が大変よく似ており、そのあいだに挟まっている「近代文化」がただ一つ両文化と違った時代を構成したというふうに考えたい。これは、国連大学で一緒に勤めていたスウェーデンのエディ・ブローマンから学んだ考え方である。彼から「今の世界で最も情報が満ち満ちている社会はどこか」という質問を受けて、どう答えたものか迷って、私が「情報化が一番進んでいる国であるアメリカ」という答えを出すと、彼は「そうではなくバリ島である」と言った。

インドネシアのバリ島の情報はサイバー情報がほとんど入っていない。しかし、バリ島は、二次情報がどんどんおり重なったところで、島の人々は毎日の生活から祭りのときの音楽や舞踊まで、すべてのものごとが複雑な社会関係のなかで、意味を与えられている。伝統的な社会のなかですべてのものごとに宗教的な意味があったり、自然との関係で意味があったり、食事にも音楽にも関係があったり、すべてのものが互いに切り離しがたい特定の意味がある。だから、バリ島の社会には本当に情報が満ち溢れている。しかも、それは自然を超えた超自然の空間のなかの宗教図像であったり、目に見えない話であったり、神秘の世界というものがあり、すべての目に見える物事が、目に見えない世界を通じて意味づけられているわけである。

ところが、ベネディクト・アンダーソンが言うように、印刷術が生まれ、資本主義が出てくると、超自然的なものがすべて否定され、合理的なイデオロギー空間ができる。活字によって作られる空間ができ、映像も活字に従属するような形で近代文化ができた。しかし、これからの文化は映像が活字に従属しない。今日の日本では、すでに、若い人々はむしろ漫画を読んで活字だけの世界を離れ、テレビと映画、ラジオと音声の世界のほうに支配される方向にすすんでいる。われわれはそのように活字の支配した近代世界とは違う、むしろ伝統社会に似たサイバー空間の時代に入っている。そうなると、テレビやパソコンの画面の「scape（景色）」のほうが、印刷された、合理的な「map（地図）」よりも優勢になり、理性的な判断を受け入れない感性的なイメージを中心とした判断と決定の流れがでてくるようになる。「グローバル・ファシズム」ということがいわれているけれども、今日、大量の外国人の移住現象に対して排外主義がはびこって、人権尊重という理性の声を退けて自国中心の感性に耽溺する右翼的な傾向が現れていることは、この感性中心のサイバー文化の「景色」のひとつの人間の不安全を拡大する現象であるということができる。

5　覇権的秩序とサイバー文化

そこで、私たちは、現実の地図を無視しかねない勢いで社会的コミュニケーションを支配し始めているサイバー・スケープについて考える必要がでてくる。これは、イデオロギー的に偏りのある分析といわれるかもしれないが、グローバル化時代のサイバー・スケープには、情報化の一番中心になっている世界的な「ヘゲモニー（覇権）」の構造からの影響が現れているという特徴がある。「ヘゲモニー」的構造といっても、大きな国が中心となる世界支配という現実主義的国際政治学の意味における「ヘゲモニー」ではない。グラムシ的な意味で、国家だけではなく、さまざまな多国籍企業を含めて今のグローバル経済を支え、そして、グローバル経済に支えられ成立している、世界経済の指導層の広範な支持をえた米国の金融権力が、グローバルなヘゲモニー権力となり、これがグローバルな市場を動かしていく。このような、グローバル・ガバナンスが今日の覇権的秩序の特色であるととらえることにしたい。ブッシュ大統領の報告書は、非常に要領よくこのヘゲモニー秩序の立場のグローバルな地図を鮮明にしている。

そして、この広範なヘゲモニーを支えているグローバルなサイバー情報秩序の中心にあるのが、ネオリベラルなサイバー・マップとサイバー・スケープであるということになる。米国中心のネオリベラル・グローバル政治経済を支え、再生産しているサイバー・マップである。これが、どのようにしてグローバル・ガバナンスの進め方を合理化するのか。答えはいろいろありうるが、ここでは万物を商品化し、商品として流通させるコミュニケーション構造を再生産することに全力が傾けられることだけを指摘しよう。この世界では、商品生産のための計画と管理、そしてそのための金融情報をうまく伝えることが一番大事になってくる。もちろん、商品生産のためにはグローバルな立憲主義の政治・行政も大事であるから、そのような国際法的・政治的条件を作っていくような情報システムを作り、それに基づいたいろいろな指令が発せられる。

図1　文化の変遷三段階

伝統文化	近代文化	サイバー文化
経験空間 自然と社会	経験空間 社会・技術界・経済界	経験空間 社会・技術界・経済界
超自然空間 宗教図像・不可視神秘世界	イデオロギー空間 活字構築世界・映像音声世界	サイバー空間 サイバースケープ世界

いずれにしても、「map」の形をグローバル・ガバナンスの立場でとらえると、国や企業、大学といった大きな組織から発せられる社会的コミュニケーションの流れが決定的な意味をもってくる。他方で、そのように考えると、生きた不安全な現実のなかにいる個人や小さな安全共同体（市民による地域社会や、先住民の生態系と共生している村コミュニティなど）から発信される情報が「神封じ」にあってしまいがちになる。その立場から考えると、そこにはまた、人間の不安全性についての小さな「安全共同体」からの生きた情報をもとにして構築されるこれまでとは別の「map」、オルタナティブなマップが必要であるということになる。そして下からの情報入力に基づく「選択」をし、それぞれの市民や民衆が自分たちで目的を達成するための知識をマップに表していく必要がある。それがどう自分たちの毎日の生活と、そのなかの人間の不安・不安全と関係があるのかということをもとにして、人間の安

全共同体それぞれの「コミュニティ・ライフ（共同体の生活）」の再生産がすすめられることが、グローバル化、サイバー化時代の人間の安全保障にとって一番大事なことになってくる。グローバル覇権の立場では、ネオリベラル・グローバル金融と市場経済の合理的な運営を国家と企業中心に進めるいわゆるグローバル・ガバナンスが推進されれば安全だということになるが、下からは小さくてひ弱な安全共同体のなかの生活の再生産のマップが、人間の安全を保障するうえで大事な役割を果たすことになる。

そして、このマップに対応して、「スケープ（景色）」のほうにも、覇権的な「景色」と、安全共同体の安全を保障するための「景色」との対立が現れてくる。グローバル覇権の立場では、グローバルなサイバー・スケープという「景色」は、なるべく世界中の消費者みんなが買うような商品イメージを再生産することが最重要課題となる。これなしには、サイバー・キャピタリズムは成立しないからである。であるから、商品をみんなに買ってもらうという、人々の「感性的な指導（affective leadership）」、「情感の誘導（affective guidance）」が重要となる。そのなかでも、特にサービス産業における「景色」の情動的な誘導の再生産が大事になってくる。そこで、いろいろなサイバー・スケープのなかで、例えばポルノについてのウェブサイトなどで、性産業の需要層を構成している男性のみんなに性的な情感誘導をする。

こうして、非合法な性産業、裏社会の暴力市場から金融賭博市場にいたるまで、人間から貨幣までのいろいろな商品をより多く買ってもらえるよう、商品の有効需要を作ってもらうためのサイトやサイバー・ネットワークがたくさんでてきている。その場合に、サイバー・スケープの再生産において大切になってくるのは、個々の情報の流れよりも、これをまとめて認知し記録して「景色」のなかに溶け込ませていく非合理的な感性の刺激の二次情報である。消費者の需要を増やすためには、例えば、一つはポルノのようなセックスの商品としての流通を支える、ハリウッド映画のような性と暴力を中心とする消費情報の大量伝達が必要になる。性と暴力を宣伝すれば、消費者みんなが性と暴力についての映画を見るばかりでなく、人身売買による人間の商品化にも弾みがつくし、「反テロ戦争」などの覇権体制の軍事化にも弾みがつく。そしてもう一つ、射幸心を刺激することで、ハリウッドの映画やテレビ番組、ビデオの普及は、カジノ資本主義といわれている、国際金融の活性化にも貢献している。そういうかたちで、性・暴力・射幸心の総合的な刺激ということが、グローバル覇権のもとでのサイバー・スケープの「景色」のなかで絶えず拡大再生産されていく。このように感性の刺激と誘導とによって、サービス産業の有効需要を増やすということが、グローバル化のもとでのサイバー・スケープの特色である。サイバー資本主義の覇権秩序の方から見ると、これがグローバルなサービス産業の大競争を活性化して、グローバル資本主義の安全保障にもつながる。

けれども、この性・暴力・射幸心の刺激の再生産は、個人や小集団のほうからみると、とんでもない人間の不安全（human insecurity）の拡大再生産につながる。そして、人間の安全保障（human security）を民衆の安全保障（peoples security）としてとらえ、特に最も不安全な人々や共同体の立場から見ると、このような感性の刺激を阻止して、むしろコミュニティのなかの安全を支える社会的なケアや自然との共生の再生産をどのようにして活性化するか、ということが、サイバー・スケープの再構築の課題として浮き彫りにされてくる。

コミュニティのなかのジェンダーや階層の不平等を改めるエンパワーメントの「景色」、それからみんなで創造的な新しいものを作っていく感性と構想力とをつくりだす自発性と自立性の「景色」、そのためには自分を表現する「自己表現」と「夢」、このふたつが一番大事になってくる。このように、ブッシュ大統領の報告書が代表する覇権的なサイバー・スケープ構築戦略と、「人間の安全保障」委員会の報告書が提唱している不安な立場の共同体のエンパワーメントをするためのサイバー・スケープ戦略とのあいだに、基本的な対立がある。要するに、ブッシュ報告を中心にすれば国家や多国籍企業の上からの情報が大事で、人間安全保障のことを考えるのであれば、民衆の安全共同体からの下からの情報の方が大事である。実際のグローバル・サイバー文化のなかでは、この両者が混ざっているというところに、問題もありまた解決への可能性もひそんでいるのである。

6　インフォーマルなサイバー空間

この「可能性」をさぐっていくために、われわれは次に、「フォーマル」と「インフォーマル」ということについて考え、そして、「神封じ」にあって無視されているインフォーマルな世界の重要性に着目したい。

サイバー・スケープについて、フォーマルとインフォーマルの「景色」がどのように再生産されているかを考えてみよう。フォーマルなサイバー・スケープというものを支え再生産しているのは、例えばアメリカの大統領選挙で惜しくも負けてしまったゴアが推進していた「information superhighway」である。これは、最先端の情報技術を動員して、絶えずより大きな規模でサイバー情報を流し、処理して、サイバー・スケープに入力していこうという大計画である。まさにフォーマルなサイバー・スケープを全世界的に作っていく計画である。そして、公共メディアと公に認められたサイバー・スペースを中心にして標準化された表現を使い、ひとつの覇権勢力に好都合に構築された世界を作っていく。そういう感性を誘導して、サイバーマップで規格化した一つのグローバル・スタンダードの世界、あるいは新しいグローバルな立憲主義の世界を作って、それで米国中心の覇権勢力によるグローバル・ガバナンスをすすめていく。

図2

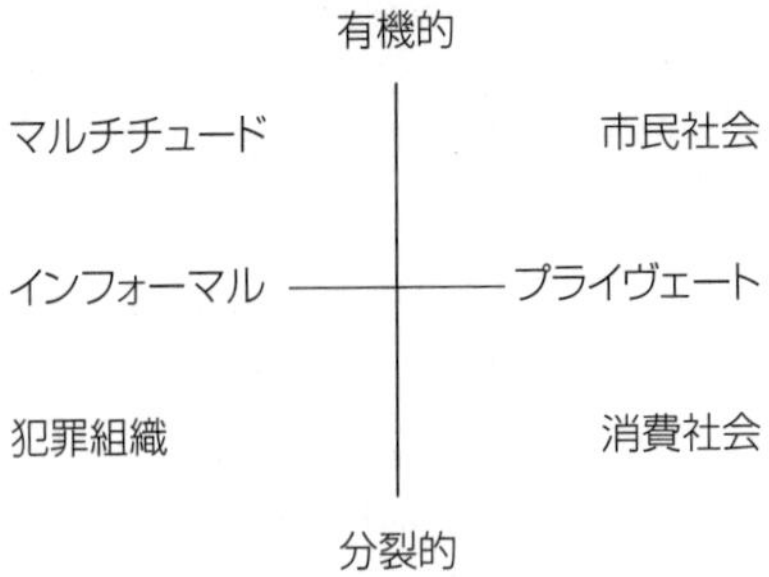

グローバルなサイバー空間のなかの上からの刺激コミュニケーションと、下からの反応コミュニケーションとをシステム化して、こうして再生産されるクレジットカードに象徴されるグローバル社会の規制と監視によるグローバル覇権の安全を保障していく。このようなフォーマルなサイバー空間の整備は、ダボスの世界経済フォーラムによって代表されるグローバルなテクノクラートの指導下ですすめられている。

これに対して、フォーマルな情報ネットワークから排除された情報の流れが、自然発生的にイン・フォーマルなサイバー・スケープをつくっている。これには、反社会的・犯罪的なサイトから、反体制的な人民の安全をめざすサイトまで、いろいろなサイトがあり、さまざまなネット

図3
サイバー空間の構造

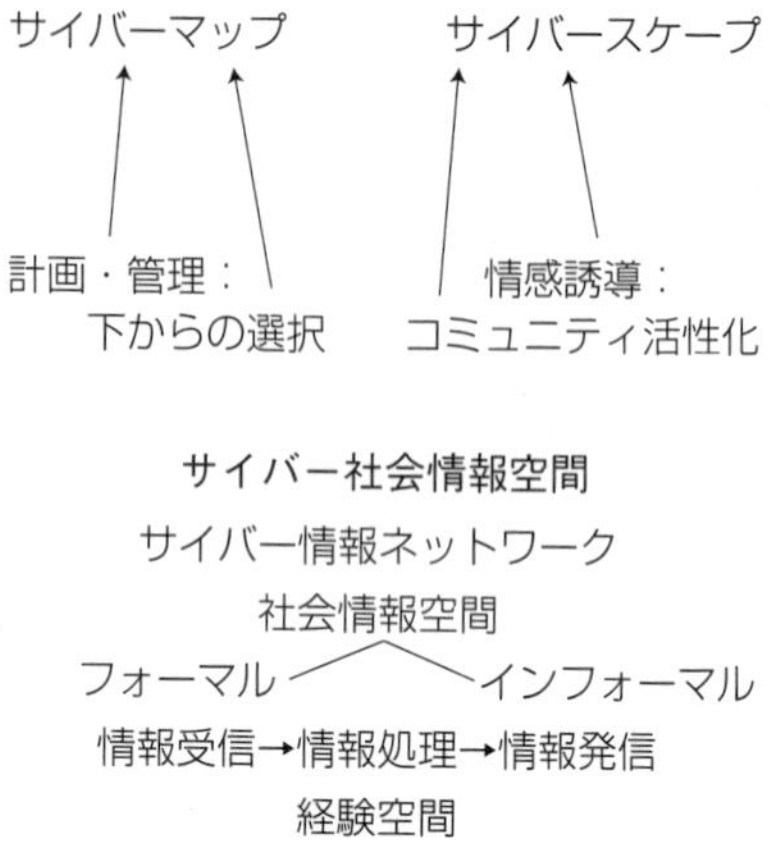

ワークができている。具体的にみれば、インターネットを使って大きなフォーマル情報が流れると同時に、いろいろ細かいネットワークを使ってアングラ情報も流れる。アングラ情報のなかにも、人身売買や臓器売買などの犯罪的な広告情報もあればメキシコのチャパスの先住民族の武装蜂起をしたサパティスタがアングラのホームページを持って、自分たちの自決権の主張をするというような例もある。

　このような、グローバルなサイバー・サイトのインフォーマルな乱立状況のなかで、フォーマルなサイバー文化の自由な脱構築も試みられる。もちろん、自分は自殺をしたいがあなたもしないかということを相談する、人間の生そのものを自己否定する人間不安情報も流れている。しかしまた、新しいサイバー民主主義の萌芽ともいえるような、互いに意見を主張したり問いかけをし、討論をするインフォーマルなサイバー・スケープもいろいろ出てきている。このように、一方では、危険な、あるいは犯罪的なものも出てくるが、しかし、インフォーマルなサイバー空間には、人民の安全を保障するうえで死活的に重要な情報もいろいろ流れている。例えば、イラク戦争、イラクの攻撃についてはフォーマルなサイバー・スケープとしてマスコミが中心として作ったイラク戦争と占領の報道に対抗して、アングラ的なイン・フォーマルなインターネットから出てきたさまざまなイラク戦争と占領に反対する批判的なコミュニケーションも流れる。

このようなインフォーマルなサイバー空間の情報を元にしてつくられるインフォーマルなサイバー・スケープは、最も不安全な生活をしいられている人々や共同体からの情報を元にして、人間の不安全な現実の「景色」をえがきだし、そこからより安全な別の世界を構想する感性を再生産する重要な可能性を秘めている。もちろん、これを実現させるためには、インフォーマルなサイバー・マップによって、新しい別の世界に移行するための理性的な計画を策定する必要がある。ポルト・アレグレの世界社会フォーラムはこのようなグローバル化する世界のインフォーマルな景色を結晶させる動きを萌芽的に提示しているということができる。これが世界経済フォーラムの覇権的なガヴァナンスに対して、どれだけ強いオルタナティブな流れをつくれるかは、今後にまたなければならない。

しかし、いずれにしても、インフォーマルなサイバー空間が出てくると、私たちの経験空間がかなり変わる可能性がでてくるということはあきらかである。つまり、昔の伝統文化における宗教など、経験空間の他に超自然的なものは今日力をうしなっているけれども、これに代わって、今日のグローバル化・サイバー化のもとでは、実際に見える現実の世界とは異質のヴァーチュアルなサイバー・スケープがいろいろな感性の結晶を可能にしている。もちろんそれは、覇権的な万物の商品化の影響下でいろいろと出てきている暴力や性や賭博などを支えているけれども、そのようなフォーマルな情報化の裏側で、インフォーマルなサイバー・スケープが人間の安全をもとめる心を揺り動かしている。そういう善悪・好悪のべつなく、いろいろな情報が混ざり合い処理されていく。そうしたフォーマルなものとイン・フォーマルなものとを合わせて複雑にハイブリッド化したサイバー情報ネットワークが出来上がっている。そして、サイバー・マップの次元では、上からは計画管理と、下からは自己決定の選択とが対決の場を提供している。そういう覇権と反覇権とのサイバー空間での対決が、サイバー・マップのなかで一つの歴史的な場をつくり、流れを作っている。一方、サイバー・スケープの感情的な「景色」の次元では、覇権的政治経済勢力が人々に商品を買わせるための情感誘導をしているのに対して、もう一方で自分のコミュニティのところを活性化しようというオルタナティブなサイバー・スケープも出てきている。

現在のグローバル経済の一番の問題点は、「勝ち組」による「負け組」の「排除現象」があって、経済競争やガバナンスから切り落とされた人々が激増し続けているということである。そして、切り落とされた人たちが非常に不安な状態にあるからこそ「人間の安全保障（human security）」という考え方が出てきているのである。このグローバル政治経済の切り落とし現象が、サイバー空間において、切り落とされている人々のための情報交換が行われるインフォーマルなサイバー空間をつくりだしているのである。そこで、今日の人間の安全保障を推進するには、フォーマルな覇権による「マップ」と「スケープ」だけをよりどころにしてはだめである。切り落とされ、排除された人々の創造的なマップとスケープが不可欠である。この創造的なマップとスケープとは、まさにローカルなコミュニティ（安全共同体）の中からの情報をもとにして再生産されている。国家や企業のテクノクラートからのフォーマルな情報が切り落としているイン・フォーマルな情報が入った新しい「マップ」と「スケープ」を構築していく必要がある。その場合、イメージをどのように作っていくかという「表現」の問題が大変重要になってくる。例えばラップという素晴らしい音楽があるが、これは創造スケープのなかから出てくる、アメリカ、カリブ海のアフリカ系の人たちが「表現」するイメージを世界中の市民たちに伝えている。つまり、市民社会のなかからではなく、そこから切り落とされたスラムなどインフォーマルな共同体に住んでいるアフリカ系の人たちが、踊りながらしゃべり、そのしゃべった言葉が音楽になる。それがラップであり、創造的な「表現」で市民たちを魅了している。しかし、それはまた商品化され世界に伝わるということで、商品市場の中に入っているので、フォーマルな「景色」のなかにも、性・暴力・射幸心を混合しながらも、これとはまったく異質の創造的なイメージが浸透し始めている。

その意味では、覇権的なフォーマル・サイバー空間のなかからも新しいものが出てくる可能性が現れている。つまり、私たち市民が考えていない、インフォーマルな情報を受信して「マップ」と「スケープ」を少しずつ変えていく可能性が生まれていいのである。インフォーマルな空間ではしばしば犯罪的なものと創造的なものとがかたをならべていることがある。例えば日本の東京では、歌舞伎町に世界中、特にアジアから人身売買で連れてこられた女性たちが多くいるが、その女性たちが持ってきている文化は非常に素晴らしいものであり、セックス・ワークでは搾取されているが、その生活を支えるためにできた生活物資を供給する店などでは日本にはない歌や料理などいろいろなものを歌舞伎町にもたらしている。そういうインフォーマル・セクターから、日本の多文化共生への模型がうまれているという意味で、私たちはこの街に着目していく必要がある。

7　五つのサイバー・スケープと反省的社会科学

このようにみてくると、サイバー時代において、情報化の問題と国際化の問題はばらばらではなく、ひとつの問題の二つの側面にすぎないことがわかる。そして、情報化の問題は、テクノクラートが主張するような情報管理の問題ではないこともはっきりする。情報管理ができるのはそのごく一部で、グローバル化したサイバー情報の流れはもっと大きな文化の問題、社会の問題の一部であるということを認めないと人間の安全保障の問題は解決できない。そして、総合的な情報のながれをとらえるときには、サイバー空間のサイバー・マップとサイバー・スケープが大事になってくる。とくにサイバー・スケープにはいろいろなものがあり、そのいろいろなものを分析の対象としなければいけない。

情報化を考えるときに、アージュン・アパドュライは「秩序なき資本主義（disorganized capitalism）」ということを言っているが、彼は今の資本主義がいろいろに自己分裂していることを指摘している。少なくとも、大競争に参加している部分の安全な資本主義と、それから切り離されている人にとっての不安全な資本主義、これら二つの側面がある。このような現状は、彼によると五つのスケープを比較することで深い理解が得られる。つまり、サイバー・スケープには五つの側面があるというわけである。

一つは〈エスノ・スケープ〉。大量の移動する人間が出てきているが、それによってエスノ・スケープが大きく変わってきている。歌舞伎町がまさにこのエスノ・スケープの典型的な例である。大量の非合法の移住が増えてきて、それがこれまでの単一の景色をこえた新しい景色を作ってきている。この問題は、「ディアスポラ」という言葉でいろいろ議論されている。次に〈メディア・スケープ〉がある。これはCNNなどのグローバル・メディアが中心となって作っている覇権的スケープである。これはどちらかというと、ブッシュ大統領がすすめていることを中心に展開され、覇権勢力の目でとらえられた景色を構成する。そして、次に〈テクノ・スケープ〉がある。これは技術の情報が大量に流れていることで出来上がっている。四番めに〈ファイナンス・スケープ〉。これは一九九七年の金融危機を引き起こしたような金融を中心とした投機的なスケープのことである。最後に〈イデオ・スケープ〉があるが、イデオロギーが権力によって大衆を操作するというスケープである。

以上が「景色」の五つの側面であるが、そのようなスケープを含めた形で、情報の流れを民主的で人民の安全が保障される社会を作るためにどのように使っていくのかということが、今日の国際化・情報化のなかで大学が研究すべきことであるといえる。そのさいに不可欠な研究態度は、グローバルなサイバー・スケープというものを'reflective'（再帰的—reflectionとは反省という意味であり、再帰的と難しく言わなくてもいいが）にとらえなおすことである。今までの実証主義社会科学があたりまえだと考えてきたことを、いちいち「どうして自分は今こういうことを考えているのだろうか」と、もう一度自分に問い直してみることが大学の研究の一つの使命となる。

再帰的にサイバー文化を捉えるということは、サイバー・スケープやサイバー・マップのなかで出てきているものをあたりまえと思わずに、その裏にあるいろいろな利害対立や権力闘争、それらをまとめている歴史の流れの文脈のなかで理解しようとすることである。その場合に、さきに説明したように、歴史を長い生の時の流れのなかでとらえるとともに、覇権権力が各時期に構築し、脱構築し、再構築している思想や制度の短期的な時の動きを、たえず相対化していくことが重要である。しかしそのような研究は今日のグローバル化しサイバー化したフォーマルな認知世界のなかからはなかなかでてこない。このことについてひとつの例をひいて、読者の注意を喚起したい。

日本の天皇が韓国の盧武鉉大統領を迎えたときに日本と韓国の両国の間の「絆」について歴史の例をひいて、これから仲良くしようといわれた。これは、一つのイデオ・スケープのなかで日本が韓国と仲良くしたいということの表れである。ところが、この発言は日本人の意識のなかで「神封じ」にされている日本による韓国の植民地支配ということにはふれずに、天皇家が韓国王室と姻戚関係にあったことだけを指摘する発言であった。「絆」と言っているが、生身の人間で第二次世界大戦やそれ以前の日本に強制的につれてこられひどい目にあった韓国の人々、特に日本軍「慰安婦」の被害者のことなどに言及せずに、日韓の関係を、支配層の間の「絆」という言葉だけで規定しようとしたことは、サイバー・マップを上からだけ描くというまちがった親善策を導いてしまったといえる。底辺の人たちにとっては「絆」どころではない、人間的な不安全・不安・恨《ハン》というものがたまっているのに、これがまったく切り落とされてしまっている。生身の人間の痛みにはふれず、ただフォーマルな「絆」だけで仲良くしようということは絶対に許せないことである。しかし、このような発言が出てくるという事実は、まさに上から見る世界と下から見る世界にあまりにも大きなギャップがあることを雄弁に物語っている。真に日韓両国のあいだに持続的な共通の人間の安全保障を築くためには、構築された歴史のなかに出てきた間違いをしっかりと見つめなければいけない。

8　下からの再構築――大学の使命

それをしなければ、今のグローバル化したサイバー・スペースではますます相互不信をあおるいろいろな情報が流れる状況が出てくるだろう。活字の世界であれば、冷静で客観的な論争をすれば相互不信の問題を解決することが可能かもしれないが、現在のサイバー文化のなかではいろいろなイメージを絶えずつくりだす大量の情報が流れているので、そのなかで個人の置き忘れられた怒りや悲しみ、不安をどのようにして反省するのか、再帰的に歴史のなかに取り入れるのかが大変重要になってくる。具体的には、例えば教科書問題の裏にある両国相互の「景色」のなかの非常に深い谷間を何とか埋めなければならない。それには、上からの「絆」論ではなしに、歴史の世界を下から民衆の目で再構築していくということがどうしても必要になる。

今日のグローバル化覇権を支えるサイバー文化の下では、日韓問題だけに限らず、植民地主義的な近代化の歴史への回帰現象が起こっている。いわゆる「反テロ戦争」のなかで、植民地主義的な近代化のイメージがイラクやアフガニスタンの問題とも関連して表れ、「文明」の名のもとでの悪者退治が、世界の「景色」を不安全なものにしている。このことを歴史的にとらえることをしないと、覇権的な「マップ」

と「景色」とが人間の不安全をさらにかき立てることになる。

日本政府が人間の安全を大事にするということで、アフガニスタン、あるいはイラクに自衛隊を送ったが、米国が大国中心の平和のために壊したものを人間の安全のために日本が再建するというような破壊・再建の悪循環が慣例化しつつある。アメリカが壊して日本が再建するという仕組みができて、人間安全保障が国家安全保障を奇妙な形で補完することになっている。アメリカには悪いことをさせ、日本は人間安全保障で、イラクやアフガニスタンから感謝されるということで、結局は一番得するのは日本であったということになるかもしれない。しかし、それでは、人々の安全な生活を勝手に破壊しておいて、また再建するという大国中心のグロドンドンーバル植民地主義が世界的にひろがる恐れが出てくる。

要するに、歴史的世界を下から再構築するという視点をもたないと、気づかぬ間に歴史が間違った方向にどんどん動いていってしまうということがある。その意味で、現代の大学の使命は、大学に来ていない、あるいは来ることのできない社会層の持っている生の声、生の創造性を組み込んだうえで、どのようにして歴史を解釈するのか、そして、それによってグローバルなサイバー・マップとサイバー・スケープとを、もっとも不安全な人々の立場に立ってどのように再編成していけばいいのかを探求することにあるのである。大企業や大国だけで作られているフォーマルなサイバー世界が見落としている、商品化されている人々の世界を見直すような、正義に基づく理性的なマップと慈悲心に支えられた感性的なスケープとを作り出して、人間の生命に根ざした新しいサイバー文化を構築していく。その中心となっていくことが、グローバル化・サイバー化時代の大学の重要な役割なのである。

新潟国際情報大学一〇周年記念シンポジウムについて

區　建　英

本書は、新潟国際情報大学が二〇〇三年六月七日朱鷺メッセで行った学術シンポジウムの内容を元にして編集したものである。前記シンポジウムは本学創立一〇周年記念事業の一環として企画された。私たちの意図は二一世紀の時代的課題に対応するための大学と社会のあり方を、アジア・太平洋の人々および日本の市民と共に考え、話し合うことであった。

一二〇年前に福沢諭吉は「交通・通信革命」による社会の激変を論じたが（『民情一新』）、今日のＩＴ革命に伴うグローバル化はさらに同日の論ではない。グローバル化につれて、国境を超えた交流が大いに促進され、政治・経済・環境などの面における国際協力が目ざましく進展している。一方、さまざまな問題も発生している。二一世紀は二〇世紀のあり方を越えた新しい時代へと変容を遂げながら、二〇世紀の問題をも新たな形で引きずっている。かつて世界を席捲した国家主義は、欧州連合（ＥＵ）をはじめ世界各地における地域協力の発展によって克服されつつあるが、国家主義への逆戻りも現れている。第二次大戦に対する人類の反省として、国際的な対話と協力によって問題を解決するという構造も築かれたが、現在でも攻撃的かつ暴力的な行動が執拗に存続し、しかも一国の単独行動主義の傾向さえ出現した。ベルリンの壁の崩壊を象徴とする冷戦終結によって人類は和解と共存の方向へ進んでいるが、排他的な同盟国関係が逆に緊密化している。また、グローバル化は地球規模の共生の可能性を高めているが、同時に覇権的な秩序形成によって、弱小の国や民族あるいは階層ないし個人が不安と危険にさらされている。

社会は必ずしもすべて時間と共に進歩していくのではない。人類が理性や道徳と批判精神によって現実の利害を制御しなければ、グローバル化という大勢においても、開放、平等、平和の共生社会を形成するのは難しい。今日の時代的状況において、社会のあるべき姿は何か、大学の果すべき役割は何か。このような問題関心を持ちつつ、まずシンポジウムでは「国際化・情報化と大学の社会的役割」という共通テーマの下で、武者小路公秀氏（大阪経済法科大学アジア太平洋研究センター所長）による基調講演が行われた。それをふまえて、国際化と情報化の視点から、二つの特別講演と二つの分科会が開催された。本書に収められた論稿は、国際化に関する講演と、第一分科会の報告や討論を発展させたものである。

第一分科会のテーマは「新世紀アジア太平洋〈共生〉の条件」である。本学助教授・佐々木寛氏による司会進行で、アジア太平洋、とくに東アジアの問題に焦点を当て、グローバル化時代の中長期的な平和構築の可能性について多角的な議論を展開した。まず、中国の北京師範大学歴史学部教授・梅雪芹氏は、日本の「アジア主義」の危険性と可能性を分析し、東アジアにおける近現代の不幸な歴史を顧み、非覇権的な地域協力の未来像を提起した。つぎに、ロシアの国立極東大学付属国際関係大学教授・ウラジミール・アントーノフ氏は、「北朝鮮問題」も含む現在の東アジアにおける危機の構造に鋭い分析を加えた。とくにアメリカの単独行動主義が二〇世紀の「国際主義」を脅かしている理由が明らかにされた。このような、これまで東アジアを特徴づけてきた覇権主義を克服すべく、韓国の慶熙大学国際教育院教授・安栄洙氏は、大学教育、とくに異文化理解における未来志向の実践的な提案をした。これらの報告について、新潟大学人文学部長・芳井研一氏、敬和学園大学助教授・松本ますみ氏、アメリカ・ノースウェスト・ミズーリ州立大学政治学助教授ブライアン・ヘス氏および本学教員ら、すべての参加者が共に活発な討論を展開し、現在の国際対立や紛争の解決のためには文化的な「相互理解」の努力が今後さらに必要であるという認識が共有された。

前述したように、本シンポジウムは日本各地のみならず、太平洋をとりまく諸地域からの研究者も参加しており、国境を超え、各種の地域文化を背景とするさまざまな価値観と考え方の交わり合いが見られた。そもそも国際交流や世界平和は、多様な民族、多様な文化によってともに担われるべきものである。平等で民主的な国際化は、ある有力な文化が他の文化を同化するというあり方とは違って、文化の多元性を保ち、多文化、多言語の共存を大切にする。この観点に立って、シンポジウムの使用言語は、日本語、英語、ロシア語、中国語、韓国語など、各参加者の母語とした。複数の言語の同時通訳を行い、手間と時間をかけたのであるが、これは世界の文化の多様性を尊重し、非覇権的な文化空間を守ろうとした私たちの意志の表れである。
私は外国籍（中国）教員であるが、本シンポジウムの実行委員長を勤めさせていただいた。準備と実施の全過程を通して、この国際的対話に取り組んだ日本および各国の研究者の真摯な態度、グローバル化時代における様々な問題と平和・共生の課題に寄せられた強い関心を実感した。このようにシンポジウムが成功し、そして本書を通じてより多くの読者と交流することができたのは、新潟国際情報大学の支援と教職員の協力があったからであることを付け加えておきたい。また、本書の出版にあたって、世織書房のご理解ご協力を得たことについて、心より御礼を申し上げたい。

二〇〇六年三月一日

おわりに

佐々木寛

前掲の區建英氏の解説にもあるように、本書は新潟国際情報大学の創立一〇周年記念国際シンポジウムがもとになっている。また本書の出版に際しては、当大学の出版助成を得ることができた。ここで個々のお名前を記すことは断念せざるをえないが、シンポジウム開催に当たって、さらには本書を作成する過程で、学内外のきわめて多くの方々のご尽力とご協力を賜わることができた。この場を借りて、改めてお礼を申し上げたい。

また、編者の怠惰と無能から、出版が予定より大幅に遅れたこと、関係諸氏に心からお詫びを申し上げたい。特に学外、海外から貴重な論稿を寄せていただいた諸先生方には、ずいぶんと長い間お待たせしてしまった。

またさらに残念でならないのは、本書を分筆された市岡政夫先生が、本書の完成を見ることなくこの世を去ってしまわれたことである。市岡さん（生前故人は同僚から「先生」へと呼ばれることを好まなかった）は、新潟市役所勤務時代に新潟の自治体外交の発展に多大な足跡を残された。また大学でも「環日本海論」を講じ、最後まで研究教育にご尽力された。いわば生涯を通じて、新潟の地から「東アジア共生の条件」を追求し、体現された方であった。本書を手に取った若い世代の読者にとって、せめて本書が、市岡さんの遺したメッセージの片鱗にふれるきっかけとなることを願う。

出版までなんとかこぎつけることができたのも、非力な編者を身近で支え、叱咤激励してくれた同僚たち、そして学生たちのおかげである。本学卒業生の大瀧明沙美さんと山倉裕子さんには、原稿の取立てや、種々の事務作業など編集助手として本当に助けてもらった。また、何よりも志ひとつで最後まで見守ってくださり、無理難題を飲んでくださった世織書房の伊藤晶宣さん、そして常にやさしく側面支援をしてくださった松田渚さんに心からお礼を申し上げたい。

何度も見直したものの、あるいは不備な点があるかもしれない。それはすべて編者である私の責任である。今後とも、読者皆さんのご指摘やご意見を賜わり、改訂の際などに極力改善していきたい。

本書が、東アジアの平和を切望する多くの読者にとって、ほんのわずかであっても、何らかのヒントやきっかけを提供することができるならば、幸いである。

二〇〇六年三月九日

執筆者・訳者分担一覧〈執筆順〉

佐々木寛（ささき・ひろし）　新潟国際情報大学助教授—編者・序・おわりに

梅雪芹（ばい・せつきん）　北京師範大学教授—第1章

區建英（おう・けんえい）　新潟国際情報大学教授—第1章訳・コラム

小林元裕（こばやし・もとひろ）　新潟国際情報大学助教授—コラム

広瀬貞三（ひろせ・ていぞう）　新潟国際情報大学教授—第2章

熊谷卓（くまがい・たく）　新潟国際情報大学助教授—コラム

松本ますみ（まつもと・ますみ）　敬和学園大学教授—第3章

ウラジミール・アントーノフ　ロシア国立極東大学教授—第4章

アレクサンドル・プラーソル　新潟国際情報大学教授—第4章訳

グレゴリー・ハドリー　新潟国際情報大学助教授—コラム

小澤治子（おざわ・はるこ）　新潟国際情報大学教授—第5章

ブライアン・ヘス　ノースウェスト・ミズーリ州立大学—第6章

矢口裕子（やぐち・ゆうこ）　新潟国際情報大学助教授—第6章訳・コラム

安藤潤（あんどう・じゅん）　新潟国際情報大学助教授—コラム

越智敏夫（おち・としお）　新潟国際情報大学教授—第7

章
澤口晋一（さわぐち・しんいち）新潟国際情報大学教授—コラム
高橋正樹（たかはし・まさき）新潟国際情報大学教授—第8章
長坂格（ながさか・いたる）新潟国際情報大学助教授—コラム
安栄洙（あん・えいじゅ）慶熙大学—第9章
申銀珠（しん・うんじゅ）新潟国際情報大学助教授—第9章訳・コラム
芳井研一（よしい・けんいち）新潟大学人文学部教授—第10章
臼井陽一郎（うすい・よういちろう）新潟国際情報大学教授—コラム
市岡政夫（いちおか・まさお）新潟国際情報大学教授—第11章
武者小路公秀（むしゃこうじ・きんひで）大阪経済法科大学アジア太平洋研究センター所長—第12章

東アジア〈共生〉の条件

2006年 3 月31日　第 1 刷発行©

編　者｜佐々木寛
発行者｜伊藤晶宣
発行所｜(株)世織書房
印刷所｜(株)マチダ印刷
製本所｜協栄製本(株)

〒220-0042 神奈川県横浜市西区戸部町 7 丁目240番地 文教堂ビル
電話045(317)3176　振替00250-2-18694

落丁本・乱丁本はお取替いたします　Printed in Japan
ISBN4-902163-24-1

高畠通敏＝編
現代市民政治論
3000円

高畠通敏＋安田常雄（国民文化会議編）
無党派層を考える
●その政治意識と行動
1000円

都築　勉
戦後日本の知識人
●丸山眞男とその時代
5300円

菅原和子
市川房枝と婦人参政権獲得運動
●模索と葛藤の政治史
6000円

目取真　俊
沖縄／草の声・根の意志
2200円

〈価格は税別〉

世織書房